Mary M. Wall

Haus und Gesellschaft in England

Mary M. Wall

Haus und Gesellschaft in England

ISBN/EAN: 9783744797856

Printed in Europe, USA, Canada, Australia, Japan

Cover: Foto ©ninafisch / pixelio.de

More available books at **www.hansebooks.com**

Haus und Gesellschaft
in England

von

Mary M. Wall und Jenny Hirsch.

Berlin,

Verlag von F. Berggold.

1878.

Vorwort.

Die freundliche Aufnahme, welche die in den Jahren 1873 und 1876 in deutscher Uebersetzung von der Verlagshandlung veröffentlichten englischen Werke: „das Neue Rußland" und „Häusliches Leben in Frankreich" gefunden haben, veranlaßte dieselbe, ein ähnliches über England in einem Originalwerke herauszugeben.

Zur Bearbeitung desselben haben sich eine Engländerin und eine Deutsche verbunden. Die Erstere, welche durch einen mehrjährigen Aufenthalt in Deutschland und längeres Verweilen in deutschen Familien im Stande war, den Unterschied des deutschen und englischen Lebens zu beurtheilen, hat das Material in Aufzeichnungen geliefert, die Letztere hat dieselben in Form gebracht, Vergleiche zu ziehen gesucht, und indem sie mit ihrer Mitarbeiterin berieth und erwog, sich bemüht, Erweiterungen, Berichtigungen und nähere Erklärungen herbeizuführen.

Dabei konnte es denn nicht fehlen, daß mancherlei in den Kreis der Betrachtungen gezogen werden mußte, was auf den ersten Blick nicht hinein zu gehören, nicht durch den Titel gedeckt zu sein scheint, und weit über den Rahmen des Bildes hinaus reicht; dennoch konnte es kaum unberücksichtigt bleiben. Auf das häusliche und gesellschaftliche Leben in einem Lande sind dessen geographische Lage, sein Klima, seine Verfassung, die Gliederung seiner Bewohner in verschiedenen Klassen und Ständen von entschiedener Einwirkung und durften, wenn man ein richtiges Bild von jenem geben will, nicht außer Acht gelassen werden. Ebenso nothwendig ist zum Verständniß dafür die Kenntniß der socialen Verhältnisse, so wie der Bedingungen, unter welcher sich Kunst, Sprache und Literatur entwickelten und der Grad der Blüthe, zu dem sie gelangt sind.

Allen diesen Dingen sind deshalb Abschnitte gewidmet worden, die ohne den Anspruch zu erheben, daß sie ihren Gegenstand erschöpfen, doch bestrebt sind, ihn in einheitliche Verbindung mit dem Ganzen zu bringen und zu einem Zuge in dem Gesammtbilde zu machen. Erziehungs- und Unterrichtswesen, Geselligkeit, das Verhältniß der Ehegatten zu einander, und eine Beleuchtung der Stellung der unverheiratheten Personen männlichen und weiblichen Geschlechts, gehörten ebenso nothwendig zu einer Schilderung des häuslichen und gesellschaftlichen Lebens wie Festlichkeiten und Trauerfälle, Spiele und Beschäftigungen, öffentliche

Vergnügungen, Nahrungsmittel, Dienstboten, Klubs, das Haus und seine inneren Einrichtungen. Das Kirchliche und die philanthropische Vereinsthätigkeit sind nirgends inniger mit dem Leben eines Volkes verbunden wie in England und bedurften deshalb einer besonders eingehenden Schilderung. Gern hätten wir auch noch bei dem Leben und Treiben in Schottland und Irland verweilt; der Stoff würde aber für die uns gestellte Aufgabe zu reichhaltig geworden sein und seine Bearbeitung einen Raum beansprucht haben, dessen Gewährung nicht im Plane dieser Arbeit lag.

Wir haben uns daher streng innerhalb der Grenzen des eigentlichen England gehalten und nur in sehr seltenen Fällen einen Blick nach dem schottischen Hochlande oder dem grünen Erin geworfen.

M. M. W. und J. H.

Inhalt.

			Seite
1. Kapitel.	Land und Leute		1
2. =	Das Haus und die häusliche Einrichtung		30
3. =	Familienleben		48
4. =	Ehegatten, Hagestolze und alte Jungfern		64
5. =	Nahrungsmittel, Gesundheits- und Krankenpflege		81
6. =	Erziehung und Unterrichtswesen		96
7. =	Geselligkeit		134
8. =	Beschäftigung, Erholungen, Spiele und öffentliche Vergnügungen		149
9. =	Der Sonntag		174
10. =	Feste		181
11. =	Leichenbegängnisse und Trauer		204
12. =	Kirchliches		211
13. =	Humanitätsbestrebungen, Wohlthätigkeits-Vereine		241
14. =	Dienstboten		260
15. =	Klubleben		272
16. =	Landaufenthalt		287
17. =	Die Künste		293
18. =	Sprache und Literatur		313

Erstes Kapitel.

Land und Leute.

Ein nicht allzu wohlwollender Kritiker englischer Zustände, Nathaniel Hawthorne, kann doch nicht umhin zu sagen: „In England sind auch die wildesten Dinge halb zahm, so dominirend wirkt überall der Einfluß der Menschen." An einer anderen Stelle heißt es bei ihm: „In England verschönt die Natur Alles. Sie nimmt den harten Stein und bekleidet ihn mit üppigen Moosen und Flechten, sie umschlingt den absterbenden Baum und die zerbröckelnde Mauer mit Epheu, sie bemächtigt sich des kleinsten Stückchens Erde, das man ihr überläßt, um grüne Pflanzen und leuchtende Blumen darauf hervorsprießen zu lassen."

Allzuviel Raum ist der Natur für willkürliche Benutzung allerdings nicht überlassen geblieben. Wer auf den Flügeln des Dampfrosses im raschen Fluge das Land durcheilt, dem gleiten wie in einem Kaleidoskope von Minute zu Minute rasch wechselnde Bilder vorüber; Städte, Dörfer, große Herrschaftssitze, behäbige Pachthöfe von Arbeiterwohnungen umgeben. Nicht nur ein Netz von Schienenwegen, auch gut erhaltene Straßen durchkreuzen das Land nach allen Richtungen; die wohlangebauten Felder sind von einander durch Hecken getrennt, die im Sommer duftende Blüthen schmücken; sie werden eingefaßt von Gräben, denen sie eine erhöhte Fruchtbarkeit verdanken. Buntfarbige Gärten wechseln mit alten Bäumen, Ulmen, Buchen und Eichen, die entweder einzeln oder in Gruppen bei einander stehen oder auch prächtige Waldungen bilden. Leider haben die herrlichen Eichenwälder gegen früher bedeutend abgenommen, noch immer ist aber ein großer Reichthum davon vorhanden und nicht leicht läßt sich etwas Schöneres sehen, als die von Eichenwäldern bedeckten Klippen zwischen denen der Wye, ein Juwel von einem kleinen Flusse, seinen Weg nach dem Südwesten nimmt, oder die Hopfengärten von Kent.

Der Süden und Südwesten Englands sind von der Natur am reichsten gesegnet, hier herrscht ein mildes Klima, ist ein äußerst fruchtbarer Boden und demzufolge der reichste Anbau. Der Norden und Osten sind rauh und feucht; ist aber der Boden auch nicht so ergiebig wie im üppigen Devonshire, birgt er doch dafür andere Schätze. Die Berge und Landseen von Cumberland und Westmoreland sind nicht so wild und großartig wie die Schottlands, nicht so majestätisch wie die der Schweiz, aber sehr schön in ihren bescheideneren Dimensionen.

Obgleich man auch in Gloucestershire reiche Kohlengruben hat, so ist doch der Norden die eigentliche Region des Berg= und Grubenbaues, gleichzeitig aber auch der Fabrikthätigkeit. Seit der Verwendung des Dampfes in den Fabriken haben sich dieselben mehr und mehr nach den Distrikten gezogen, wo sie Kohlen an Ort und Stelle haben können, und so rauchen dort Tag und Nacht die großen Fabrikschornsteine und die Schmelzöfen, in denen das Eisen geformt und geglättet wird. Einen Theil im Norden Englands nennt man vorzugsweise das „schwarze Land," weil es der Kohlenstaub und der Rauch schwärzen und das Glühen der Schmelzöfen in der Nacht die Erinnerung vervollständigt, die es unwillkürlich an unterirdischen Regionen erweckt, wie sie ein Dante und ein Milton schildern.

Der Bodenbeschaffenheit und dem Klima angemessen, sind auch die Bewohner der nördlichen Distrikte handfester, rauher und unabhängiger in Sprache und Sitte als im ackerbautreibenden Süden und Westen. Da aber das ganze Reich von der See umflossen wird, so ist diese nicht minder von entscheidendem Einflusse auf Klima und Charakterbildung. Was das erstere anbetrifft, so muß England zuvörderst gegen das Vorurtheil in Schutz genommen werden, als säße man daselbst in einem beständigen Nebeldunst. Wohl treten die Tage, wo Himmel und Erde von einer bleifarbigen Atmosphäre eingehüllt zu sein scheinen und selbst die heitersten Dinge eine trübe Färbung annehmen, öfter noch auf als anderwärts, dagegen ist der eigentliche Regen weder häufiger noch stärker als in anderen Ländern, die unter demselben Breitengrade liegen. Die Winter sind gelinder, weil der Einfluß des Meeres die Kälte mindert.

Einzelne Punkte, wie z. B. die Insel Wight, sind geradezu berühmt wegen ihres Klimas. Soll nun aber durchaus nicht weggeleugnet werden, daß es sehr rauhe Gegenden giebt, soll die Thatsache der trüben, düsteren Tage, die der Spätherbst und der Winter bringen, weder in Abrede gestellt, noch beschönigt werden, so sind doch der englische Sommer und Frühherbst in ihrer Klarheit und Beständigkeit, ohne die drückende Hitze und die schroffen Uebergänge, aller Anerkennung werth; was aber den Frühling anbetrifft, so kommt er früh und allmählich und ist mehr ein lieblicher Knabe als ein stürmisch sein Reich erobernder Gesell.

Bei einer Betrachtung der englischen Landschaft darf ferner noch ein Punkt nicht aus dem Auge gelassen werden, nämlich: das sich überall kundgebende Element der Stabilität. Wer das Land besuchte, ohne irgend welche Kenntniß von seiner Geschichte zu haben, müßte, wenn er sonst Beobachtungsgabe und Urtheil besitzt, aus tausend Anzeichen erkennen, daß er hier auf einem Boden steht, der lange Jahre keine anderen Veränderungen erfahren als solche, welche das natürliche Resultat der Zeit sind und daß seine Bewohner auch von der Zukunft andere Umgestaltungen nicht erwarten.

Die Feldmarken müssen schon vor langer, langer Zeit abgetheilt worden sein, die epheuumsponnene Kirche hat in ihren Mauern schon viele Generationen andächtig versammelt gesehen, die jetzt auf dem Kirchhofe unter moosbewachsenen, von den Zweigen uralter Bäume beschatteten Steinen schlummern. Alte Herrschaftssitze, die Herrenhäuser und

Pächterwohnungen zeugen ebenfalls davon, daß es lange her ist, seit England die Bürgerkriege durchkämpft hat, deren Resultate ihm einen so lange andauernden inneren Frieden gegeben haben; ja es zeigt sich selbst in den Trümmern aus einer versunkenen Zeit, nach welcher Richtung der Strom der Umwälzung damals vorzugsweise seinen Lauf nahm. England hat keine Ruinen von Feudalschlössern und Ritterburgen, sondern nur von Abteien und Klöstern aufzuweisen; der Kampf ward hauptsächlich geführt gegen das Priesterthum der römischen Kirche und gegen die Monarchen, die es gegen den Willen und das Gewissen des Volkes zu stützen suchten.

Sehen wir uns jetzt, nachdem wir uns mit dem Lande bekannt gemacht haben, die dasselbe bewohnenden Leute an.

Die niederen Klassen in England zerfallen in zwei Theile: in Almosenempfänger und Arbeiter. Man sagt, der siebente Theil der Bevölkerung gehöre in die Kategorie der Almosenempfänger, d. h. derjenigen, denen regelmäßig oder gelegentlich Unterstützungen aus Fonds verabreicht werden, welche vom Staate zu diesem Zwecke ausgeworfen und durch lokale Steuern aufgebracht sind. Unabhängig davon sind natürlich die Unterstützungen, die den Armen auf privatem Wege und durch die existirenden beinahe unzähligen Wohlthätigkeits=Vereine zufließen.

Diese Thatsache ist erschreckend, sie findet aber ihre Erklärung einestheils in dem Gesetze der Primogenitur, dessen Tendenz selbstverständlich die Anhäufung großer Reichthümer ist, statt sie nach Bacon „zum Besten Aller über Alle" zu verbreiten, und anderseits in der großen Thatkraft und dem Unternehmungsgeiste des Volkes.

Man darf behaupten, daß England seine Bedeutung nächst seiner meerumspülten Lage der Tüchtigkeit und der Entschlossenheit seiner Kinder verdankt. Sie haben sich auf dem Meere eine ins unermeßliche erweiterte Heimath zu schaffen verstanden, durch ihren Welthandel dem Mutterlande ungeheure Reichthümer zugeführt, haben durch ihren Erfindungsgeist und ihre Fabrikthätigkeit ein Uebergewicht über alle anderen Völker zu gewinnen verstanden, in allen Welttheilen Kolonien begründet, so daß der Umfang der außereuropäischen Besitzungen das Territorium des eigentlichen Großbritannien und Irland um das Sechzigfache übersteigt. Der Wettkampf ist ein so gewaltiger, daß der Unfähige, Träge, Unentschlossene dergestalt zurückgedrängt wird, daß nicht nur er selbst die Folgen seiner Unterlassungssünden zu tragen hat, sondern sie sogar noch verhängnißvoll für seine Nachkommen werden.

Was aber auch die Ursache davon sein mag, die Thatsache steht fest, daß es nirgend einen so krassen Unterschied zwischen ungeheurem Reichthum und bitterer Armuth giebt wie in England; sehr falsch ist aber die daraus gezogene Folgerung, daß man dort nur Arme und Reiche habe. England besitzt einen zahlreichen intelligenten Mittelstand, in dem es, wie jeder gut geordnete Staat, seine Wurzeln und seine beste Kraft hat.

Das Betteln auf den Straßen ist durch das Gesetz verboten, es finden sich aber eine große Anzahl von Mitteln und Wegen, um dasselbe zu umgehen. Leierkastenmänner,

Straßensänger und Sängerinnen, Verkäufer allerlei werthloser Dinge, Blumenhändlerinnen, welche Blumen der Saison lose in Körben zum beliebigen Gebrauche feil bieten, sieht man an allen Ecken und in jeder Straße einer nur einigermaßen bedeutenden Stadt, ebenso fehlt es nicht an Krüppeln aller Art, die ihre Gebrechen präsentiren und auf Grund derselben, ohne direkt anzusprechen, was verboten ist, Gaben heischen. Mit diesen Leuten im engsten Zusammenhange stehen die unheimlichen Regionen der Verbrecherwelt.

Nicht minder häufig sind die Puppenspieler, welche nach Art unseres Kasperle=Theaters „Punch" und seine Frau „Pudy" produziren, wobei sie sich über die Ereignisse des Tages in mehr oder minder witzigen Redensarten ergehen und den Personen, die in höherem Maaße die öffentliche Aufmerksamkeit auf sich gezogen haben, nicht immer glimpflich mitspielen. Der Puppenspieler hat gewöhnlich einen Kompagnon, der sich unter die Menge mischt, mit ihm den Dialog führt und mit dem Hute in der Hand die Geldspenden des Publikums einsammelt.

Hierher gehören ferner noch die fliegenden Zeitungsverkäufer, die an den Kreuzungspunkten der Straßen thätigen Straßenfeger, deren Geschäft zuweilen sogar ein sehr einträgliches sein soll, die Schuhputzer und Kleiderreiniger und endlich die Hausirer, welche auf von Eseln gezogenen Karren die verschiedensten Dinge herumfahren und mit lauter Stimme feilbieten. Sie bilden gewissermaßen den Uebergang von den mehr oder minder verschämten oder auch unverschämten Bettlern zu den Arbeitern.

Die Theile der Stadt, in welchen diese Leute wohnen, sind in Städten wie London, Manchester, Liverpool, zum Theil von einer Beschaffenheit, daß Angehörige anderer Klassen sie gar nicht betreten können, obgleich dies sowohl durch die Einwirkung der Polizei, wie durch die Thätigkeit religiöser und humaner Vereine jetzt schon viel besser gegen früher geworden ist. Es darf den besitzenden Klassen nach= gerühmt werden, daß sie redlich bemüht sind, das Elend ihrer armen Mitmenschen zu lindern, indem sie nicht nur Geld geben, sondern für ihre moralische und intellektuelle Erhebung sorgen, obgleich immer noch mehr geschehen könnte und geschehen sollte. Erschwert wird der Verkehr zwischen den Aermeren und den Wohlhabenderen allerdings auch dadurch, daß die Wohnungsverhältnisse eine weit größere Schranke zwischen ihnen aufrichten als z. B. in den großen Städten Deutschlands. Hier sind die Mieths= und Etagen= häuser oft von Angehörigen der verschiedensten Stände be= wohnt; unter dem Dache, im Hinterhause und im Keller haust die Armuth dicht neben dem Reichthum und der Wohlhabenheit im ersten und zweiten Stock. In England, wo jede Familie ihr eigenes Haus bewohnt, kann der Arme einzig und allein die Regionen aufsuchen, wo Mitglieder seiner eigenen Klasse leben, d. h. Straßen und Stadtge= genden, wo in verfallenen Häusern einzelne Zimmer vermie= thet sind, in denen oft ganze Familien in erschreckender Weise zusammengedrängt wohnen, Höhlen des Elends, des Lasters und des Verbrechens.

Viele städtische Arme benutzen die Gelegenheit, des von

Zeit zu Zeit auf dem Lande eintretenden Mangels an Arbeitskräften, um daselbst ihre Dienste anzubieten und während sie Geld erwerben gleichzeitig etwas frische Luft zu schöpfen. So rekrutiren sich z. B. die Hopfenpflücker in Kent zum größten Theile aus Londoner Armen. Man darf deshalb aber nicht glauben, daß der ländliche Arme um so viel besser daran sei als sein Bruder in der Stadt.

Der arme Feldarbeiter, der nur im Stande ist, zehn bis zwölf Schillinge in der Woche zu verdienen und eine große Familie zu erhalten hat, sieht sich im Winter sehr leicht genöthigt, sich an die Gemeinde um Unterstützung zu wenden, welche ihm alsdann in Brod und anderen Nahrungsmitteln von Woche auf Woche so lange es nöthig ist, verabreicht wird. Daß ein solcher Tagelöhner selten im Stande sein wird einen Sparpfennig zurückzulegen, ist natürlich, und so bleibt dem Armen am Abend seines Lebens häufig nichts übrig, als mit seiner alten Frau ins Armenhaus zu gehen, falls die „Jungen", für die er in seiner Jugend gesorgt hat, nicht im Stande oder nicht willig sind, nunmehr für Vater und Mutter zu arbeiten.

Die Feldarbeiter und Tagelöhner wohnen gewöhnlich in Häuschen zur Miethe, die das Eigenthum des Gutsherrn sind, von welchem der Landwirth, bei dem sie im Lohn stehen, seinen Hof gepachtet hat. Die Beschaffenheit dieser Wohnstätten ist sehr verschieden, hat sich aber im Allgemeinen gegen früher wesentlich verbessert. Es darf in der That gesagt werden, daß es jetzt eine Anzahl von Grundbesitzern giebt, die einen ebenso großen Stolz in die über ihre Besitzungen verstreuten luftigen, sauberen und geräumigen Arbeiterhütten setzen, wie darin, selbst ein schönes Haus zu bewohnen. Verschwiegen kann aber auch nicht werden, daß noch viele Leute auf dem Lande in Häusern oder Höhlen wohnen, deren sich England schämen sollte.

Bis vor etlichen Jahren ertrugen die englischen Feldarbeiter ihre elende Lage mit stumpfsinniger Ergebung. Sie arbeiteten für ihren kärglichen Lohn, lebten davon so gut oder so schlecht es gehen wollte, und fanden es natürlich, daß sie ihre Tage im Armenhause beschlossen. Seitdem aber unter ihnen ein Agitator in Joseph Arch, aufgestanden, ist dies wesentlich anders geworden. Selbst ein Arbeiter, hatte er viel über die traurige Lage seiner Gefährten nachgedacht und voll Empörung darüber, sich gesagt, er sei berufen, etwas zu thun, um diesen Zustand der Dinge zu ändern. Durch seinen Einfluß und durch den Beistand anderer, nicht den Klassen der Feldarbeiter angehörenden Personen, sind dann auch wesentliche Schritte nach dieser Richtung gethan worden. Es ist eine Union der Feldarbeiter gegründet worden, welche die lebhafteste Betheiligung erfährt und das Organ ist, vermittelst dessen sie ihre Klagen vor das Land bringen und Abhilfe heischen. Dieselben beziehen sich hauptsächlich auf die Geringfügigkeit der Löhne, die schlechte Beschaffenheit ihrer Wohnungen und den Umstand, daß es den städtischen Arbeitern viel leichter werde, das Wahlrecht zu erlangen, als den ländlichen. Nach der letzten Reformbill hat nämlich jeder Bewohner eines Fleckens, der in einem eigenen Hause wohnt, das Recht zu wählen,

ja dasselbe ist sogar noch auf eine Anzahl Miether aus=
gedehnt. Dem Landbewohner ist das Stimmrecht aber nur
dann zugestanden, wenn er in eigenem Hause wohnt und
eine jährliche Miethe von 12 £ zahlt. Es ist nun eine
lebhafte Agitation im Gange, daß der Satz niedriger ge=
stellt und mehr Flecken gebildet werden sollen.

Mit den Feldarbeitern, welche ihre an und für sich
gerechte Sache leider nicht durchweg mit friedlichen und ge=
setzlichen Mitteln führen, ist somit ein neues Element in die
Bewegung gekommen, die sich der Arbeiter in den Städten,
in den Gruben und in den Fabriken schon lange bemächtigt
hat. Sie haben die Verbesserung ihrer Lage zum größten
Theil selbst in die Hände genommen und Vereine zum
Schutze und zur Förderung ihrer Interessen gebildet. Auch
sie haben sich in der Art und Weise, mit der sie dabei zu
Werke gingen, schwere Fehler zu Schulden kommen lassen,
Fehler, die ebenso verhängnißvoll für sie selbst, wie ver=
derblich für die Industrie und den Handel des Landes wer=
den mußten. Im Bewußtsein ihrer Macht stellten sie an
die Arbeitgeber Anforderungen, deren Erfüllung unmöglich
war und versuchten die Freiheit ihrer Mit=Arbeiter in un=
verantwortlicher Weise zu beschränken. Arbeiter, welche Mit=
glieder von Arbeiter=Vereinen sind, weigern sich mit solchen
zusammen zu arbeiten, die keinem Vereine angehören, denn
da sie nicht mit ihnen wären, müßten sie wider sie sein.
Daß England das Vaterland der Arbeitseinstellungen,
geht schon aus dem Umstande hervor, daß uns mit densel=
ben der Name dafür „Strike" auch von dort gekommen ist.

Die Arbeiter striken ebensowohl um höheren Lohn und verminderte Arbeitszeit durchzusetzen, als auch dann, wenn die Arbeitgeber sonst Einrichtungen treffen, die ihnen nicht genehm sind. Mit Hilfe der Vereine und der durch sie gesammelten Fonds wird es den Strikenden möglich gemacht, den Widerstand lange fortzusetzen; alle dem Vereine angehörenden Arbeiter müssen sobald ein Strike beschlossen ist, daran theilnehmen und setzen sich, wenn sie diesem Gebote zuwiderhandeln ernsten Gefahren aus.

Als Mittel der Selbstvertheidigung haben die Arbeitgeber seit einigen Jahren das sogenannte „lock out" eingeführt. Treten die Arbeiter mit ihren Forderungen auf, so schließen alle Fabrikherren oder Grubenbesitzer des betreffenden Distrikts ihre Fabriken, Spinnereien, Gruben, Werke u. s. w. bis die Arbeiter sich bequemen, sich ihren Bedingungen zu fügen.

Manche Herren haben auch versucht, durch Einführung des Prinzips der Theilhaberschaft die Ursachen der Erbitterung zwischen sich und ihren Arbeitern aus der Welt zu schaffen, und dieses Verfahren hat sich zum Theil erfolgreich erwiesen. Man ist übereingekommen, den Leuten nach Abzug eines Gewinnantheils, den der Besitzer als Ertrag seines Einlagekapitals vorwegnimmt, Prozente vom Gewinn zu bewilligen. Andere Firmen, welche dieses Prinzip nicht ganz anerkennen mögen, haben doch Einrichtungen getroffen, um ihren Arbeitern durch Pensions- und Krankenkassen u. s. w. zu beweisen, daß sie wohl erkennen, wie ihre Interessen gemeinsam sind.

Es muß leider eingeräumt werden, daß der Kampf mit viel Erbitterung geführt worden ist und noch geführt wird, und daß es zu sehr bedauerlichen Ausschreitungen dabei gekommen ist, auch giebt es politische Schwarzseher, die darin eine ungeheure Gefahr erblicken und behaupten, England stehe auf einem Pulverthurm. Leute, welche die englischen Arbeiter genauer kennen, versichern aber, daß man diese Bewegung nicht anders zu betrachten habe als ein Gewitter, welches die Luft reinige und bessere Tage heraufführe. Der kommunistische Geist, der sich auf dem Kontinente so eng mit diesen Arbeitseinstellungen verknüpft, ist ihnen auch in England nicht fremd, der großen Masse der arbeitenden Klassen ist die Ansteckung aber noch fern geblieben. Konferenzen zwischen Arbeitgebern und Arbeitnehmern, auf denen streitige Fragen mit Ruhe und Mäßigung erörtert werden, sind in England ebenso wenig ungewöhnlich, wie daß eine zur Berathung ihrer Interessen zusammenberufene Arbeiterversammlung einem Vertreter der Arbeitgeber das Wort verstattet und seinen Auseinandersetzungen achtungsvoll zuhört.

Eine andere Frage der Zeit, welche sowohl geschäftlich, wie philanthropisch behandelt wird, betrifft die Wohnungen der Arbeiter in den großen Städten. Die große Summe Geldes, welche der amerikanische Kaufmann Peabody aus Dankbarkeit für das durch den Londoner Markt gewonnene ungeheure Vermögen den Armen Londons vermacht hat, ist von seinen Testamentsvollstreckern zur Erbauung von Häusern nach kontinentalem System für die ärmeren Klassen angewendet worden. Dies hat sich, trotzdem die Miethen sehr niedrig gestellt sind, als eine so lukrative Kapitalanlage erwiesen, daß Leute, welche ihr Geld gut verzinst haben und es doch zum Besten Anderer verwenden wollen, dem Beispiele mit gleich guten Resultaten folgten. Daneben ist man auch der englischen Sitte des Cottage-Systems treu geblieben und hat in den wohlfeileren Vorstädten der großen Städte kleine Häuser für Arbeiterfamilien gebaut und wohlfeile Eisenbahnzüge eingerichtet, welche die Arbeiter Morgens nach der Stadt bringen und Abends zurückbefördern.

Der englische Arbeiter hält etwas auf ein eigenes Heim und kennt keinen schrecklicheren Gedanken, als zum Almosenempfänger herabzusinken. Er stürbe lieber vor Hunger als daß er die Erniedrigung ertrüge, Unterstützungen anzunehmen oder gar ins Armenhaus zu gehen. Der Unabhängigkeitssinn der Leute ist so groß, daß sie diejenigen Arbeiter, die nach der neuen Reformbill ins Parlament gewählt sind, aus ihren Beiträgen erhalten und den ihnen von der Regierung bei Ausrüstung der Freiwilligen für das zu bildende Arbeitercorps angebotenen Zuschuß abgelehnt haben. Bei diesen Gesinnungen erscheint es wie eine Anomalie, daß nur Wenige hauszuhalten und zu sparen wissen. Die große Menge denkt wenig an die Zukunft und verbringt das Erworbene nur allzu leicht wieder, und hier wären wir zu dem Krebsschaden gekommen, der noch immer an der englischen Arbeiterbevölkerung zehrt — die Trunksucht. Die Gründe für diesen Nationalfehler liegen in dem rauhen, feuchten Klima, das starke Reizmittel verlangt, dann aber auch, so paradox es klingen mag, in des Engländers stark ausgeprägtem Sinn für häusliches Leben. Kann er sich kein Heim begründen, ist er zu arm, sich häusliches Glück zu verschaffen, wird es ihm in einer begründeten Häuslichkeit nicht zu Theil, so greift er gewöhnlich zur Flasche. Hat sich ein solcher Unglücklicher aber dem Laster erst ergeben, so ist er verloren. Unter dem der Trunksucht Einflusse werden die Wohnungen der Armen zu Höllen, führen Noth und Verbrechen zu jenen Scenen, welche man schaudernd in den Berichten der Kriminalverhandlungen liest. Die einzige Möglichkeit, dem Uebel zu steuern, ist denn auch sehr richtig darin erkannt worden, daß man dem Arbeiter behilflich ist, ein eigenes Heim zu erlangen und sich behaglich darin zu fühlen.

Wo das Laster der Trunkenheit nicht ins Spiel kommt, ist der englische Arbeiter im Allgemeinen ein guter Gatte und Vater und übt in seinem Kreise dieselben Tugenden wie Höherstehende in den ihrigen aus. Durch eigene Anstrengung und durch die Bemühungen ihrer Arbeitgeber ist unter ihnen eine Bildung und eine Kenntniß der Fragen der Zeit verbreitet, welche Denjenigen, der zum ersten Male Gelegenheit hat, mit ihnen zu verkehren, in Erstaunen setzt. Möge ein aus eigener Erfahrung gewonnener Beleg dafür hier einen Platz finden.

Ein Freund der Verfasserin hatte ungefähr fünfzig Arbeiter zum Thee eingeladen, um ihnen dadurch Gelegenheit zum Meinungsaustausch über eine damals das öffentliche

Interesse bewegende Angelegenheit zu geben, und ihr die Theilnahme gestattet. Das Wohnzimmer war schön mit Blumen geschmückt wie für Gäste aus den besten Kreisen, und die Geladenen benahmen sich auch wie solche. Sie erschienen in den saubersten Anzügen, wurden vom Wirth und dessen Schwestern freundlich und höflich empfangen und an Tische placirt, wo ihnen von den Damen mit Hilfe eines Dieners der Thee servirt ward, und nun begann das Gespräch in der intelligentesten Weise. Vernünftige Gedanken, richtige Beweisführung traten in bescheidener Form zu Tage, bei den lebhaftesten Meinungsverschiedenheiten wurde die gemäßigste Haltung bewahrt. Trotz der grammatikalischen Schnitzer, die beim Sprechen vorkamen, konnte man die Unterhaltung eine durchaus gebildete nennen. Allerdings gehörten diese Leute zu den vorzüglichsten ihrer Klasse, ihr Vorhandensein giebt aber das beste Zeugniß für die Gegenwart und eine noch schönere Hoffnung für die Zukunft.

Die mittleren Klassen Englands haben eine große Anzahl von Abstufungen, denn sie umfassen den kleinen Krämer und Handwerker ebenso gut wie den reichen Großhändler und Fabrikherrn, fast jede Gruppe ist aber streng von der anderen geschieden. Der Shopkeeper, welcher der untersten Stufe angehört, steht dem Kaufmann ferner als der intelligente Kunsthandwerker und kommt an Intelligenz kaum dem Arbeiter gleich, auch verbinden sich Angehörige dieser Gesellschaftsschicht wenn nicht untereinander, meist mit den arbeitenden Klassen.

Weit höher stehen schon die sogenannten Clerk's, d. h.

Buchhalter und Correspondenten in Comtoirs, bei Advokaten u. s. w. Es ist der Stolz jedes Kleinkrämers, seinen Sohn zum Range eines Clerk emporsteigen zu sehen, obgleich er vielleicht pekuniair viel bessere Aussichten hätte, wenn er im Geschäfte des Vaters bliebe. Leute, welche die Gefahren, die dieser falsche Ehrgeiz für England in sich birgt, sehr wohl erkennen, bemühen sich seit einigen Jahren ernstlich, den Bethörten darüber die Augen zu öffnen; doch dürfte es noch lange währen, ehe sie Erfolg haben.

Reiche Gewerbtreibende verkehren grundsätzlich nur unter einander oder versuchen, wenn sie sich vom Geschäft zurückgezogen haben, mit Kaufleuten und Fabrikanten in Umgang zu kommen, was ihnen aber meistens nur dann gelingt, wenn ihre frühere Thätigkeit nicht allzusehr dem Gebiete des Kleinhandels angehört hat. Gegen diesen herrscht nun einmal ein so starkes Vorurtheil in England, daß es Schulen giebt, welche die Kinder von Gewerbtreibenden ausschließen, während sie die des in jenes Diensten stehenden Buchhalters aufnehmen würden, wenn dieser nur im Stande wäre, das geforderte Schulgeld aufzubringen.

Auf dem Lande hat der Pachter ungefähr den Rang des Gewerbtreibenden in der Stadt, er ist aber entschieden höher angesehen als der Shopkeeper der gewöhnlichen Sorte. Früher übten die Gutsherren auf die von ihnen abhängigen Pachter in politischen Dingen häufig einen schweren Druck aus, und auch jetzt fehlt es nicht ganz an Versuchen dazu, indeß werden diese Fälle doch seltener, da die Oeffentlichkeit sich mehr und mehr der Angelegenheit bemächtigt hat und jede derartige Beeinflussung streng verurtheilt.

Was die Pächter selbst anbetrifft, so sind sie im Durchschnitt ein starrer, unabhängiger Menschenschlag. Seit einigen Jahren hat sich unter ihnen schnell auch eine recht gute universelle Bildung verbreitet, während sie früher wenig mehr verstanden, als was sich auf ihre nächste Thätigkeit bezog. Sie leben gut, üben Gastfreundschaft, ihre Kinder werden gut erzogen, die Frauen und Töchter kleiden sich nach der Mode, kurz sie sind mit ihrem Loose zufrieden und wünschen und erstreben keine Veränderung desselben.

Juristen, Baumeister, Civil-Ingenieure und sonstige Angestellte stehen mit einander und mit Kaufleuten und Fabrikanten im Verkehr.

Bei der großen Bedeutung, welche der Handel für England hat, bei der tonangebenden Stellung, welche seine Fabrikthätigkeit in der ganzen Welt einnimmt, ist es natürlich, daß die Vertreter beider Berufsarten in hoher Achtung stehen und eine sehr einflußreiche Klasse bilden. Die Handelsfürsten, in denen dieselbe gipfelt, sind fast ebenso berühmt, wie die von Venedig und es fehlt nicht an Märchen über ihre ausgedehnten Unternehmungen und ihre fabelhaften Reichthümer.

Fehlt es in England auch nicht an schwindelhaften Geschäften und an über Nacht reich gewordenen Leuten, so ist der Reichthum, sofern er nicht aus befestigtem Grundbesitz fließt, in der Regel doch mehr das Resultat wohlüberlegter Unternehmungen und fortgesetzter ehrenhafter

Arbeit. Diejenigen, welche ihn besitzen, haben meistens auch gelernt, ihn zu gebrauchen. Mit dem größeren Schauplatz ihrer Thätigkeit hat sich der Kreis ihrer Anschauungen erweitert, sie schätzen den Reichthum nicht nur um seiner selbst willen, sondern wegen des Guten, das damit ausgerichtet werden kann. Sie sind eine bedeutende Macht im Lande, leben fürstlich, bauen sich Paläste, sammeln Kunstschätze, und man beneidet ihnen das nicht, sondern freut sich dessen, weil man fühlt, daß hier eine Stätte ist, von der ein bildender Einfluß auf die Massen ausgehen muß. Ist ein solcher Millionair freilich engherzig, verwendet er, was er doch mit Hilfe Anderer erworben, lediglich zum Genusse für sich und die Seinen oder ist er gar geizig, so brandmarkt ihn die öffentliche Meinung mit Schmach und Spott.

Meistens sind sich die Geldfürsten Englands ihrer verantwortlichen Stellung auch wohl bewußt, indem sie Einrichtungen zum Wohle ihrer Mitbürger treffen, für ihre Arbeiter Wohnungen bauen, Abendschulen, Speiseanstalten, Kassen zur gegenseitigen Unterstützung für sie begründen, der Stadt ganze Museen, Bibliotheken, Parks u. s. w. schenken und eine offene Hand für jede gemeinnützige Unternehmung haben.

Auch die Spitzen des Kaufmannsstandes haben nicht immer Verkehr mit dem Adel, die Grenzlinien zwischen beiden Ständen verwischen sich indeß mehr und mehr, da es nicht selten vorkommt, daß die jüngeren Söhne adeliger Familien Kaufleute werden. Giebt es doch sogar ein Band zwischen Englands Handelsfürsten und seiner Fürstenfamilie, denn ein jüngerer Bruder des Marquis of Lorne, des Gemahls der Prinzessin Louise, ist Kaufmann.

Ein anderer Uebergang von den Mittelklassen zu den „oberen Zehntausend" wird durch die Geistlichkeit bewirkt, ja sie gehört letzteren zum Theil an, da sehr viele jüngere Söhne in der Kirche versorgt werden. Freilich liegt eine ebenso große Kluft zwischen dem Bischof und dem Inhaber einer reichen Pfründe auf der einen und dem armen schlecht besoldeten Curate auf der anderen Seite, wie zwischen dem Handelsherrn und dem Shopkeeper. Auch die hervorragenden Vertreter anderer wissenschaftlichen Berufsarten haben Zutritt zu den höheren Kreisen.

Unterrichtgeben wird erst seit einiger Zeit als ein bestimmter Beruf angesehen, und selbst jetzt sind zwischen diesem und dem geistlichen Stande die Grenzlinien noch so schwankend, daß man wohl beides, was die Rangordnung anbetrifft, auf die gleiche Stufe setzen darf. Auch Literaten und Künstler von einigem Ruf können sich in den höheren Kreisen bewegen, vorausgesetzt, daß sie diejenigen guten Manieren besitzen, die man nicht aus Büchern, sondern nur durch guten Umgang sich aneignen kann, falls die Erziehung sie zu verleihen, verabsäumt hat.

Die Offiziere sind so allgemein jüngere Söhne des Adels, daß sie zu diesem gerechnet werden und selbst einem Bürgerlichen, der im Dienste der Königin steht, öffnen sich Thüren, die anderen Angehörigen seiner Geburt streng verschlossen bleiben. Früher war es allgemein Sitte, sich ein Offizierspatent zu kaufen; unter der Regierung, an deren

Spitze Gladstone stand, ist dies abgeschafft worden, doch scheint man gegenwärtig wieder nachsichtiger darin geworden zu sein.

Während der Offizier in England hohe Ehren genießt, bleibt der Soldatenstand mißachtet, was sehr erklärlich ist, da man nicht die allgemeine Wehrpflicht hat, die Jeden ohne Ansehen des Standes und der Person zu den Fahnen ruft, sondern das Werbesystem. Das Gros der Armee rekrutirt sich in Folge dessen aus der Hefe des Volkes, und für eine anständige kleinbürgerliche Familie giebt es kaum einen größeren Schmerz, als zu erfahren, daß einer ihrer Söhne in einer bösen Stunde der Trunkenheit oder Verzweiflung Handgeld genommen habe und dem Werbe-Sergeanten gefolgt sei.

Früher währte die Dienstzeit, zu welcher der Angeworbene sich verpflichten mußte, sehr lange; jetzt ist sie kürzer, die Ausgedienten bilden jedoch die Reserven und sind verpflichtet, bei einem an sie ergehenden Aufrufe sich wieder zu stellen.

Dem Namen nach gehört die Armee der Königin, in Wirklichkeit steht sie aber unter der Controle der Nation, und das Parlament bewilligt alljährlich die Kosten dafür und ernennt den Höchstkommandirenden. Ein Theil der Soldaten wird in England, ein anderer in den Kolonien, vornehmlich in Indien verwendet, wo man auch aus Eingeborenen gebildete Regimenter hat. Dazu kommen dann noch die aus den Landwirthen gebildete Yeomanry und die Freiwilligen-Corps, welche Militairkräfte jedoch nur in

England selbst zur Verwendung gelangen dürfen. In Zahlen gerechnet betrug im Jahre 1876 die englische Armee: 190,705 Mann reguläre Truppen, eingeborene Truppen in Indien 125,123, Armee und Reserven der verschiedensten Art 210,241; im Ganzen 526,069 Mann.

Weit populairer als das Landheer ist die Flotte, die über 200 Kriegsschiffe und 60,000 Leute besitzt. Es giebt wenig englische Knaben, welche nicht wie eine Art von Kinderkrankheit das Seemannsfieber durchzumachen haben. Bei Manchem tritt es so stark auf, daß man ihn zur Kur auf die See schicken muß. Von einer solchen Fahrt kehren Viele geheilt zurück, es bleiben aber noch immer genug, welche sich dem Berufe für ihr ganzes Leben weihen. Neben der englischen Marine nimmt die Handelsschiffahrt einen hohen, weltgebietenden Rang ein, doch nur die Offiziere der ersteren stehen im Range denen das Landheeres gleich. Der Kapitain und die Lieutenants der Kauffartheischiffe gehören in die mittlere Schicht der Mittelklassen.

Und nun zu den „oberen Zehntausend". Dieselben zerfallen in Gentry und Adel und sind im Besitze beinahe des gesammten Grundes und Bodens von England. Weit entfernt, wie dies bei uns vorkommt, die Güter zu zersplittern und zu zertrümmern, ist man dort vielmehr darauf bedacht, sie zu vergrößern. Als Beweis dafür möge gelten, daß im Jahre 1770 noch 250,000 Landbesitzer in England waren, während man im Jahre 1851 nur 30,315 zählte. Zur Aufrechthaltung dieser Ordnung dient das Gesetz der Primogenitur, nach welchem der älteste Sohn in den Besitz der Güter und des Titels tritt, während die jüngeren Söhne und die Töchter mit Geldsummen abgefunden werden, die oft in gar keinem Verhältniß zu dem ungeheuren Reichthum stehen, der dem ältesten Sohne zufällt. In manchen Adelsfamilien können, in Ermangelung von Söhnen, auch die Töchter erben, in andern geht in solchen Fällen Titel und Stammgut an die nächsten Seitenverwandten über. Zuweilen ist auch nur ein Theil der Güter „entailed", während der zeitige Besitzer über einen andern frei verfügen kann, und besonders bei der Gentry ist dies ganz und gar mit einer Anzahl von Gütern der Fall, jedoch wird diese Machtbefugniß nur in sehr seltenen Fällen zu einer Theilung der Besitzung benutzt.

Die Mitglieder der Gentry führen keine Titel, sind aber auf ihre alten Namen sehr stolz und gelten als von ebenso guter Herkunft wie der Adel, mit dem sie sich auch vielfach verschwägern und gleichberechtigt gesellschaftlich verkehren. So groß aber die Vorrechte beider Klassen sind und so exclusiv man sich hält, wird der Adel in England doch weniger beneidet als anderwärts. Er hält auf seine Rechte, beeinträchtigt aber niemals die anderen Stände. Ein englischer Edelmann, der seinen Pflichten als Grundbesitzer ernst und gewissenhaft nachkommen will, muß ein sehr geschäftiges Leben führen; der Neid richtet sich aber gewöhnlich gegen das Nichtsthun, und wo alle Stände sich so gegen einander abschließen wie in England, da verlangt man auch vom Adel nicht, daß er sich mit anderen mische.

In der Rangordnung, die innerhalb des Adels selbst

besteht, nimmt der Herzog die erste Stelle ein, dem der
Titel your Grace (Ew. Gnaden) gebührt. Ihm folgt der
Marquis, der my Lord Marquis oder your Lordship an=
geredet wird. Selbstverständlich nehmen die Gemahlin=
nen überall am Titel Theil, während sämmtliche Kinder
von Herzögen und Marquis: Lord und Lady heißen, und
der älteste Sohn gewöhnlich den zweiten Titel des Vaters
führt. Das Gleiche ist der Fall beim ältesten Sohne des
Earl, der ebenfalls Lord genannt wird; auch die Töchter
heißen Ladies, die jüngeren Söhne führen jedoch nur den
Namen der Familie mit der Beifügung Right Hounourable.
Merkwürdigerweise hat die englische Sprache für den Titel
„Earl" keine entsprechende weibliche Bezeichnung, die Ge=
mahlin desselben heißt Counteß. Barone und Viscounts
haben ebenfalls die Anrede Lord, ihre sämmtlichen Kinder
sind Right Hounourable; der Baronet und der Knight
werden Sir mit Hinzufügung des Vornamens, z. B. Sir
John genannt, ihre Gemahlin Lady mit dem Familien=
namen, die Kinder sind Mister und Miss. Der Titel
Knight ist nicht erblich und wird vom Souverain für
munizipale Dienste, für Freigebigkeit an die Nation u. s.
w. verliehen. Derjenige, dem die Ehre zu Theil werden
soll, kniet vor der Königin — da England sich seit vierzig
Jahren der segensreichen Regierung einer Frau erfreut, so
wollen wir diese Bezeichnung gebrauchen — nieder, sie be=
rührt seine Schulter mit einem Schwerte und spricht:
„Stehen Sie auf Sir ..."

 Die höchste Spitze der englischen Gesellschaft bildet die

Königin und die königliche Familie. Der Thronfolger führt bekanntlich den Titel Prinz von Wales, die jüngeren Söhne erhalten, sobald sie großjährig geworden sind, den Titel Herzog, selbstverständlich ist, daß sie sammt den Prinzessinnen Königliche Hoheit angeredet werden.

Außer den Mitgliedern des Adels, der Gentry und des Offizierstandes können auch die Angehörigen der drei gelehrten Körperschaften sammt Gattinnen und Töchtern bei Hofe vorgestellt werden, falls sich Jemand aus den Hofkreisen willig findet, die Vorstellung zu übernehmen. Die Karte des Vorstellenden, wie des Candidaten für die Vorstellung muß alsdann zwei Tage vor der Hoffestlichkeit, bei welcher die Vorstellung stattfinden soll, im Büreau des Lord-Chamberlain abgegeben werden. Herren werden gewöhnlich bei einem Levée, Damen bei einem Drawingroom vorgestellt. Die Toilette der Damen besteht dabei aus einem farbigen Seidenkleide, einer langen Schleppe aus Sammet oder Atlas und einem Kopfputz aus Federn, Spitzen, weißen Blumen und Edelsteinen, letztere glänzen auch außerdem an Hals, Armen und Ohren. Herren tragen einen Rock und kurze Beinkleider aus pflaumenfarbenem Tuch mit Stahlknöpfen, eine weiße buntgestickte Weste, ein reichgefälteltes Jabot, weißseidene Strümpfe, Schuhe mit Diamant- oder Stahlschnallen, einen dreieckigen Hut, und einen Degen an einem Stahlgehänge an der Seite.

Bei der Vorstellung beugt der Herr vor der Königin ein Knie und küßt ihr die Hand, während er sich vor den anwesenden Prinzen und Prinzessinnen tief zu verneigen hat. Die Dame verbeugt sich so tief, daß sie beinahe kniet. Ist sie die Gemahlin oder Tochter eines Peer, so küßt die Königin sie auf die Stirn, ist sie geringeren Standes, so reicht ihr die Monarchin die Hand zum Kusse.

Der höchste Orden, den Englands Souveraine verleihen, ist der Hosenbandorden, außerdem existiren der Bathorden, der St. Patrick-Orden, der Distelorden, der Orden von St. Michael und George, der Victoria- und Albrechtsorden und der Stern von Indien.

Bei Hoffeierlichkeiten hat der Lord Kanzler, der höchste Justizbeamte des Landes, den Vortritt vor dem gesammten Adel und kommt unmittelbar nach den Herzögen aus königlichem Geblüt. Das Amt eines solchen kann aber Jeder erlangen, der sich dem Studium der Rechte widmet, und es ist in der That auch schon von Leuten, die aus den arbeitenden Klassen stammen, verwaltet worden. An diesem einen Beispiele sieht man, daß trotz allen aristokratischen Anstrichs der demokratische Geist in England doch recht stark ist und überall zum Durchbruch kommt.

Der englischen Verfassung liegt der Gedanke zu Grunde, daß der Monarch nie unrecht handeln könne und stets durch die Minister gedeckt werden müsse, welche die volle Verantwortlichkeit für alle Regierungshandlungen tragen. Die dem Souverain eingeräumte Macht ist daher sehr beschränkt, um so größer aber die Ehrerbietung, die man seiner Person zollt. Das Volk betrachtet die Regierung als seine Dienerin, deren Kosten es ohne Murren trägt und deren Handlungen es unterstützt, weil sie zum

Frieden, zur Wohlfahrt und zum Gedeihen des Landes nothwendig sind. In dieser Anschauung liegt auch die Erklärung für den im englischen Volke herrschenden Sinn für Gesetzlichkeit.

Dabei ist man stets eingedenk der Grundsätze, auf denen nach langen schweren Kämpfen die Verfassung aufgebaut ist, welche man seit beinahe zwei Jahrhunderten sein eigen nennt. Diese Verfassung betont überall, daß die Regierung um des Volkes willen und nicht das Volk um der Regierung willen da sei und letztere die Pflicht habe, Alles zu befördern, was der Wohlfahrt des Einzelnen diene, um auf diese Weise das Glück Aller zu schaffen. Stellt man dabei den nationalen Ruhm vielleicht weniger in den Vordergrund, so ist man doch überzeugt, ihn gerade auf diese Weise am besten zu begründen.

Wie allgemein bekannt, herrscht vollkommene Preß- und Redefreiheit, man ist aber daran so gewöhnt, daß man sie zu gebrauchen versteht, ohne sie in Zügellosigkeit ausarten zu lassen; vielmehr dient sie höchst wahrscheinlich recht oft als Sicherheitsventil, um Explosionen zu vermeiden.

Das englische Parlament besteht bekanntlich aus Ober- und Unterhaus. Mitglieder des ersteren sind sämmtliche Inhaber des Adelstitels vom Herzog bis zum Baron, welche in dieser Eigenschaft den Titel Peer von England führen. Da in manchen Familien, wie bemerkt, Titel und Würden auch auf Töchter übergeht, so giebt es auch die „Peeresses in her own right," die als solche zwar nicht Sitz und Stimme im Oberhause haben, aber doch das Recht besitzen, ebenso wie die Gemahlinnen der Peers den Verhandlungen auf einer offenen Gallerie beizuwohnen, während im Unterhause Damen nur hinter vergitterten Gallerien Platz nehmen dürfen. Die beiden Erzbischöfe und vier und zwanzig Bischöfe Englands sind ebenfalls Mitglieder des Oberhauses. Schottland sendet seine Peers durch Wahl.

Die Verhandlungen im Ober= und Unterhause werden täglich mit Gebet begonnen.

Dem Souverain von England steht das Recht zu, neue Peerwürden zu schaffen. Er thut dies zur Belohnung von Verdiensten auf Vorschlag des Premierministers, zuweilen verbindet sich damit aber auch noch ein politischer Zweck. Kann die Regierung die Zustimmung des Oberhauses zu einer vom Unterhause bereits genehmigten Vorlage nicht erhalten, so sucht man durch einen „Peersschub" die Majorität zu schaffen.

Vom Baronet an entsenden alle übrigen Volksklassen ihre Vertreter in's Unterhaus und zwar werden dieselben gewählt. Das Wahlrecht ist, wie bereits erwähnt, abhängig von einem gewissen Steuersatz, den der Wähler zahlt, und wird nach der Reformbill, welche auch den Census bedeutend herabgesetzt hat, durch geheime direkte Abstimmung ausgeübt. Es steht außer Zweifel, daß man allmählich zum allgemeinen Wahlrecht gelangen muß, aber selbst Diejenigen, welche diesem Fortschritt eifrig das Wort reden, würden Anstand nehmen, schon jetzt dahin zielende Anträge zu stellen. Man wartet bis die Verbesserungen, welche die Gesetzgebung auf dem Gebiete des Unterrichts=

wesens eingeführt, Zeit gehabt haben, das Volk für die Ausübung eines solchen Rechtes zu erziehen — und thut sehr wohl daran.

Es ist nur ein flüchtiger Ueberblick, der hier von dem Lande und seinen Bewohnern gegeben ist, es hätte sich auf Vieles noch genauer eingehen lassen, noch viele höchst charakteristische Einrichtungen und Eigenthümlichkeiten wären der Betrachtung werth gewesen, aber wir mußten uns bescheiden. Dem häuslichen Leben in England ist unsere Darstellung gewidmet, was wir hier gaben, darf nur den Rahmen dazu bieten.

Zweites Kapitel.

Das Haus und die häusliche Einrichtung.

Die im Charakter des Engländers tief begründete Ausschließlichkeit und Zurückhaltung tritt nirgends schärfer und ausgeprägter hervor, als im Bau und in der ganzen Einrichtung seiner Wohnungen, die sämmtlich eine Verkörperung des bekannten englischen Wahlspruches: „My house is my castle" — mein Haus ist meine Burg — zu sein scheinen. Läge es nicht gar zu weit ab von unserem Gegenstande, so dürfte es interessant sein, nachzuweisen, wie die Sorge für die Abgeschlossenheit und Unverletzlichkeit des häuslichen Herdes sich überall geltend macht und namentlich auch in der Gesetzgebung eine hervorragende Rolle spielt.

Zunächst ein paar Worte über die palastähnlichen Sitze des englischen Adels, die über das ganze Land verstreut sind, durch die Schönheit ihrer Umgebungen viel zur Verschönerung der Gegend beitragen und oft den einflußreichen Mittelpunkt für eine ausgedehnte Nachbarschaft bilden. Der Geschmack und die geistige Richtung des Schloßbesitzers sind es nicht selten, welche dem gesellschaftlichen Leben der Umgegend, wie ihren politischen und sozialen Bestrebungen das Gepräge verleihen.

Recht viele dieser stattlichen Schlösser, die oft von schöner alter Bauart sind, lohnen reichlich die Besichtigung. Die lange Flucht hoher Gemächer, die eichenen Treppen, die großen Bildergallerien und Kunst- und Raritätensammlungen, welche der Reichthum und der Sammelfleiß vieler Generationen zusammengetragen, verdienen die Bewunderung ebensowohl wie die sie umgebenden herrlichen Parkanlagen. Die Engländer werden unbestritten als die trefflichsten Landschaftsgärtner anerkannt. Bedürfte es aber noch einer Bestätigung dieses Rufes, so würde man sie erhalten, wenn man durch die weiten Besitzungen ihrer großen Grundherren schweift. Ebenen und wellige Abhänge mit dem frischesten, saftigsten Rasen bedeckt, anmuthige Gebüsche, kleine Seen, sich schlängelnde Ströme mit heiteren, blumigen Ufern bilden ein Ganzes, auf welchem das Auge mit Entzücken weilt. Die Parks mit ihren aus köstlichen alten Bäumen gebildeten Laubgängen, ihren Rudeln graziöser Rehe und majestätischer Hirsche, ihren sauber gehaltenen Alleen, aus denen man allmählig in die dichteste Wildniß gelangt, und ihren mehr in der Nähe des Hauses gelegenen Rasenplätzen bieten eine entzückende Zuflucht aus dem Lärm und der Geschäftigkeit des Tages, nicht nur für den glücklichen Besitzer dieser Herrlichkeiten, sondern für Jeden, der sie aufsuchen will. Mit wenigen Ausnahmen stehen sie dem

Publikum entweder beständig oder doch an bestimmten Tagen
der Woche geöffnet und sind auf diese Weise zu einem
Nationalgute geworden, dessen Bedeutung gar nicht gering
angeschlagen werden darf. Sie dienen dazu, den Geschmack
und den Sinn für das Schöne unter einer Bevölkerung
zu verbreiten und wach zu erhalten, die bei ihrer täglichen
Beschäftigung leicht Gefahr liefe, eine Landschaft nur darauf
hin anzusehen, wie viel Ertrag an Weizen und Gerste,
Rüben und Klee von ihr zu erwarten steht.

Unserer Aufgabe entspricht es jedoch nicht, eingehend
bei den Sitzen des englischen Adels zu verweilen; wir haben
es hauptsächlich mit den Häusern der höheren Mittelklassen
zu thun, denn deren Leben ist es, welches der Nation ihren
Charakter giebt. Diese Häuser zerfallen in drei Klassen:
Land=, Stadt= und Vorstadtwohnungen, letztere ein Kom=
promiß zwischen den beiden ersteren. Ehe wir aber zur
Beschreibung eines Hauses jeder einzelnen Kategorie und
dessen Einrichtung übergehen, möchten wir einige Bemer=
kungen vorausschicken, die, obgleich im Eingangskapitel schon
darauf hingewiesen, uns zum Verständniß der englischen
Verhältnisse für viele deutsche Leser doch unerläßlich er=
scheinen.

Der Grund und Boden in England befindet sich be=
kanntlich im Besitze eines verhältnißmäßig kleinen Bruch=
theils der Nation, und nur in seltenen Fällen ist der Platz,
auf welchem ein Haus erbaut wird, käuflich zu erwerben.
In der Regel wird er für den Zeitraum von neun und
neunzig Jahren von dem Besitzer in Pacht genommen, mit

der Bedingung, daß nach Ablauf dieses Zeitraumes das darauf erbaute Haus Eigenthum des Grundbesitzers wird. Es giebt englische National-Oekonomen, welche die Bodenverhältnisse ihres Landes sehr scharf verurtheilen und unter Anderm auch darauf hinweisen, daß schlechtes Bauen der Häuser und Vernachlässigung in der Erhaltung eines solchen eine Folge ihres Rückfalls an den Grundbesitzer sei und sein müsse. In Deutschland hörte man dagegen in den Zeiten des Häuserschachers, des künstlichen Steigerns der Miethspreise und der daraus hervorgehenden Wohnungsnoth die englischen Bodenverhältnisse als einen Segen preisen. Man behauptete, die grenzenlose Vertheuerung der Wohnungen sei dort nicht möglich, weil der Besitzer des Grund und Bodens es seiner unwürdig erachten würde, zu solchen Spekulationen die Hand zu bieten und sich daran zu bereichern.

Wird nun auch dieser Annahme von Leuten, welche die englischen Zustände aus eigener Anschauung kennen, lächelnd widersprochen und sie als eine allzuschmeichelhafte und wenig zutreffende zurückgewiesen, so liegt in den Bodenverhältnissen doch die Erklärung dafür, wie es dem Engländer möglich wird, seinen Neigungen für den Besitz eines eigenen Hauses in den allermeisten Fällen Rechnung zu tragen, mag er ein solches nun selbst erbauen, mag er es, ausschließlich des Grundes und Bodens, von dem früheren Besitzer käuflich übernehmen, oder mag er es vom Erbauer oder zeitigen Besitzer miethen. Ein Haus auf dem Lande — um dies hier sogleich einzuschalten — kostet mit großem

Garten etwa 100 Pfund Jahresmiethe, ein Haus in einer Vorstadt Londons oder einer andern großen Stadt, je nach seiner Größe und Lage 50 bis 75 Pfd., ein mittelgroßes Stadthaus in guter Gegend 100 bis 120 Pfd. Selbstverständlich können hier nur Durchschnittspreise angegeben werden und es sprechen viele Einzelbedingungen bei einer Erhöhung oder Verringerung des Preises mit; daraus erhellt aber soviel, daß die Wohnungen in den großen Städten Englands wohlfeiler sind, als in den entsprechenden Städten Deutschlands.

Nur alleinstehende Männer oder Frauen wohnen in Lodging's, d. h. sie miethen ein Zimmer oder mehrere von Leuten — meist Wittwen — welche ganze Häuser miethen und möbliren und ein Geschäft daraus machen, einzelne Zimmer oder Etagen anderweitig zu vermiethen. Leute, die sich nur vorübergehend an einem Orte aufhalten, Ehepaare in beschränkten Verhältnissen und Wittwen mit Kindern wohnen wohl auch in Lodging's, man betrachtet eine solche Einrichtung bei einer Familie aber immer als einen Beweis großer Dürftigkeit und Viele, die dazu gezwungen sind, bemühen sich, diese Existenz so gut oder so schlecht es gehen will, ihren Bekannten zu verbergen.

In der Regel sind die Lodging's möblirt, man kann jedoch auch unmöblirte Zimmer bekommen und dieselben mit seinen eigenen Sachen ausstatten. Dagegen erhält man Küche und Wirthschaftsräume nur selten zum alleini=

gen Gebrauche; eine selbständige Haushaltung nach englischem und deutschem Begriffe ist daher in einem Lodging nur sehr schwer zu führen.

Das Miethen einer Etage oder eines Theils einer Etage in einem Hause, wie es bei uns allgemein ist, kennt man in England nicht. Schon die Bauart der Häuser würde dies unmöglich machen.

Vor etwa fünfzehn Jahren hat man den Versuch gemacht, in Westminster-London eine Straße, die Victoriastraße, zu erbauen, deren sämmtliche Häuser Etagen für mehrere Familien enthalten. Da man es indeß bis jetzt bei dieser einen Straße bewenden gelassen, so hat es nicht den Anschein, als ob die damit eingeführte Neuerung großen Anklang gefunden hätte. Mehr Erfolg haben die Bestrebungen gehabt, Arbeiterwohnungen nach dem kontinentalen System zu erbauen, worüber wir an einer andern Stelle ausführlicher berichten.

Gehen wir nunmehr an die Beschreibung des englischen Hauses und beschäftigen wir uns zuvörderst mit dem Landhause. Da für ein solches gewöhnlich ein Flächenraum von ansehnlichem Umfange verwendet werden kann, so hat es selten mehr als zwei Stockwerke. Die Wirthschaftsräume liegen entweder halb unter der Erde oder nehmen die Hinterseite des Flures ein. Wo sie aber auch liegen mögen, überall haben sie einen besonderen Eingang, der von den Dienstleuten, Fleisch- und Brodverkäufern Grünkrämern u. s. w. benutzt wird. Die Wirthschaftsräume bestehen zuvörderst aus zwei Küchen. In der einen wird gekocht und werden die gröberen Arbeiten gethan, in der andern verzehren die Dienstboten ihre Mahlzeiten, verrichten sie feinere Arbeiten auch halten sie sich darin in ihren Mußestunden auf. Ferner gehören dazu: die Speisekammer, das Waschhaus, das Roll= und Plättzimmer, der Wein= und Kohlenkeller und andere dem Haushalt und der Bequemlichkeit dienende Räume. Je nach dem Platze schließen sich Ställe und Wagenremisen entweder dem Hause an, oder liegen in einiger Entfernung davon.

Auf dem ersten Flur des Hauses liegen das Frühstücks=, Speise=, Wohnzimmer, die Bibliothek und der Salon (drawing room), welche sich sämmtlich nach einer besonderen Halle öffnen, unter einander aber nicht durch Thüren in Verbindung stehen. In diese Halle führt die Hausthür für die Familienglieder und Gäste; dieselbe ist nicht nur mit einer Klingel, sondern auch mit einem Klopfer versehen, dessen man sich häufiger bedient als jener. Die Schlaf= und Ankleidezimmer für die Mitglieder der Familie, sowie diejenigen, welche man einsprechenden Gästen anweist, und die Kinderzimmer liegen eine Treppe hoch, sind ebenfalls sämmtlich von einander getrennt und münden auf einem gemeinsamen Vorplatz oder Gang. Eine Treppe höher befinden sich die Schlafzimmer der Dienstboten, die gleich den unteren sogenannten Gesinderäumen von dem anderen Theile des Hauses abgeschlossen bleiben, und zu denen meistens auch eine besondere Treppe führt. Wo Kinder sind, bleiben deren Wärterinnen Tag und Nacht mit denselben im ersten Stock, damit die Kleinen durch das tägliche Leben der Erwachsenen weder gestört werden, noch dieses selbst stören.

Die Stadthäuser werden mit sparsamer Benutzung des knapper zugemessenen Bodens vier, fünf, ja sechs Stockwerke in die Höhe gebaut. Die Wirthschaftsräume befinden sich ganz oder halb unter der Erde; damit sie jedoch Licht und Luft haben, gräbt man einen Raum von 6 bis 8 Fuß Breite längs der Front des Hauses ab, pflastert ihn und trennt ihn durch ein Gitter von der Straße.

Nach dieser sogenannten „Area" führen dann von der Straße aus Stufen zu einer Thür, welche den „Gesinde-Eingang" bildet. Zuweilen wird der Versuch gemacht, die etwas traurige Umfriedung in einen Blumengarten zu verwandeln, aber nur selten mit Erfolg. Weit häufiger führen die armen Pflanzen ein Dasein, welches sie zum Gegenstande des aufrichtigsten Mitleides für die Vorübergehenden macht. Die Keller sind unter der Straße eingegraben und man betritt sie auch von der Area aus.

Man steigt ein oder zwei stets peinlich sauber gehaltene Stufen zur Haupteingangsthür empor, die sich zu einem Durchgang öffnet; derselbe wird aus Höflichkeit Halle genannt, obgleich seine Dimensionen in der Regel wenig mit diesem anspruchsvollen Titel harmoniren. Die „Halle" hat meistens nur nach einer Seite Thüren; dieselben führen nach einem vorne und nach einem hinten heraus gelegenen Zimmer, dem Frühstücks- und Speisezimmer. Ein drittes am äußersten Ende des Ganges gelegenes

Zimmer wird meistens in eine kleine Bibliothek oder ein Arbeitszimmer für den Hausherrn verwandelt. Von der Halle aus geht auch die nach den oberen Stockwerken führende Treppe. Im ersten Stock liegen die Wohnzimmer; die Schlaf- und Ankleidezimmer befinden sich in den höheren Stockwerken; hat man Kinder, so ist deren Wohnung sowohl der Gesundheit wie der Ruhe wegen, meist im obersten Stockwerk. Alle Zimmer haben besondere Eingänge von dem Vorplatz aus, an welchem sie liegen und hängen selten mit einander zusammen, nur das Ankleidezimmer ist mit dem Schlafzimmer, zu dem es gehört, durch eine Thür verbunden. Die Anlage der verschiedenen Treppen, Vorplätze und Korridore, durch welche dem englischen Bedürfniß nach persönlicher Freiheit und Unabhängigkeit Rechnung getragen wird, kann allerdings nur auf Kosten der Größe der Zimmer ermöglicht werden, deren Durchschnittsmaaß entschieden geringer ist als das der Zimmer in Deutschland.

Als Hauptsitze der mittleren Klassen müssen die alle englischen Städte umgebenden Vorstadtwohnungen angesehen werden, da die meisten Familien den Wunsch haben, außerhalb des durch jede nur einigermaßen volkreiche Stadt bedingten Verkehrslebens zu wohnen. Vielleicht ist es eine Reaktion der Ausdauer und der Energie, mit welcher sich der Engländer während der Geschäftszeit auf die Arbeit wirft, daß er in seinen Mußestunden völlig unbehelligt bleiben will von Allem, was ihn daran erinnert. Er wünscht daher sein Geschäftsleben von seinem häuslichen und geselligen Leben auch räumlich getrennt zu halten.

Es giebt in London, Liverpool, Manchester und anderen großen Städten ganze Stadttheile, deren hohe, düsteren, schmutzigen Häuser vollständig vom Handel und der Industrie in Anspruch genommen sind, wo jede Spur häuslichen und Familienlebens verwischt ist und die arbeitenden Menschen das Ansehen von Maschinen angenommen haben, die durch kein Band der Liebe oder des Schmerzes mit dem allgemeinen Menschenthum zusammenzuhängen scheinen. Um diesen peinlichen Eindruck los zu werden, muß man Abends die Vorstädte aufsuchen und zwar nicht nur die, wo sich stattliche Wohnhäuser und zierliche Villen erheben, sondern auch die, in denen man Reihen kleiner Häuser von nur einem Stockwerk mit fünf bis sechs Zimmern in den kleinsten Verhältnissen sieht, wahre Puppenhäuser und sehr beschränkt hinsichtlich der Freiheit der Bewegung. Dafür bieten sie Freiheit und Unabhängigkeit des Thuns, die Möglichkeit sich unumschränkt ausleben zu können, und diese Vorzüge würde der Engländer nicht hingeben, um dafür eine geräumigere und bequemere, ihn aber persönlich einengende Wohnung einzutauschen.

Nach diesen Regionen führen Eisenbahn, Pferdebahn und Omnibus am Abend ganze Schaaren jener geschäftigen Tagesarbeiter und je näher sie dem friedlichen Heim kommen, desto mehr glätten sich die Linien der Stirn, desto freundlicher blickt das Auge, ein desto milderer, zufriedenerer Ausdruck umspielt den Mund. Lebendig wird es in den stillen Straßen, die während des Tages wie im Schlaf versunken schienen, fröhliche Willkommengrüße tönen den

Heimkehrenden entgegen, das Familienleben und die Geselligkeit treten in ihre vollen Rechte.

Wie bereits gesagt, sind alle Häuser in diesen Gegenden ein Mittelding zwischen dem eigentlichen Land- und dem eigentlichen Stadthause. Da der Flächenraum nicht so beschränkt ist wie in den Stadthäusern, so besteht eine größere Uebereinstimmung in den Verhältnissen der Höhe und Breite und man baut nicht so viele Stockwerke über einander wie bei jenen, wenn man es auch selten bei den zwei Stockwerken des Landhauses bewenden lassen kann. Welche Größe die Vorstadthäuser auch haben mögen, so besitzen sie doch alle ein Stück Land an der Vorder- und eins an der Hinterseite, dessen sie sich stolz als Garten rühmen.

Der Vorgarten, auf den man große Sorgfalt verwendet, dient in seiner Gefälligkeit und Zierlichkeit im Grunde doch nur als Schaustück, denn man würde es als einen unerhörten Verstoß gegen die Schicklichkeit betrachten, wenn man ihn zum Schauplatze einer geselligen Zusammenkunft machen oder nur im Familienkreise darin sitzen und sich auf diese Weise den Augen der Vorübergehenden preisgeben wollte. Selbst die Hintergärten werden, wenn sie nicht durch hohe Scheidewände von den benachbarten Grundstücken getrennt sind, nur zu einem gelegentlichen Spaziergange benutzt, da man, von Nachbarn beobachtet, keine Unterhaltung darin führen, weder spielen, noch speisen oder darin arbeiten mag. Bei der Einrichtung ihrer Häuser werden die Engländer von einem Grundgedanken geleitet, der sich in dem Worte „Comfort" zusammenfassen und ausdrücken läßt; das Ziel aller Bemühungen ist die Erreichung dieser Hauptbedingung für das häusliche Leben. Sehen wir zu, wie man dabei zu Werke geht.

Mit Ausnahme der Eintrittshalle, welche der Sauberkeit halber entweder mit bunten gebrannten Steinen in zierlichen Mustern ausgelegt oder mit buntem Wachstuch bedeckt ist, sind die Fußböden sämmtlicher Zimmer, wie die Treppen, Vorplätze und Korridore mit Teppichen belegt, und zwar die Zimmer und Vorplätze von einer Wand bis zur andern, die Treppen ungefähr bis einen Fuß von der Wand entfernt; der unbedeckt gebliebene Raum ist entweder polirt oder gestrichen. Ein Zimmer ohne Teppich ist für englische Anschauungen der Inbegriff alles Unbehagens, so daß man diese Bezeichnung „ohne Teppich" beinahe eine sprichwörtliche für kahl und öde nennen könnte.

Sogar die Fußböden der Küchen, mit welchen wir unsere Schilderung der einzelnen Räume des Hauses beginnen, sind mit einem Streifen Teppich oder einer Friesdecke versehen, außerdem aber mit weit mehr Geräthschaften ausgestattet als dies in Deutschland durchschnittlich der Fall ist. Eine englische Hausfrau, die zum ersten Male eine deutsche Küche sieht, verwundert sich gewöhnlich darüber, daß es möglich ist, mit so wenigen Mitteln so viel zu leisten. Die Küchengeräthe aus Blech, Zinn, Kupfer und Messing schmücken blank und glänzend die Wände und den Kaminsims, das Topfgeschirr hängt an Nägeln oder steht auf Brettern und sorgt in seiner Mannichfaltigkeit für das dem Auge wohlgefällige Kolorit. Einen reizend behaglichen Ein=

druck gewährt eine englische Küche besonders an einem Winterabende. Das flackernde Feuer spiegelt sich in den blanken Topfdeckeln und den hell strahlenden Kesseln wieder, das ruhigere Gaslicht beleuchtet gleichmäßig die vom Teppich freigelassenen weißgescheuerten Dielen, die ebenso sauber aussehenden Holzstühle, den mit einem helleren Steinart bekleidete Feuerherd und den mit einer billigen hellfarbigen Decke überhängten Anrichtetisch.

Das Speisezimmer zeigt in seiner ganzen Einrichtung, welche hohe, man könnte beinahe sagen religiöse Wichtigkeit der Engländer dem Vorgange beilegt, dem dieses Gemach geweiht ist, nämlich der Einnahme der Mahlzeiten, vor allen Dingen aber des Mittagsessens. Alles athmet hier feierliche Pracht, ein leichterer Schmuck ist nicht gut zulässig. In den vornehmeren Häusern sind die Wände meistens getäfelt und mit Oelgemälden verziert. Der große Tisch aus Mahagoni oder Eichenholz steht in der Mitte des Zimmers; die aus der gleichen Holzart wie der Eßtisch angefertigten Nebentische, sowie die Stühle und Armsessel sind an den Wänden aufgestellt. Wird das Speisezimmer, wie es bei den Mittelklassen häufig der Fall ist, gleichzeitig als Wohnzimmer benutzt, so finden sich darin auch Sophas oder andere Polster und man sieht auf den Seitentischen Bücher, weibliche Handarbeiten, kurz alle diejenigen Dinge, welche Zeugniß vom Leben und Treiben der Familie ablegen.

Im Frühstückszimmer, sofern man dasselbe nicht mit dem Speisezimmer verbindet, ist der ganze Ton der Einrichtung leichter als im letzteren. An den Wänden hängen

Kupferstiche, an den Fenstern stehen blühende Topfgewächse. Wo kein besonderer Raum für eine Bibliothek vorhanden ist, da bilden Bücherschränke oder Bücherbretter und ein Schreibtisch einen Theil des Ameublements.

Die Einrichtung des Drawingrooms — das Gesellschaftszimmer oder nach dem bei uns bereits eingebürgerten Ausdruck der Salon — soll in seiner ganzen Einrichtung Behaglichkeit mit Eleganz verbinden. Bei den sehr verschiedenen Vermögensverhältnissen und der ebenso verschiedenen Geschmacksrichtung, die man nicht nur in den einzelnen Klassen, sondern auch bei den Angehörigen einer und derselben Gesellschaftsschicht findet, ist es selbstverständlich, daß man jene Aufgaben durch verschiedene und nicht immer ganz geeignete Mittel zu erreichen sucht, immerhin wird man aber Einen bestimmten Typus in der Ausstattung jedes englischen Gesellschaftszimmers wahrnehmen können. Die meist hellfarbigen Wände sind in der Regel mit Aquarellen geschmückt. Die Möbel sind längs der Wände so aufgestellt, daß der mittlere Raum des Zimmers frei bleibt. Lehnstühle, Stühle und Sessel, Sophas und Ruhebetten, sowie Tische jeder Art sind in Fülle vorhanden. Die Sophas und Ruhebetten sind immer so aufgestellt, daß der Zugang frei bleibt, es steht also dauernd nie ein Tisch davor. Will der auf den Polstern Ruhende einen solchen benutzen, so sind Tische von den verschiedensten Größen in allen Ecken vorhanden, so daß sich leicht einer davon herbeiholen und für den angegebenen Zweck verwenden läßt. Auffällig ist die große Anzahl von Spiegeln, die man in den meisten Salons über dem Kamin, wie über Konsolentischen und Chiffonieren angebracht findet; illustrirte Werke, Albums, Mappen mit Kunstblättern und Nachbildungen von Kunstwerken liegen und stehen auf Tischen, Konsolen, und auf dem Kaminsims, auf welchem sich auch die Uhr mit den dazu passenden Leuchtern befindet. Man hütet sich jedoch vor einer massenhaften Anhäufung derartiger Gegenstände, da die Engländer es durchaus nicht lieben, ihren Salons das Ansehen von Kuriositäten=Kabinetten oder Kunst=Museen zu geben. Dagegen verfällt man bei dem Wunsche, recht viel Comfort zu verbreiten, leicht in den Fehler, das Gesellschaftszimmer, und die Zimmer überhaupt, mit Meubles zu überladen und ihnen dadurch das Gepräge der Schwerfälligkeit zu verleihen. Der gesteigerte Verkehr mit dem Nachbarvolke jenseits des Kanals hat indeß in dieser Beziehung schon einen sehr günstig umgestaltenden Einfluß ausgeübt, und es steht zu hoffen, daß die leichte Grazie der Franzosen der ernsten Tüchtigkeit des Engländers beigesellt, mehr und mehr eine schöne Harmonie in der Ausstattung seiner Wohnräume herbeiführen werde.

Ehe wir uns vom Gesellschaftszimmer zu den anderen Gemächern des Hauses wenden, soll aber Eins nicht unerwähnt bleiben, der Blumenschmuck, der diesen Zimmern nicht fehlen darf. Vasen und Schalen mit Blumen gefüllt stehen auf den Tischen, Topfgewächse sind in den Fenstern und auf den Balkons aufgestellt. Es ist eher Regel als Ausnahme, daß man ein Gewächshaus hat, welches durch eine

Thür mit dem Salon in Verbindung steht; man betrachtet eine solche Anlage keineswegs als einen Luxus, der nur den Reichen zusteht, sondern als eine Quelle des Vergnügens, die man sich auch in einer bescheidenen Lebenslage gestatten darf.

Nächst dem Gesellschaftszimmer ist das Fremdenzimmer das beste im Hause und der Stolz der Hausfrau. Ganz im Gegensatz zu deutschen und speziell zu Berliner Anschauungen zieht man lieber Eß- und Wohnzimmer, Schlaf- und Ankleidezimmer, ja selbst Wohn- und Schlafzimmer zusammen, ehe man auf das Gastzimmer verzichtet, und sich dadurch der Möglichkeit beraubt oder sie doch sehr erschwert, auswärtige Freunde bei sich aufzunehmen; und doch macht im Allgemeinen die Einrichtung der Schlafzimmer sie wenig geeignet, während des Tages zum Aufenthalt zu dienen. Sie sind weit mehr als die deutschen mit allen Bequemlichkeiten für die Nachtruhe und wenn sie gleichzeitig als Ankleidezimmer dienen, auch für die Toilette ausgestattet. Der Fußboden ist vollständig mit einem Teppich bedeckt, das große einen beträchtlichen Raum einnehmende Bett mit Vorhängen enthält Roßhaar-Matratzen, darüber Sprungfeder-Matratzen und eine Menge von Kissen und Decken, die je nach der Jahreszeit zur Verwendung kommen. Bildet das Schlafzimmer gleichzeitig Ankleidezimmer, so befindet sich darin noch ein mit roth- oder blaugefüttertem Mousselin garnirter, mit einem Spiegel und zahllosen Toilettenutensilien versehener Toilettentisch, der den hellsten Raum einnimmt und oft das einzige Fenster versperrt, eine Garrobe mit langem Spiegel, eine Kommode, vielleicht auch ein Lehnstuhl oder eine Chaise longue. Ein Waschtisch mit Marmorplatte und allen möglichen Utensilien zur gründlichen Waschung steht an passender Stelle an der Wand, und dicht dabei ein Handtuchhalter mit weichen, mittelstarken und groben Handtüchern zum beliebigen Gebrauch. Ist ein besonderes Ankleidezimmer vorhanden, so nehmen die der Toilette dienenden Geräthschaften und Meubles selbstverständlich dort ihren Platz ein. — Die Schlafzimmer der Dienstboten sind natürlich einfacher ausgestattet als die der Herrschaft, bieten aber doch alles für die Bequemlichkeit Erforderliche dar.

Es ist beinahe überflüssig noch zu erwähnen, daß in keinem Zimmer der Kamin fehlt. In den besseren Zimmern ist seine Bekleidung aus Marmor oder einer anderen Steinart, in den einfacheren Gemächern und den Domestikenräumen aus polirtem oder gestrichenem Holz, wogegen der eigentliche Feuerplatz und dessen Gitter aus Eisen sind. Die Kaminsimse werden stets mit verschiedenen Nippessachen geschmückt, und je nach dem Charakter des Zimmers und den Verhältnissen der Bewohner sieht man darauf Spiegel mit Rahmen von venetianischem Glase oder Meißner Porzellan, prachtvolle Uhren, Vasen, Porzellanfiguren, Bronzen u. s. w. oder vielleicht auch nur etliche Muscheln, die Andenken eines Feiertagsausfluges an die See.

Da nach Taine ein Engländer durchschnittlich den fünften Theil seines Lebens im Bade zubringt, so ist es selbstverständlich, daß in jedem Hause der Befriedigung dieses nationalen Bedürfnisses durch ein Badezimmer Rechnung getragen wurde. Außerdem ist in den besseren Häusern das Wasser in alle Stockwerke und häufig in jedes Zimmer geleitet. Die Water-Closets sind so angelegt, daß sie von Außen einen frischen Luftzug erhalten und einen guten Abfluß haben. Die geringste Zahl der Water-Closets in einem wohlgebauten Hause beträgt drei: eins für die Damen, eins für die Herren und eins für die Domestiken. Man findet darin Waschbecken, eine Kanne mit Wasser und ein Handtuch zum Waschen der Hände.

Ein Gegenstand der ängstlichsten Fürsorge in jedem englischen Hause ist die Ventilation. Die offenen Kamine mit ihrem frischen Luftzuge sind zwar sehr gute Leiter dafür, doch befriedigen sie das sehr lebhafte Bedürfniß nach frischer Luft, das dem Engländer neben dem nach frischem Wasser angeboren zu sein scheint, noch lange nicht. An den Thüren, in den Wänden, häufig auch an den Fenstern sind Vorrichtungen angebracht, um das beständige Einströmen frischer Luft, ohne daß dadurch Zug entsteht, zu ermöglichen, obgleich man es mit etwas Zugwind auch nicht allzu genau nimmt und ihn zuweilen frisch und fröhlich durch geöffnete Thüren und Fenster hereinströmen läßt, um auf diese Weise eine gründliche Reinigung der Luft zu bewirken.

Als Beleuchtungsmittel wird in den Städten Gas in noch höherem Maße angewendet als in Deutschland, und man sieht in Folge dessen verhältnißmäßig nur wenig Lampen und Leuchter in den Zimmern.

Drittes Kapitel.

Familienleben.

Will man das Leben einer englischen Familie in seiner vollen Traulichkeit, Behaglichkeit und Geschlossenheit betrachten, so muß man es um den Mittelpunkt gruppiren, um welchen es sich innerhalb der vier Wände des Hauses bewegt, mit andern Worten, man muß seine Blicke zuvörderst nach der „fireside" richten, welche wir dem Ausdrucke nach richtig, hinsichtlich der inneren Bedeutung aber keineswegs erschöpfend, mit dem Worte Kamin übersetzen. Ohne sich der Uebertreibung schuldig zu machen, könnte man den Kamin als den Altar bezeichnen, auf welchem die schützenden Hausgötter thronen. Traurig, elend und vereinsamt muß das Leben eines Engländers dahingeflossen sein, in dessen Brust das Wort „fireside" keine süßen Erinnerungen, keine wohligen Empfindungen wachruft. Der Kamin, wir wollen den Ausdruck als den uns geläufigeren festhalten, ist der Ort, welcher den englischen Familien als Ver=

einigungspunkt dient. Im Winter versammelt man sich um
seine gesellige Flamme, im Sommer schmückt man ihn mit
frischen Blumen und grünen Zweigen, um den traurigen
Anblick zu mildern, den er in seiner Schwärze und Oede
bietet.

So entzückend traulich und poetisch der englische Ka=
min aber auch sein mag, so hoch der durch ihn geübte Ein=
fluß auf Leben und Geist des Hauses veranschlagt werden
muß, darf und soll doch nicht verschwiegen werden, daß er,
wie Alles in der Welt, seine Schattenseiten hat. Er ver=
ursacht viel Kosten und Arbeit und erzeugt beständig
Schmutz, so daß Diejenigen, welche an die weit größere
Wohlfeilheit, Bequemlichkeit und Reinlichkeit der Oefen ge=
wöhnt sind, sich nicht so leicht mit dieser Einrichtung zu
befreunden vermögen. Ebenso kann nicht in Abrede gestellt
werden, daß er nicht gleich dem Ofen über ein ganzes Zim=
mer eine gleichmäßige Wärme zu verbreiten vermag. Von
der andern Seite besitzt er freilich wieder den Vorzug, die
Atmosphäre nicht in ungesunder Weise auszutrocknen, und
man betrachtet sogar das Feuer des Kamins im Kranken=
zimmer als ein ganz vorzügliches Mittel zur Reinigung
der Luft und zur Verzehrung aller schädlichen Dünste.
Was man aber auch für und gegen den Kamin anführen
mag, für uns bleibt die Hauptsache, daß er als charak=
teristisches Merkmal des englischen Familienlebens angesehen
werden muß und daß wir ihn bei der Beschäftigung mit
jenem, dem wir uns jetzt zuwenden, zum Ausgangspunkt
zu nehmen haben.

In England, wo das Klima manche Behaglichkeit erheischt, welche in andern Ländern nicht als so dringende Nothwendigkeit erscheint, wo die Lebensweise im Allgemeinen luxuriös und die Führung eines Hausstandes daher mit bedeutenden Kosten verknüpft ist, werden Ehen in den Gesellschaftskreisen, die wir hier im Auge haben, in der Regel nur dann geschlossen, wenn die Vorbedingungen für ein angemessenes Leben vorhanden sind, dann aber wird das Haus in der Vorstadt traulich ausgeschmückt, die Gattin heimgeführt, und bald füllt sich das Nest mit Vögeln.

Kinderreiche Familien sind in England sehr häufig und so dürfen auch wir bei der Schilderung des Lebens einer solchen annehmen, daß sich sieben bis acht Kinder darin befinden. Beginnen wir mit einem Besuch in den Zimmern derselben.

In einem gut geregelten englischen Haushalt ist die Gesundheit der Kinder ein Hauptgegenstand der Fürsorge. Die beiden am besten und gesündesten gelegenen Zimmer dienen ihnen, das eine zum Aufenthalte während des Tages, das andere zum Schlafzimmer; man stattet die Räume mit allen möglichen Erfordernissen für Sauberkeit, Ventilation und Comfort aus und läßt es ihren Bewohnern weder an frischer Luft, noch an frischem Wasser fehlen.

Die Kinder stehen sämmtlich um halb sieben Uhr Morgens auf. Jedes erhält sein Bad und wird sorgfältig angekleidet. Die kleineren Kinder verzehren ihr Frühstück im Kinderzimmer. Obgleich ersteres nur aus Weißbrod und Milch besteht, wird es doch sehr sauber servirt, denn da man einen hohen Werth auf gute Manieren bei Tische legt, ist man darauf bedacht, sie den Kindern von frühester Jugend an beizubringen. Zu diesem Zwecke läßt man sich ihnen gegenüber keine Nachlässigkeit hinsichtlich des Servirens zu Schulden kommen und hält darauf, daß sie, sobald sie nur einen Löffel zum Munde führen können, dies nach allen Regeln des Anstandes thun.

Es dürfte hier der Ort sein, sich die englischen Mahlzeiten, sowie die beim Serviren und Einnehmen derselben zu beobachtenden Regeln etwas näher anzusehen.

Das Frühstück, dem man bekanntlich in England eine große Wichtigkeit beilegt, wird um ½8, 8 oder 9 Uhr eingenommen und der Tisch dafür sorgfältig hergerichtet. Ein feines weißes Tuch bedeckt ihn. Die Tassen und der Theetopf oder auch die Kanne mit Chokolade oder Kaffee — zuweilen befinden sich auch alle drei Getränke auf dem Tische — stellt man vor die Hausfrau, welche das Einschenken besorgt. Vor jedem Platz befindet sich ein vollständiges Couvert, in der Mitte stehen Schüsseln mit Eiern, Schinken, Hammel-Coteletten, kaltem Fleisch und anderen substantiellen Gerichten, welche nebst Brod und Butter die Familie für das Tagewerk zu kräftigen bestimmt sind. Neben dem Couvert des Hausherrn fehlt nicht leicht die Zeitung. Er wirft ab und zu einen Blick hinein und theilt der Familie die ihm unter die Augen kommenden interessanten Nachrichten mit. Auf diese Weise wendet sich das Gespräch Gegenständen zu, welche von Wichtigkeit und Nutzen für das Allgemeine sind und, die Kinder lernen früh Dingen

4*

Theilnahme zuzuwenden, welche außerhalb der Grenzen des Hauses liegen.

Das Luncheon, welches wir, wenn auch nicht ganz richtig, mit unserm zweiten Frühstück zu vergleichen hätten, fällt in die Zeit zwischen 1 bis 3 Uhr.

Es werden dabei meist kalte Fleischspeisen mit Brod und Butter, in manchen Fällen auch warme Gerichte genossen. Die dabei üblichen Getränke sind Bier und Wein.

Um fünf Uhr Nachmittags pflegt man Thee zu trinken, zu welchem zuweilen ganz dünn geschnittene Butterbrode verzehrt werden.

Die Hauptmahlzeit des Tages ist aber das Mittagsessen, das je nach der Sitte des Hauses um 6, 7, 8 Uhr servirt wird, bei größeren Gastmählern geht man wohl auch erst um 9 Uhr zu Tische. Die Suppe wird nicht wie bei uns als unerläßlich zur Eröffnung der Mahlzeit betrachtet; erscheint sie, so ist sie meist sehr consistent — Mockturtle=, Oxtail=, Aalsuppe u. s. w. — und es ist daher erklärlich, daß man sie oft gleichzeitig mit dem Fisch anbietet und eins oder das andere wählt. Außer Fisch und Braten werden sehr viel Puddings, Pies und Pasteten gegessen.

Gemüse und Salat erscheinen immer gleichzeitig mit dem Braten auf dem Tische. Warme Gerichte werden stets bedeckt mit metallnen gewölbten Deckeln, sogenannten dish-covers, aufgetragen. Man hat sie von allen Größen und immer in ovaler Form in Uebereinstimmung mit den Schüsseln, die auch stets oval, nie rund sind; meistens sind sie aus Alfenide, doch giebt es Haushaltungen, wo man sie aus massivem Silber besitzt. Zum Nachtisch liebt man frische und candirte Früchte, auch wird dafür Sorge getragen, daß sich stets eine reiche Auswahl von Gewürzen zum beliebigen Gebrauche auf dem Tische befinde.

Nach jedem Gerichte müssen ebenso gut wie die Teller auch Messer und Gabeln gewechselt werden. Da man in England den Gebrauch der Messerbänke gar nicht kennt, so ist es verpönt, Messer und Gabel nachdem man sie benutzt, auf den Tisch zu legen. Man behält beides während man von dem Gerichte ißt, unausgesetzt in den Händen und zwar das Messer in der rechten und die Gabel in der linken und legt sie wenn man abgegessen, auf den Teller. Das Messer wird nur zum Schneiden benutzt und darf unter keiner Bedingung an den Mund gebracht werden. Ebenso ist es vollständig unstatthaft, die Portion Fleisch oder von irgend einem anderen Gerichte, welche man auf dem Teller hat, im Voraus zu zerschneiden, um sie dann mit der Gabel allein aufspießen und verzehren zu können. Früher war es Sitte, beim Fischessen die Gabel in der rechten, ein Stück Weißbrod in der linken Hand zu halten. Gegenwärtig bedient man sich häufiger silberner Fischmesser und Fischgabeln, eine Sitte, welche die Königin Victoria eingeführt hat.

Großen Werth legt man darauf, daß bei Tische gerade gesessen wird, daß man die Arme fest angezogen hält, sich nicht auflegt, die Serviette zur Hälfte aufgeschlagen auf dem Knie hält, daß keinerlei Geräusch des Kauens oder Schluckens hörbar wird, daß man das Glas in geeigneter Weise zum Munde führt u. s. w. Man ist sehr streng in Beurtheilung aller dieser Aeußerlichkeiten und hält Verstöße dagegen für Beweise schlechter Erziehung und geringen Herkommens. Mag man darin vielleicht etwas zu weit gehen, so könnte es doch nicht schaden, wenn man in Deutschland auch in den mittleren Ständen sich an den sehr guten Manieren der Engländer bei Tische durchweg ein Beispiel nähme.

Die älteren Kinder nehmen gemeinschaftlich mit den Eltern das Frühstück ein und erhalten durch eine Glocke das Zeichen, wann sie sich unter Führung der Gouvernante, sofern eine solche im Hause ist, nach dem im unteren Stockwerk belegenen Speisezimmer zu begeben haben. In manchen Häusern ist es Sitte, daß der Hausherr vor dem Frühstück eine Morgenandacht hält, zu welcher dann auch die Dienstboten ins Zimmer gerufen werden.

Auch die am Tische der Eltern frühstückenden Kinder erhalten, bevor sie nicht das zehnte bis zwölfte Jahr zurückgelegt haben, gleich ihren Geschwistern im Kinderzimmer nur Milch und Brod; bei seltenen Gelegenheiten bekommen sie wohl einmal eine Kleinigkeit von den auf der Frühstückstafel befindlichen Delikatessen zu kosten. Nach dem Frühstück werden die kleineren Kinder aus dem Kinderzimmer herunter gebracht, um den Eltern einen guten Morgen zu wünschen. Der Vater küßt sie und eilt alsdann hinweg, um sich dem Schwarme der Geschäftsleute anzuschließen, welche der Station zuwandern, um von dort aus nach dem Schauplatze ihrer beruflichen Thätigkeit befördert zu werden.

Da die Eisenbahnen bemüht sind, die Entfernungen mehr und mehr aufzuheben, so schieben sich die Privatwohnungen in gleichem Maße weiter hinaus und der Ausdruck „Vorstadt" darf in Folge dessen ebenfalls in immer weiterem Sinne angewendet werden. Wird doch sogar das fünfzig englische Meilen von London entfernt belegene Brighton von Geschäftsleuten bewohnt, welche täglich nach dem modernen Babylon fahren. Es sind besondere Züge für sie eingerichtet, die sie Morgens zur passenden Stunde nach London und Abends nach Schluß der Geschäfte nach Brighton zurückbringen; ohne Aufenthalt, mit jener Schnelligkeit, durch welche englische Eisenbahnzüge berühmt sind, durchmessen sie die ganze Strecke in der Zeit von fünf Viertelstunden.

Die morgenlichen Auswanderungen von den Vorstädten nach der Stadt entfalten auf den Stationen ein buntes, belebtes Bild. Man drängt und stößt sich, Bekannte tauschen einen flüchtigen Gruß und Händedruck; die Zeitungsverkäufer bieten mit lauter Stimme ihre Waare aus, und trotzdem man sehr eilig ist und die unvermeidliche Morgenzeitung schon beim Frühstück gelesen hat, wird doch noch eine Zeitung gekauft, um während der Fahrt gelesen zu werden; ja es kommt vor, daß gerade die Zeitung, hinter der man sich gegen seine Reisegenossen absperrt, das Mittel zur Einleitung eines gewissen Verkehres mit ihnen wird.

Selbst englische Zurückhaltung schmilzt endlich vor

einer täglich sich wiederholenden Begegnung, und man darf daher diese gemeinsamen Fahrten als ein gar nicht unwesentliches Moment für den geselligen Verkehr des Engländers bezeichnen.

Spätestens um zehn Uhr Morgens ist die Auswanderung aus den Vorstädten vollendet und tiefe Stille lagert sich über die Straßen. Mit Ausnahme von kleinen Knaben, Schlächtern, Brod= und Lebensmittel=Verkäufern sieht man bis sechs Uhr Abends kein männliches Wesen, uneingeschränkt herrscht das ewig Weibliche.

Für die Familie giebt die Entfernung des Hausherrn das Signal zum Beginn des Tagewerkes. Die Hausfrau geht an die Besorgung ihrer häuslichen Geschäfte, mögen dieselben nun in direkter Arbeit oder in der Anordnung und Ueberwachung der zahllosen kleinen Obliegenheiten bestehen, auf denen das Behagen der Familie beruht. Für die Kinder nehmen die Unterrichtsstunden ihren Anfang. Im Schulzimmer werden ganz dieselben Gesundheitsregeln wie im Kinderzimmer streng beachtet.

Der Unterricht, welcher für jedes Kind spätestens mit dem siebenten Jahre beginnt, wird zuerst an Knaben und Mädchen entweder durch die im Hause lebende Gouvernante oder durch Lehrerinnen, die man stundenweis kommen läßt, ertheilt.

Die Engländer stehen hinsichtlich der Behandlung, welche sie den in ihren Familien lebenden Gouvernanten angedeihen lassen, in keinem guten Rufe und es ist nicht zu leugnen, daß dieses Urtheil in mancher Beziehung ge=

rechtfertigt ist, obgleich nicht verkannt werden darf, daß bereits eine Wendung zum Bessern Platz gegriffen hat. Von der andern Seite muß man freilich berücksichtigen, daß die Verfassung eines englischen Hauswesens die Stellung einer Gouvernante innerhalb desselben naturgemäß zu einer ganz andern machen muß, als dies z. B. in Deutschland der Fall ist. Kinderzimmer und Schulzimmer von der einen Seite und Drawingroom von der andern sind vollständig getrennte Welten. Wohl tritt zu bestimmten Tagesstunden eine Vermischung beider Hemisphären ein, es geschieht dies aber nach ganz feststehenden Regeln und so ergiebt es sich ganz von selbst, daß das Leben einer Gouvernante sich hauptsächlich innerhalb der Wände des Schulzimmers abspinnt und sie wenig von dem erfährt, was außerhalb derselben vorgeht. Selbstverständlich kommt es auf die Familie an, wie weit die Kluft, welche die Gouvernante von ihr trennt, überbrückt werden soll, ob nur Verhältnisse und Pflichten oder Geburts- und Geldstolz sie von einem engeren Verkehr ausschließen.

Die Gouvernante frühstückt stets mit der Familie, wogegen sie unabänderlich mit den Kindern zu Mittag speist und mit ihnen den Thee trinkt. Gewöhnlich wird sie eingeladen, sich Abends dem Familienkreise anzuschließen, doch lehnt sie dies häufig ab und thut klug daran, denn sie sichert sich auf diese Weise einige ihr völlig zur eigenen Verfügung stehende stille Stunden der Muße und Sammlung.

Das Salair der Gouvernante differirt natürlich nach ihren Leistungen. Ist sie im Stande eine Stellung in

einer guten Familie vollständig auszufüllen, so erhält sie von
£ 60 bis £ 100 für das Jahr. Gouvernanten in weniger
gut situirten Familien werden freilich oft genug für sehr
harte Arbeit recht erbärmlich bezahlt.

Das bereits erwähnte Mittagsessen der Kinder findet
um ein oder zwei Uhr statt und besteht aus Gemüse, einer
Fleischspeise und einem Pudding. Außer der Gouvernante
nimmt daran auch die Hausfrau theil, für welche letztere
diese Mahlzeit das Luncheon ist. Es wird streng darauf
gehalten, daß die Kinder nicht unmittelbar aus dem Schul=
zimmer zu der Mittagsmahlzeit kommen, sondern sich zuvor,
sofern es das Wetter irgend erlaubt, unter der Aufsicht der
Gouvernante eine halbe oder dreiviertel Stunde im Gar=
ten getummelt haben. Ebenso tritt nach dem Essen eine
kurze Pause ein, worauf noch einige Unterrichtsstunden für
die Kinder folgen, während die Mutter diese Zeit zum Aus=
gehen benutzt.

Es schlägt fünf Uhr, die süße trauliche Stunde, in
welcher die Mutter mit den Kindern Thee trinkt, mit ihnen
kos't und plaudert, wo sie an ihrem Halse hängen, sich an
ihr Knie schmiegen, wo der Zauber der Mutterliebe jenes
Paradies schafft, nach welchem wir während unseres ganzen
Lebens wie nach einer seligen längst versunkenen Welt zurück
schauen. Im Winter beleuchtet der Schimmer der Lampe,
erhellt der rothflackernde Schein des Kaminfeuers das lieb=
liche Bild. Im Sommer wird es eingefaßt von duftenden
Blumen, umweht vom Hauche des Westwindes, der durch
weit geöffnete Fenster und Thüren den balsamischen Duft

aus Garten und Wiese bringt. Doch horch — die Ankleideglocke läutet. Die trauliche Stunde ist vorüber, es ist Zeit für die Mutter, sich zum späten Mittagsessen anzukleiden.

Gleichviel ob Gäste da sind oder nicht, für die Hauptmahlzeit des Tages, welche den Namen dinner (Mittagsessen) führt, aber erst in die Abendstunden fällt, wird Toilette gemacht. Die Gatten und sonstige Hausgenossen, welche etwa daran Theil nehmen, betrachten dies als eine Rücksicht, die sie einander schuldig sind, und unterziehen sich gern und willig den damit verknüpften Bemühungen. Ein Weilchen leistet die Hausfrau ihrem Gatten wenn die Mahlzeit vorüber, auch noch beim Dessert Gesellschaft und es ist dies so recht eigentlich die Zeit für ein vertrauliches Plaudern zwischen Beiden. Alsdann läßt sie ihn noch bei seinem Wein und seinen Nüssen und geht in das Drawingroom, das Gesellschafts- und Versammlungszimmer, wo die älteren Kinder, welche ebenfalls für den Abend angekleidet sind, sie erwarten. Wo erwachsene Söhne und Töchter im Hause sind, nehmen dieselben selbstverständlich an der Mahlzeit Theil, wie andere durch ihre Stellung dazu berechtigte Hausgenossen.

Auch bei Mittagsgesellschaften stehen die Damen früher vom Tische auf, als die Herren. Die Hausfrau giebt dazu das Zeichen nachdem sie durch eine Verbeugung gewissermaßen die Erlaubniß der ersten Dame in der Gesellschaft dazu eingeholt hat. Die Herren erheben sich bis die Damen das Speisezimmer verlassen haben und folgen ihnen später in den Salon.

Die Sitte, bestimmte Anzüge für die Morgenstunden und für die Abendstunden zu tragen, ist in England viel allgemeiner und gilt für viel unerläßlicher als in Deutschland. Eine Engländerin würde sich in anderen Stoffen als Kattun, Mousselin oder Wollenzeug Morgens sehr unbehaglich fühlen und kann sich ein Kleid für die Abendtoilette gar nicht anders denken als wie aus Atlas, Rips oder einem anderen schweren oder luftigen Seidenstoff. Wie der Stoff, so haben Schnitt und Garnirung des Kleides und die übrigen Bestandtheile des Anzuges dem Begriffe der Gesellschaftstoilette zu entsprechen. Die Wichtigkeit, welche dieser Angelegenheit beigelegt wird, kann als Beweis dafür dienen, welchen Werth der Engländer auf diese Stunden des geselligen Verkehrs innerhalb der Familie legt. Sie sollen und dürfen nicht leichthin behandelt werden, man hat ihnen auch in seiner äußeren Erscheinung die größte Achtung zu bezeigen.

Bald gesellt sich auch der Hausherr zu den im Drawingroom versammelten Familiengliedern, und hat man nicht etwa eine Einladung für den Abend, so entfaltet sich ein überaus gemüthliches Stilleben. Am Kamin sitzt der Vater, vielleicht mit der Abendzeitung in der Hand, die er zur Vervollständigung seiner Morgenlektüre mit nach Hause gebracht hat. Ihm gegenüber hat seine Gattin mit einer leichten Handarbeit oder einem Buche Platz genommen, während das junge Völkchen liest, musizirt, Bilder besieht oder Gesellschaftsspiele spielt. Was man aber auch treibe, Niemand ist von seiner Beschäftigung so ausschließlich in Anspruch genommen, daß er nicht theilnehmen könnte an der allgemeinen Unterhaltung, die sich bald lebhafter entwickelt, bald leiser und abgebrochener dahinfließt, aber nie ganz verstummt. Die Zeitung und die Bücher, welche man liest, die Bilder, die man beschaut, das Musikstück, das man spielt, die Handarbeit, welche man fördert, Alles dient zur Anknüpfung unterhaltender und belehrender Gespräche. Feierte die Mutter Nachmittags mit den Kindern ein Stündchen, welches dem Herzen und dem Gemüthe Nahrung gab, so dienen diese abendlichen Versammlungen der Bildung des Geistes. Die gemeinschaftliche Unterhaltung zwischen beiden Geschlechtern und den verschiedenen Altersstufen, diese feste Geschlossenheit des Ganzen bei freier Bewegung des Einzelnen muß die glücklichste Wirkung auf Alle hervorbringen. Die Eltern erfrischen sich, indem sie mit den Augen ihrer Kinder auf die eigene Jugend zurückblicken; die beständige Berührung mit älteren Personen reift die Jugend und bildet ihr Urtheil.

Um 9 oder halb 10 Uhr gehen die Kinder zu Bett. Nach ihrer Entfernung wird nochmals Wein, Liqueur und Biscuit herumgereicht und der Abend schließt unter zwanglosen Gesprächen zwischen den zurückgebliebenen Erwachsenen.

Selbstverständlich sehen sich diese Familienversammlungen nicht jahraus jahrein ähnlich, wie ein Ei dem andern. Oft werden sie angenehm belebt und unterbrochen durch Nachbaren, welche zu einem Plauderstündchen einsprechen; im Sommer treten an ihre Stelle Promenaden im Garten und sogar weitere Ausflüge, ebenso kommt es je nach dem Styl, in welchem die Familie lebt, häufiger oder seltener vor, daß die Eltern durch Einladungen vom Hause entfernt werden. Außerdem tritt bei Familien, die eine einfachere Lebensweise führen, an die Stelle des späten Mittagsessens ein Thee mit substantiellem Zubehör oder ein warmes Abendbrod. In diesem Falle speist der Hausherr Mittags in der Stadt und die Hausfrau nimmt gemeinschaftlich mit den Kindern die Hauptmahlzeit um ein oder zwei Uhr ein.

Wir haben uns bisher mit einer Familie beschäftigt, in welcher die Kinder sämmtlich noch unerzogen sind, sehen wir uns jetzt eine solche an, wo die Vögel zum Theil schon flügge geworden und das Nest verlassen haben.

Der älteste Sohn einer solchen Familie hat vielleicht nachdem seine Erziehung durch eine Tour auf dem Kontinent vollendet worden, seines Vaters Geschäft erlernt und leitet jetzt ein in China etablirtes Zweiggeschäft des Hauses, die älteste Tochter ist verheirathet und ihrem im indischen Civildienste angestellten Gatten nach Calcutta gefolgt. Den zweiten Sohn hat sein Unternehmungsgeist nach den Wildnissen Australiens oder Neuseelands geführt; ein dritter Sohn ist für die Kirche bestimmt und studirt in Oxford. Eine noch im Elternhause befindliche Tochter widmet sich einer philanthropischen Thätigkeit, für welche eine Reihe hervorragender englischer Frauen, wie Miß Carpenter, Miß Reye, Miß Macpherson u. s. w. so glänzende Beispiele gegeben haben; zwei andere Töchter sind wie vormals die älteren Schwestern zu Ausbildung auf dem Kontinent, und die jüngsten Kinder befinden sich noch im Hause. Fast mit jedem Schiffe treffen Nachrichten aus entfernten Weltgegenden ein. Es ist kein Wunder, daß die Herzen der Knaben davon berauscht werden, daß sie eine brennende Sehnsucht erfaßt, den Ocean, von dem sie jetzt nur hören, je eher je lieber mit Augen zu schauen und daß sie, herangewachsen, die Zahl „der treuen Blauen" vermehren, auf denen Englands Hoffnung beruht.

Ist das letzte Bild übertrieben? Wohl kaum. Eine englische Familie, deren Angehörige über alle Erdtheile verstreut sind, so daß die ganze Welt ihre Heimath ist, in der man spezielle Kenntnisse von Vorfällen hat, die sich auf viele tausende von Meilen Entfernung ereignet haben, ist durchaus keine Seltenheit. Im Gegentheil, die Beispiele dafür sind so häufig, daß man diese Sachlage als die Regel hinstellen dürfte und es als Ausnahme bezeichnen könnte, wenn die Mitglieder einer großen Familie sämmtlich im Lande geblieben sind und in enger Gemeinschaft bei einander wohnen.

Viertes Kapitel.

Ehegatten, Hagestolze und alte Jungfern.

Das Ideal des Engländers war seit Jahrhunderten und ist noch heute ein schönes, befriedigtes, harmonisches Familienleben, es ist jedoch bei den großen Anforderungen, welche durch Herkommen, Klima und Lebensweise an Einrichtung und Erhaltung eines Hausstandes gestellt werden, nicht so ganz leicht, sich ein solches zu verschaffen. Vielleicht liegt mit in diesem Umstande die Erklärung dafür, daß man sich in England im Durchschnitt in einem etwas späteren Lebensalter verheirathet als auf dem Kontinente. Heirathen zwischen Leuten in vorgerückten Jahren erregen durchaus nicht die Verwunderung und rufen nicht den Spott hervor wie anderwärts. Beides erhebt sich erst dann, wenn die Reife des Alters in sehr überwiegendem Maaße nur auf der einen Seite vorhanden ist.

Auch ein langjähriger Brautstand ist durchaus nichts Seltenes. Der junge Mann, der seinen Weg erst noch zu machen hat, lernt das Mädchen kennen, das ihm sein Ideal zu verkörpern scheint. Er wirbt um sie mit der ehrlichen Erklärung, daß zwischen der Verlobung und Heirath Jahre des Wartens liegen. Willigt sie ein, so gehen Beide Jahre lang ohne Kämpfe und Aufregungen als treue Freunde neben einander her oder i h r e Wünsche und Gedanken folgen i h m nach fernem Lande, wohin er gegangen „zu wetten und wagen das Glück zu erjagen," bis die Stunde schlägt, wo der gereifte Mann die Verlobte seiner Jugend in das für sie bereitete Heim führen darf.

Mancher feste, entschlossene Mann verbannt auch muthig jeden Gedanken an Liebe und Ehe bis der Zeitpunkt gekommen ist, wo er der Erwählten zugleich mit seinem Herzen und seiner Hand eine behagliche Existenz zu bieten hat. Viele Andere wissen sich die Zeit des Wartens durch eine reiche Heirath abzukürzen, es ist dies in den mittleren Ständen jedoch keineswegs als die Regel zu bezeichnen. Die Freiheitsliebe, der Unabhängigkeitssinn und die Unternehmungslust des Engländers dulden es nicht, sich von seiner Frau abhängig zu machen, er kämpft und arbeitet lieber und sucht durch die eigene Kraft und Geduld das Ziel seines Strebens zu erreichen. Dafür wird ihm dann der Lohn, ein Weib ganz nach seinem Herzen heimzuführen, das vielleicht schon lange auf ihn gewartet hat.

Es darf und soll indeß hier durchaus nicht verschwiegen werden, daß neben diesen idealen Gründen, welche sich gegen die Geldheirath erheben, noch sehr materielle Ursachen ins Spiel kommen. Es ist in England wenig Sitte, den Töchtern eine Mitgift zu geben, auch kennt man den deutschen Gebrauch nicht, daß die Braut die Einrichtung des Hauses mitbringe. Die Besorgung der letztern liegt dem künftigen Eheherrn ob; von der Braut wird nur die Beschaffung des Leinenzeuges für den neuen Haushalt erwartet. Nach dem Tode der Eltern erhalten die Töchter ein Erbtheil, dieses fällt im Vergleich zu dem großen Reichthum, welchen man in den höchsten Ständen und in den oberen Mittelklassen Englands findet, aber häufig unbedeutend genug aus. Das Gesetz der Primogenitur beschränkt in vielen Fällen die Macht des Vaters in der Zutheilung des Vermögens an die jüngeren Kinder. In anderen Familien sind sehr viele Kinder und in noch anderen wird gespart, weil man einen befestigten Grundbesitz für den ältesten Sohn schaffen will. Wo selbst alle diese Gründe nicht vorhanden sind, wirkt das Beispiel der oberen Klassen auf die mittleren zurück, so daß im Allgemeinen von einer Mitgift in dem Sinne, wie man sie in Frankreich und Deutschland versteht, weniger die Rede sein kann.

Daß es im reichen England dessenungeachtet eine Anzahl reicher und sehr reicher junger Damen giebt und daß diese mit und ohne sonstige persönliche Vorzüge viel umworben werden, braucht kaum ausdrücklich erwähnt zu werden. Schon der englische Sprachgebrauch, eine reiche unverheirathete Dame als eine heiress — Erbin — zu bezeichnen, deutet jedoch darauf hin, daß man diesen Reichthum in Folge von Erbschaft erwartet und nicht von der freien Entschließung des Vaters, sich bei seinen Lebzeiten zu Gunsten der Tochter einer bedeutenden Summe zu entäußern.

Das hier Gesagte gilt von den Mittelklassen, wogegen in den höchsten Kreisen Geldheirathen die Regel sind, und zwar wird gemeiniglich dort Geld gegen Rang ausgetauscht.

In den unteren Klassen entschließt man sich meist früh und ohne vieles Bedenken zur Heirath und es dürfte die Durchschnittszahl der in diesen Gesellschaftsschichten geschlossenen Ehen größer sein als in Deutschland, ein Verhältniß, welches trotz der Vorliebe des Engländers für das Familienleben in den mittleren Klassen bekanntlich nicht stattfindet.

Die Convenienzheirathen der höheren Stände bringen es mit sich, daß eine große Anzahl von Ehen innerhalb derselben wenig glücklich sind. Man wahrt meistens das Dekorum, und die festgeschlossene englische Sitte auf der einen, der große Styl in welchem gelebt wird, auf der anderen Seite, dienen trefflich zum Verdecken vieler Schatten und Wunden, so daß das „skeleton", das es nach dem englischen Sprichworte in jedem Hause giebt, sich nicht aus seinem dunklen Winkel an das Tageslicht wagt. Zuweilen treten dann aber Vorfälle ein, die wie ein greller Blitz aufzuckend, Klippen und Untiefen enthüllen, die unter Blumen verborgen gewesen sind. Die Neigung zu Extravaganzen, welche einen so wunderbaren Gegensatz zu dem praktischen Sinne und der Tüchtigkeit des Engländers bildet, treibt ihre üppigsten Blüthen in den höheren Kreisen und zieht ihre Nahrung oft genug aus einer unglücklichen Ehe.

In den Mittelständen darf ein herzliches Einverständ=
niß unter den Gatten, ein liebereiches, zärtliches, achtungs=
volles Betragen gegeneinander als Regel bezeichnet wer=
den, verbunden mit gemeinsamer treuer Fürsorge für die
Familie. Auch den unteren Ständen gebührt ein ähnliches
Lob, sofern nicht das verheerende Laster der Trunksucht als
Feind des Wohlstandes, der Gesundheit und des Friedens
in die Wohnungen der Arbeiter bringt, sofern nicht die
Armuth in allzu erschreckender Gestalt über die Schwelle
tritt und nach dem bekannten Sprüchworte bewirkt, daß
die Liebe zum Fenster hinaus fliegt.

Einmal geknüpft läßt in England eine Ehe sich sehr
schwer wieder lösen, denn sie wird als ein hochheiliges
Band betrachtet. Früher bedurfte es zu einer Scheidung
der Intervention des Parlamentes und es kostete ungeheure
Summen Geldes, eine solche zu erlangen. Da man jedoch
einsah, daß auf diese Weise die Gleichheit vor dem Gesetze
völlig illusorisch gemacht ward, indem man ein Gesetz für
die Reichen und ein anderes für die Armen hatte, so ist
vor einigen Jahren eine Bill durchgegangen, laut welcher
ein besonderer Gerichtshof für Scheidungsklagen eingesetzt
ist, bei welchem das Verfahren nicht kostspieliger sein darf,
als überhaupt Prozesse in England zu sein pflegen.

Dieser Gerichtshof spricht die Scheidung nur aus im
Falle bewiesener Untreue von einer Seite. Haben Mann
und Frau erwiesenermaßen beide gegeneinander gesündigt,
so kann die Scheidung nicht stattfinden und irgend einen
anderen Grund dafür giebt es ebenso wenig. Das Aeußerste

was geschehen kann, wenn eine Ehe gar zu unglücklich und das Zusammenleben der Gatten unerträglich geworden, ist eine durch gegenseitige Einwilligung herbeigeführte Trennung, welche aber für beide Theile die Wiederverheirathung ausschließt. Wie streng man es in England mit der Aufrechthaltung des ehelichen Bandes nimmt, dafür bietet die Geschichte seines Königshauses aus diesem Jahrhundert ein Beispiel in dem zu einer so traurigen Berühmtheit gelangten Prozesse, den Georg der Vierte gegen seine unglückliche Gemahlin führte. Er endete mit der Anerkennung der verstoßenen Prinzessin von Wales als Königin von England, der nur der unmittelbar darauf eintretende Tod, nicht aber der Wille des Königs, die Krone vorenthalten konnte.

Ist die Scheidung wirklich durchgesetzt und steht der Wiederverheirathung der Geschiedenen kein gesetzliches Hinderniß mehr im Wege, so bereitet ihnen die Gesellschaft doch noch ganz gewaltige Schwierigkeiten. Man sieht einen Mann oder eine Frau, die zu einer zweiten Ehe schreiten, während der erste Gatte noch lebt, mit sehr ungünstigen Augen an und ist wenig geneigt, ihnen die Thüren seines Hauses zu öffnen. Man hat das Gefühl, als verbreiteten sie um sich eine moralische Atmosphäre, vor deren Einwirkung man sich ebenso sehr zu hüten habe, wie vor der mit Ansteckungsstoff erfüllten Luft eines Hospitals für epidemische Krankheiten.

Umgeben Gesetz und Kirche die einmal geschlossene Ehe mit einer Mauer, die sehr schwer zu durchbrechen ist, so pflanzen sie auch auf dem Wege zum Traualtar oder zum

Standesamt — in England herrscht bekanntlich die fakultative Civilehe, die kirchliche und die bürgerliche Trauung sind in gleicher Weise gültig — noch eine Anzahl von Hindernissen auf, welche in Deutschland nicht existiren. Das Book of Common Prayer, das in Aller Hände ist, enthält ein Verzeichniß derjenigen Verwandtschaftsgrade, in welchen die Schließung einer Ehe verboten ist. Mit Unwissenheit kann sich daher Niemand entschuldigen, und wenn er auf das Abenteuerlichste verfiele, das Book of Common Prayer hat alle Fälle vorgesehen, denn es beginnt:

„Kein Mann darf seine eigene Großmutter heirathen;

„Keine Frau darf ihren Großvater zum Manne nehmen."

Ebenso ist die Ehe verboten zwischen Onkel und Nichte, Tante und Neffe, zwischen Schwager und Schwägerin, erlaubt ist sie dagegen zwischen Geschwisterkindern.

Einem Engländer würde schon der bloße Gedanke, daß Onkel und Nichte, Neffe und Tante eine Ehe schließen könnten, mit Abscheu erfüllen; das Empfinden des ganzen Volkes befindet sich daher im vollen Einverständniß mit dem Gesetz. Anders verhält sich die öffentliche Meinung dem Verbot der Ehe zwischen Schwager und Schwägerin gegenüber. Viele sehen den Grund nicht ein, weshalb ein Mann nach dem Tode seiner ersten Frau nicht deren Schwester zur Gattin nehmen darf und finden es nicht in der Ordnung, daß man einen Wittwer der Möglichkeit beraubt, seinen Kindern Diejenige zur zweiten Mutter zu geben, von der doch am ersten zu erwarten steht, daß sie ihnen die Liebe einer solchen entgegenbringen werde.

Alljährlich wird denn auch beim Parlamente ein mit vielen Unterschriften versehener Antrag eingebracht, das Verbot der Ehe eines Mannes mit der Schwester der verstorbenen Frau aufzuheben. Es ist dies der Weg, auf welchem man langsam aber sicher alle Reformen in England durchsetzt, und so steht zu hoffen, daß auch hierbei das Ziel endlich erreicht werden wird; bis jetzt ist der Antrag freilich noch immer in der Minorität geblieben und die Anhänger der bestehenden Ordnung haben sogar noch eine Verschärfung des Gesetzes herbeizuführen gewußt. Da es sich nämlich herausgestellt hat, daß häufig Paare, denen wegen des gedachten Hindernisses der Abschluß einer Heirath in England unmöglich ward, eine solche auf fremdem Boden eingehen, so ist ein Gesetz erlassen, das eine solche im Auslande geschlossene Ehe für ungesetzlich und die daraus entspringenden Kinder für illegitim erklärt.

Als ein Beweis, daß das Vorurtheil gegen die Heirath zwischen Schwager und Schwägerin mehr und mehr an Boden verliert, mag übrigens der Umstand gelten, daß man in der Gesellschaft wenig Bedenken hat, Paare, die in diesem Falle im Auslande eine Verbindung geschlossen haben, als rechtmäßige Eheleute zu betrachten und sie demgemäß aufzunehmen. Die Angelegenheit beschäftigt die öffentliche Meinung in einem so hohen Grade, daß bereits eine ganze Literatur darüber existirt — Schriften, welche sich in ernster und ausführlicher Weise dafür und dawider vernehmen lassen und Novellen und Romane, die den ergiebigen und interessanten Stoff belletristisch verwerthen. Das Bedeutendste auf diesem Gebiete dürfte der Roman „Hannah" von Miß Muloch sein. Die auch in Deutschland bekannte und geschätzte Verfasserin von „John Halifax" schildert darin mit glühenden Farben und überzeugenden Worten die Uebel, welche das Gesetz hervorruft, und die Grausamkeit, die es in sich birgt.

Mit der hohen Achtung für die Ehe geht in England Hand in Hand der tiefe Abscheu gegen ungesetzliche Verbindungen, der sich in Gesetzen äußert, die am schwersten auf unschuldige Häupter fallen, nämlich auf die aus solchen Ehen hervorgegangenen Kinder. Selbst wenn die Eltern sich nachträglich heirathen, lastet auf jenen die Schmach der Illegitimität und kann durch keinen gesetzlichen Akt, durch keine königliche Gnade von ihnen genommen werden. Wo Titel und Güter vorhanden sind, kann nie ein außerehelicher Sohn erben. Sie gehen an den ersten Sohn, der nach geschlossenem Ehebunde geboren ist, über, in Ermangelung eines solchen an die Tochter und fallen, wenn keine legitimen Kinder vorhanden sind, ohne Gnade an die Seitenverwandten.

Was illegitimen Kindern vom Vermögen zugewendet werden soll, muß ihnen durch eine besondere Klausel im Testamente unter dem Mädchennamen ihrer Mutter vermacht werden, und es kann sich dabei natürlich nur um den Theil des Eigenthums handeln, über welchen dem zeitigen Besitzer die freie Verfügung zusteht.

Mann und Frau pflegen sich gegenseitig bei ihrem Taufnamen anzureden; sehr gebräuchlich ist auch die Anrede „my dear" und es kommen, wenn auch nicht häufig, selbst noch zärtlichere Bezeichnungen vor. Wo Kinder vorhanden sind, nehmen die Gatten, wie dies ja auch in Deutschland häufig der Fall ist, öfter die Gewohnheit an, sich Vater und Mutter oder Papa und Mama zu nennen. Beiläufig sei bemerkt, daß die dem Französischen nachgebildete Anrede „Papa und Mama" für die Kinder in den besseren Kreisen jetzt allgemein dem Namen „Vater und Mutter" Platz macht, eine Sitte, der auch in Deutschland eine recht lebhafte und nachhaltige Aufnahme zu wünschen wäre.

Zuweilen nennt die Gattin den Gatten auch bei seinem Familiennamen und setzt alsdann Mister vor, was indeß mehr zu den Seltenheiten gehört. Von einander sprechen sie dagegen außer zu den nächsten Verwandten oder intimsten Freunden stets als Mister und Mistreß. — Mister Smith wird, auf eine Erkundigung nach seiner Frau, stets antworten: „Mistreß Smith befindet sich wohl," und Mistreß Smith wird ihrer Freundin erklären, daß Mister Smith sehr beschäftigt sei. In den höchsten Klassen tritt an Stelle der Bezeichnung Mister und Mistreß: Mylord und Mylady. Den Dienstboten gegenüber heißt es in bürgerlichen Kreisen auch zuweilen your Master und your Mistress.

In einem Lande, wo man sich seit langer Zeit gewöhnt hat, die Frauen mit Achtung und Ehrerbietung zu behandeln und in welchem diese Gefühle von Jahr zu Jahr in der Steigerung begriffen sind, sollte es sich wohl annehmen lassen, daß ihre Stellung im ehelichen Leben keine untergeordnete sei. Wie bereits erwähnt, betrachten die Gatten einander auch gegenseitig als ihre besten und nächsten Freunde und berathen alle Angelegenheiten des gemeinsamen Lebens in gleichberechtigter Weise. Außerdem verschmäht es der Mann aber auch nicht, mit der Frau die ihn bewegenden Fragen in Bezug auf Politik, Kirchliches und Soziales zu erörtern und findet Dank der Erziehung, welche die englischen Mädchen erhalten, dafür ein gutes Verständniß und eine wahrhafte, nicht eine nur künstlich gemachte Theilnahme. Die Frau läßt es sich angelegen sein, sich mit den Dingen, denen der Mann durch Beruf oder Neigung nahe steht, vertraut zu machen, die Wissenschaft, die er treibt, zu studiren, damit ihr nichts fremd bleibe, was für ihn Werth und Wichtigkeit hat.

Es giebt natürlich Ehen, in denen die tyrannische Natur des Mannes oder das unsympathische Wesen der Frau wenig innere Gemeinschaft aufkommen lassen, doch darf versichert werden, daß in den Familien des guten Mittelstandes solche Fälle nicht häufig vorkommen und immer seltener werden.

Daß dem so ist, giebt nach dem Ausspruche von Stuart Mill aber Zeugniß dafür, daß die „moralischen Gesinnungen besser sind als die Gesetze," denn diese waren bis vor ganz kurzer Zeit der verheiratheten Frau fast in keinem Lande ungünstiger als in England. Mill steht nicht an, die Frau „thatsächlich die Leibeigene ihres Mannes" zu nennen, „und zwar so weit gesetzliche Verpflichtungen gehen in keinem geringeren Grade als Diejenigen, welche man gewöhnlich mit dem Namen Sklaven bezeichnet. Die Frau kann nichts thun ohne wenigstens die stillschweigende Erlaubniß des Mannes. Sie kann für sich kein Eigenthum erwerben; in dem Augenblicke, wo es ihr zufällt, selbst durch Erbschaft, wird es ipso facto das seine."

Man sucht in den besitzenden Klassen diese Gesetzesvorschriften abzuschwächen und wirkungslos zu machen, indem man durch besondere Verträge der Frau ein Nadelgeld u. s. w. aussetzt oder ihr Vermögen durch einen notariellen Akt als für sie selbst bestimmt bezeichnet. Eine andere Form, die Frau sicher zu stellen, ist auch die, daß der Mann von seinem Eigenthum etwas für sie festsetzt, was nach seinem Tode unbestritten an sie fällt. Alle diese Vorsichtsmaßregeln, die zudem wenig ausreichend sind, lassen sich indeß immer nur da ergreifen, wo Vermögen vorhanden ist. In den unteren Klassen ist die meist miterwerbende Frau schutzlos der Gnade des Mannes anheimgegeben, und mit vollem Rechte ist deshalb in England und Schottland eine lebhafte Agitation im Gange, um eine Verbesserung der bezüglichen Gesetzesparagraphen herbeizuführen, die durch die „married women popriety bill" die in England bereits Gesetzeskraft erlangt, schon Erfolg gehabt hat und sicher noch weitere Erfolge erzielen wird.

Mag es nun auch in England einzelne Frauen geben, welche sich scheuen, ihren Nacken dem Joche zu beugen, das ihnen durch die Ehe gesetzlich auferlegt wird, so befinden sie sich doch sehr in der Minderzahl und haben, wie wir aus Vorstehendem gesehen, im Grunde auch keine Veranlassung dazu. Im Allgemeinen sind die Engländerinnen durchaus nicht abgeneigt, sich zu verheirathen und die größere Freiheit der Bewegung, die ihnen die Sitte gestattet, macht Ausländern leicht den Eindruck, als seien sie bestrebt, diesem Wunsche einen etwas entschiedenen Ausdruck zu geben.

Vielleicht erscheint es wie ein Widerspruch, wenn im Eingange dieses Abschnittes gesagt wurde, das Ideal des Engländers sei ein schönes befriedigendes Familienleben, und nun doch vom Vorhandensein einer großen Anzahl von Hagestolzen gesprochen werden muß. Die Erklärung dafür liegt in den ersten darauf folgenden Sätzen, welche die Schwierigkeiten schildern, die sich der Begründung eines ‚eigenen Hausstandes entgegenstellen. Viele Männer, die in früher Jugend ins Ausland gegangen sind, um sich die Mittel zur Begründung eines eigenen Heims zu erwerben, haben im Ringen danach den Wunsch und die Neigung dafür verloren. Mit Vermögen nach England zurückgekehrt, finden sie hier fein möblirte Zimmer, gute Diener, Clubs, mit einem Worte Alles, was nur dazu dienen kann, ein Junggesellenleben angenehm und behaglich zu machen. Sie können sich in Folge dessen ebenso wenig entschließen, es aufzugeben wie Andere, die von Hause aus reich waren und daher im Stande gewesen, ihren Neigungen zu folgen und weite Reisen zu machen, von denen sie als Ehescheue zu=

rückgekehrt sind. Eine dritte Kategorie besitzt wohl so viel, daß es zum comfortablen Junggesellenleben, aber nicht zum standesgemäßen Unterhalt einer Familie ausreicht.

Man könnte noch mehrere Spezies der Gattung aufzählen, es möge indeß bei den aufgeführten sein Bewenden haben; welcher derselben ein solcher Herr der Schöpfung aber auch angehören mag, es finden sich immer Damen in mehr oder minder reifem Alter, die es sich angelegen sein lassen, ihn von seinem Irrthum zurückzubringen und bereit wären, sich für ihn in die liebende Gattin, die Freundin und Gefährtin oder auch die Pflegerin zu verwandeln, bekanntlich eine der drei Eigenschaften, in welcher je nach den verschiedenen Altersstufen die Frauen von den Männern geheirathet werden. Es kommt dabei vor, daß sicher zum großen Gaudium der betreffenden Herren und sehr zur Erhöhung des Gefühls ihrer Wichtigkeit, Tanten von unbestimmtem Alter in Konkurrenz mit ihren jugendlichen Nichten treten. Da in der Welt nichts unmöglich ist, so wird auch eine solche Männerjägerin wohl einmal von Erfolg gekrönt und das künstlich umstellte Wild geht ihr ins Garn; die Humoristen wissen derartige Vorkommnisse ergötzlich genug zu schildern; am vorzüglichsten hat sie jedenfalls Thackeray in Vanity fair gezeichnet.

Trotz alledem sind die schlimmsten Zeiten der Männerjagd in England vorüber, zum größten Theile gehören die Schilderungen, die man davon macht, der Vergangenheit an. Je mehr die Anschauung Boden gewinnt, daß der Beruf der Frau nicht einzig und allein und unter jeder

Bedingung die Ehe sei, verschwindet auch diese widerwärtige Erscheinung. Man darf es England zum Ruhme nachsagen, daß es in diesen humanen und wahrhaft freisinnigen Ansichten dem gesammten übrigen Europa mit leuchtendem Beispiel vorangegangen ist.

Schon die einfache Thatsache, daß es in England eine beträchtliche Anzahl von Hagestolzen giebt, müßte logischerweise darauf führen, daß daselbst auch viele Frauen leben, welche freiwillig oder unfreiwillig im ehelosen Stande verblieben sind, jedoch haben wir damit die Ursachen des „Altjungfernthums" noch lange nicht erschöpft. Sei es, daß die häufig beobachtete größere Sterblichkeit des männlichen Geschlechtes in den ersten Lebensjahren auch in England ein Ueberschießen der weiblichen Bevölkerung hervorgebracht hat, sei es daß die Auswanderung nach den Kolonien und nach Amerika, der Dienst in Indien und das Seemannsleben dem Mutterlande sehr viele seiner Söhne entziehen, genug, die Volkszählung des Jahres 1856 ergab schon die Thatsache, daß in England zwei Millionen Frauen leben, welche auf den Erwerb ihrer Existenzmittel durch die eigene Thätigkeit angewiesen sind, weil ihnen nicht in der Person eines Gatten ein Versorger zu Theil geworden ist.

Und in diese Zahl waren doch diejenigen Frauen, welche unverheirathet sind, aber durch den Besitz eines eigenen Vermögens in unabhängigen Verhältnissen leben, gar nicht mit inbegriffen.

Gestützt auf diese laut redenden Zahlen und entsetzt

über das Elend, dem viele dieser arbeitenden Frauen preisgegeben sind, ist man zu der Erkenntniß gekommen, daß die den Frauen durch das Herkommen zugewiesenen Arbeitsfelder nicht für sie ausreichen. Vereine und Institute sind seitdem eifrig bemüht, die Erwerbsfähigkeit des weiblichen Geschlechtes durch Aufsuchen und Eröffnen neuer Arbeitsfelder für dasselbe zu erweitern, und man hat in dieser Beziehung schon sehr gute Resultate erzielt.

Damit ist der „Brodfrage" des Altjungfernthums die Spitze abgebrochen, noch viel früher war man aber dahin gelangt, diesen Stand durchaus nicht als das Schrecklichste der Schrecken, die alte Jungfer nicht als den Paria der Gesellschaft zu betrachten.

Fast alle Gebiete des englischen Staatswesens haben durch Frauen eine große Förderung erfahren, und man kann hinzufügen, zu einem großen Theile durch unverheirathete Frauen, welche die ihnen durch die Verhältnisse gewährte Unabhängigkeit benutzten, um mit Eifer und Geschick an den verschiedensten Werken zur Hebung des Gemeinwohls mitzuarbeiten. Dadurch hat man einsehen lernen, wie unschätzbar die Intelligenz und Erfahrung einer nicht von Familiensorgen und Familienpflichten in Anspruch genommenen Frau, der Stadt, der Gemeinde und dem kleineren Kreise, in dem sie lebt, werden kann; man glaubt nicht mehr, daß eine Frau, die ehelos bleibt, unabänderlich ihren Beruf verfehlt haben müsse, und benimmt sich rücksichtsvoller gegen sie als früher. Dadurch ist dann wieder die günstigste Einwirkung auf die alte Jungfer geübt worden.

Es wäre allerdings viel zu sanguinisch, wollte man prophezeien, die Spezies der alten Jungfer in des Wortes unangenehmster Bedeutung werde in England oder anderswo aussterben. Es wird allezeit unverheirathete Frauen geben, die es dem Schicksal nie verzeihen können, daß es sie das Ziel ihrer Wünsche und ihres Strebens, in den ersehnten Hafen der Ehe einzulaufen, nicht erreichen ließ, aber diese Art der Beurtheilung wird seltener werden und als eine Ausnahme, nicht als Regel zu betrachten sein, je mehr man in der Erziehung davon zurückkommt, den Mädchen die Ehe als den einzigen für sie erstrebenswerthen und zu erstrebenden Lebensberuf hinzustellen. Findet man alsdann doch noch die alte Jungfer par Excellence, so verdient sie kein Mitleid, denn ihre eigene Schuld ist es, daß sie sich ihr Dasein nicht harmonischer gestaltet hat.

Fünftes Kapitel.

Nahrungsmittel, Gesundheits- und Krankenpflege.

Die Engländer legen einen so hohen Werth auf Alles, was zur Pflege und Erhaltung der Gesundheit dient, daß wir kein vollständiges und anschauliches Bild ihres häuslichen Lebens geben würden, wenn wir diesem hochwichtigen Gegenstande nicht noch ein besonderes Kapitel widmeten, obgleich es sich nicht vermeiden ließ, auch an anderen Stellen Andeutungen darüber zu machen.

Die Sorgfalt für die Gesundheit und kräftige körperliche Entfaltung beginnt schon im zartesten Kindesalter. Die Glieder der Säuglinge werden nicht gewickelt und in Kissen geschnürt, sondern haben Freiheit der Bewegung. Eine englische Mutter, die auf dem Kontinente ein in seinem Steckbett liegendes Kind sieht, fühlt sich vom tiefsten Mitleid mit dem hilflosen kleinen Wesen ergriffen, das nach ihrer Ansicht eine überaus grausame Behandlung zu erdulden hat.

Vom zartesten Alter an werden die Kinder Morgens und Abends (häufig in kaltem Wasser) gebadet und diese Gewohnheit des überreichen Verbrauches an frischem Wasser, die ihnen von frühester Jugend an beigebracht wird, erwächst für ihr späteres Leben zur Nothwendigkeit und zur anderen Natur. Einem Engländer erscheint es so unentbehrlich, täglich zweimal oder mindestens einmal ein Bad zu nehmen, daß er selbst auf Reisen darauf nicht verzichten kann und will. Man hat deshalb Reisebadewannen erfunden, die entweder aus Zink gefertigt und mit einem Deckel versehen sind, so daß man sie als Koffer benutzen kann, oder die man aus Gummi herstellt, um sie in ein möglichst kleines Format drücken und in den Koffer packen zu können.

Außer diesen Abend- und Morgenwaschungen unterläßt man nicht, sich Hände und Gesicht zu waschen sobald man die Toilette wechselt oder von einem Gange zurückkommt.

Reinlichkeit ist einer der obersten Grundsätze, welche man den Kindern als Richtschnur für ihr Leben einzuprägen bemüht ist, und demzufolge werden sie auch angehalten, ihren Zähnen, ihrem Haar und ihren Nägeln die größte Sorgfalt zuzuwenden. Alle Utensilien zu diesem Zwecke sind praktisch eingerichtet, werden in reichlichem Maße angeschafft und gut erhalten. Die Zähne werden mindestens zweimal des Tages, Morgens und Abends, geputzt, auch ist es gebräuchlich, daß man das Gebiß öfter vom Zahnarzt untersuchen läßt, besonders dann wenn bei den Kindern die Wechseljahre eintreten. Eine Engländerin würde es shocking finden, ins Bett zu gehen, ohne ihr Haar gebürstet und für die Nacht eingeflochten zu haben. In seinem Roman „Lothair" schildert Disraeli das vertrauliche Plauderstündchen junger Mädchen beim Haarbürsten für die Nachttoilette und wie sie dasselbe durch Verlängerung dieses Geschäftes auszudehnen wissen.

Die Wichtigkeit, welche die Engländer regelmäßiger täglicher Bewegung in der freien Luft beilegen, erhellt schon aus der Bezeichnung, welche sie für diesen Spaziergang haben. Man nennt ihn „Constitutional", weil man ihn als eine Nothwendigkeit betrachtet, die Konstitution zu kräftigen und in guter Ordnung zu erhalten, und auch hier beginnt man schon bei den kleinen Kindern, die, wenn es das Wetter nur irgend gestattet, täglich ins Freie getragen werden. Es müßten ganz ungewöhnlich zarte Babies sein, bei denen die Frage laut würde: „Ist es heute besser, sie im Zimmer zu lassen?" Kalte Abreibungen, Bewegung und körperliche Uebungen und Spiele im Freien hält man bei Knaben und Mädchen für unerläßlich und achtet streng darauf, daß sie sich ihnen überlassen und Gewandtheit darin erhalten.

Wir sehen an einer anderen Stelle, welchen wichtigen Rang diese Uebungen und Spiele im Freien im Gesammtleben des englischen Volkes einnehmen, hier sei nur noch darauf hingewiesen, daß im innigsten Zusammenhange mit der Vorliebe für den Aufenthalt im Freien auch das Bedürfniß nach frischer Luft in den Wohnungen steht und daß man im Hause Einrichtungen trifft, die demselben nach allen Seiten Rechnung tragen.

„O wie schlecht ist hier die Luft!" ist ein Ausruf, den man oft ausstößt, wenn man an einem Wintertage nach einem Ausgange ins Zimmer zurückkehrt, worauf man unter voller Zustimmung aller Betheiligten auf etliche Minuten Thüren und Fenster öffnet, um das Zimmer zu lüften. Sollte durch dieses Verfahren die Temperatur allzusehr abgekühlt sein, so wird das Feuer im Kamin zu neuer Gluth angefacht, man schüttet frische Kohlen auf und das Gleichgewicht ist bald wieder hergestellt. Endlich kommen auch noch zum Zwecke des Lüftens vielfach Schiebefenster in Anwendung, die man schnell hinauf- und hinunterziehen kann.

Ein englischer Arzt gab einmal folgende Definition dessen, was ihm als eine Hauptbedingung für einen behaglichen Winterabend erscheine: Ein oben etwa einen Zoll breit offen stehendes Fenster, hochaufgethürmte Kohlen im Kamin, die ein hellflackerndes Feuer nähren, und brennendes Gas. Selbst unter den luftliebenden Engländern möchte es Manchen geben, der sich mit diesem Begriff des Behagens doch nicht einverstanden erklärte, trotzdem ist aber frische Luft, reine Luft und viel Luft für die Kinder des Inselreiches in einem Umfange Lebensbedingung, von dem sich die Bewohner des Kontinents keine Vorstellung zu machen vermögen. Ganz ebenso unglaublich erscheint dagegen wieder dem Engländer, daß es möglich sein könne, die Fenster den ganzen Winter hindurch verschlossen zu halten. Ein solches Verfahren würde ihm ebenso entsetzlich und unsauber vorkommen, wie das Unterlassen des täglichen Bades in der kalten Jahreszeit. Viele Leute schlafen sogar Sommer und

Winter Nachts bei geöffnetem Fenster und diese Sitte wird von Aerzten als der Gesundheit zuträglich sehr empfohlen.

Nach einem deutschen Sprichworte, das der Engländer sicher unterschreibt, läßt es sich aber nicht von der Luft leben und so kommt denn außer Wasser, Luft und Licht bei der Gesundheitspflege noch ein sehr gewichtiger Faktor mit in Frage, nämlich die Nahrungsmittel. Auch bei der Betrachtung der Ernährung können wir wieder beim Kindesalter beginnen.

Man hält darauf, daß schon die aus Babies sich zu Kindern entwickelnden kleinen Geschöpfe viele und gesunde Nahrung erhalten und der Geschmack daran bleibt ihnen. „Französische Küche," sagte kürzlich ein Engländer, „mag ganz vortrefflich sein, es giebt aber immer noch Leute unter uns, welche eine Scheibe englisches Roastbeef den Erzeugnissen der französischen Küche in ihrer größten Vollendung vorziehen." Diese Aeußerung darf als charakteristisch für die Anschauungen des überwiegend größten Theiles der Nation bezeichnet werden.

Alle Nahrungsmittel, die dem englischen Geschmacke genügen sollen, müssen solide und kräftig sein, Bedingungen, die sich ebensowohl auf das Klima, wie auf den Charakter des Volkes zurückführen lassen. Unter „Suppe" versteht man einzig und allein eine starke Brühe aus Fleisch, mit Kräutern schmackhaft gemacht. Ein Engländer würde höchlich verwundert sein, wenn ihm eine jener vielen Zusammensetzungen, die in Deutschland die Bezeichnung „Suppe" führen, mit dem Ansinnen vorgesetzt würde, damit seine

Mahlzeit zu beginnen und seinen Magen gewissermaßen zu foppen. Die Suppe ist überhaupt für ein englisches Mittagsessen nicht so wichtig wie für ein deutsches, man genießt sie in den Mittelklassen nur ausnahmsweise bei recht kaltem Wetter. Kommt sie aber auf den Tisch, so würde auch die sparsamste Hausfrau nicht wagen, ihr das Suppenfleisch folgen zu lassen und verstünde sie auch die pikantesten Saucen zu bereiten, um es schmackhaft zu machen.

Ein Stück derbes Fleisch und Gemüse, nebst einem Pie oder Pudding, das sind die Gerichte, welche man in den Häusern des Mittelstandes zur täglichen Nahrung verlangt, man nimmt es dabei durchaus nicht übel wenn das Fleisch zuweilen kalt auf den Tisch kommt, zieht es sogar in diesem Zustande häufig anderen Gerichten vor.

Die meisten Speisen sind viel magerer gekocht als in Deutschland; ein englischer Magen würde sich gegen manches mit fettigen Ingredienzien zubereitete Gericht, das bei uns als Delikatesse gilt, sträuben. Gemüse werden in Wasser gekocht und entweder in diesem Zustande oder mit zerlassener Butter servirt. Dagegen liebt und bedarf der Engländer scharfer Reizmittel. Die Würzen, Saucen, Pickles und dergleichen sind von einer Beschaffenheit, daß sie selbst in den kleinsten Dosen genossen, dem deutschen Magen ein gelindes Martyrium zumuthen würden. Der Thee wird so stark getrunken, daß deutsche Nerven ihn nur sehr schwer zu ertragen vermöchten. Die Speisen werden zwar beim Kochen wenig gesalzen, desto mehr Salz fügt man aber jedem Gerichte beim Verzehren bei, und der Tisch, auf dem nicht eine Auswahl von Gewürzen steht, erscheint mangelhaft servirt. Die Rauhheit und Feuchtigkeit des englischen Klimas verlangen stark gewürzte Speisen und starke Getränke, und da nur der Wohlhabendere sich hieran in einer unbedenklicheren Weise Genüge thuen kann, so sucht der Arme leider nur zu oft das auch von ihm empfundene Bedürfniß durch alkoholische Getränke, die er nicht selten im Uebermaß genießt, zu befriedigen.

Die Zubereitung des Fleisches in England ist sehr verschieden von den Vorstellungen, die man sich im Auslande vielfach davon macht. Das halbgahre Fleisch welches auf dem Kontinente unter der Bezeichnung „englische Küche" auf die Tafel gebracht wird, wäre durch seinen bloßen Anblick geeignet, einem richtigen Engländer Entsetzen einzuflößen. Eine leichte röthliche Färbung beim Anschnitt liebt man allerdings, mehr aber nicht, und auch diese nur beim Rind- und Hammelfleisch. Kalbfleisch, Schweinefleisch, Geflügel und Wild müssen gänzlich durchgebraten sein, wenn sie vor englischen Augen und vor englischen Magen Gnade finden sollen.

Geräuchertes Fleisch und geräucherte Fische ungekocht zu essen erscheint dem Engländer barbarisch. Er nimmt keine animalische Speise zu sich, welche nicht am hellen Küchenfeuer gewesen ist; die einzige Ausnahme von dieser Regel macht er zu Gunsten der Auster.

Das in England von allen Klassen der Gesellschaft gegessene Brod wird aus Weizen gebacken; in Irland nimmt daneben bekanntlich die Kartoffel eine hervorragende Stelle ein und in Schottland verzehrt man viel Haferbrod und Hafermuß.

Der englischen Küche wird öfter der Vorwurf gemacht, daß sie zu schwer und zu verschwenderisch sei. Was die erste Anklage anbetrifft, so muß man bedenken, daß der Engländer mit einer sehr großen Energie und Ausdauer bei seiner Arbeit verharrt und dazu einer physischen Kraft bedarf, die nur durch eine entsprechende Nahrung zu erlangen und aufrecht zu erhalten ist. Der zweite Vorwurf läßt sich weniger entkräften und es ist daher sehr anerkennenswerth, daß die höheren Stände bemüht sind, auch nach dieser Seite durch Vorlesungen und Einrichtung von Kochschulen die Erziehung des Volkes in die Hand zu nehmen und die Frauen der niederen Stände zu belehren, wie sie wohlfeiler kochen und größere Abwechselung in die Zubereitung ihrer Speisen und die Auswahl derselben bringen können. Man mag diesen Bestrebungen aus vollster Ueberzeugung den besten Erfolg wünschen, würde aber doch sanguinisch sein, wenn man sehr große Resultate davon erwartete. Mag der Engländer auch einmal mit der französischen Küche liebäugeln, er kommt doch immer wieder zu der Ueberzeugung, daß das Roastbeef Alt=Englands das Beste sei, was man haben könne, und da die heranwachsende Jugend bis sie die Schulstube verläßt, außer mit Butter, Brod und Gemüse, fast nur mit Fleisch, Pudding und Pie genährt wird, so ist aller Grund zu der Annahme vorhanden, der nationale Geschmack werde nicht aussterben.

Bei der sehr dichten Bevölkerung Englands ist man darauf angewiesen, einen nicht unbeträchtlichen Theil der Lebensmittel von auswärts zu beziehen; da aber der Import mit großer Leichtigkeit bewirkt werden kann und alle Einrichtungen dahin getroffen sind, dem Verkaufe die möglichst geringen Schwierigkeiten in den Weg zu legen, so haben sich die Preise der nothwendigsten Lebensbedürfnisse immer noch in vernünftigen Grenzen gehalten und übersteigen nicht die der gleichen Artikel in Deutschland; bei einem Vergleich der Preise der Lebensmittel zwischen London und Berlin, dürfte sich kaum ein wesentlicher Unterschied ergeben. Rindfleisch kostet, je nach dem Theile von dem es ist, pro Pfund 1 Mk., 1 Mk. 35 bis 1 Mk. 50 Pf., Hammelfleisch 90 Pf. bis 1 M., Lammbraten 1 M. 20 Pf., Hühner das Paar 9 bis 10 Mark, Eier zehn Stck. 1 Mk., frische Butter das Pfd. 1 Mk. 80 Pf., Salzbutter pro Pfd. 1 Mk. 50 Pf.; ein Laib Brod von vier Pfd. 60 bis 70 Pf., Milch pro Quart 40 Pf., Kaffee pro Pfd. 1 M. 50 bis 1 Mk. 75 Pf.; guter Thee pro Pfd. 2 M. 70 bis 3 Mk. 50 Pf.; das Pfd. Zucker 40 Pf. Es ist hierbei allerdings zu bemerken, daß ein englisches Pfund etwas leichter ist als das deutsche Pfund oder richtiger halbe Kilogramm.

Als sich vor etlichen Jahren die Preise der Lebensmittel ganz enorm gesteigert hatten, wandte sich die öffentliche Aufmerksamkeit der Lebensmittelfrage sehr entschieden zu; man fand, daß die Händler einen ungeheuren, mehr als erlaubten Gewinn nahmen und sann auf Mittel, dieser

Ausbeutung des Publikums entgegen zu wirken. Eins davon fand man in den Kooperativ-Genossenschaften und deren Verkaufsstellen, welche eine große Ausdehnung gewonnen und sich als äußerst wohlthätig bewährten. Das System ist in verschiedenen Formen auch nach Deutschland überführt worden, und bedarf deshalb hier einer eingehenderen Schilderung nicht, wir konnten es aber als einen sehr charakteristischen Zug des englischen Lebens nicht unerwähnt lassen.

Ebenso darf bei einer Betrachtung der englischen Bestrebungen für die Erhaltung der Gesundheit nicht außer Acht gelassen werden, daß die höheren Klassen redlich bemüht sind, mit Wort, Schrift und That dahin zu wirken, daß auch den niederen Ständen die Wohlthaten zu Theil werden, welche aus der Kenntniß und der Befolgung der Gesetze der Hygiene erwachsen.

Was für Herstellung besserer Wohnungen u. s. w. gethan wird, darüber haben wir schon an anderer Stelle gesprochen. Ein großes Verdienst gebührt der „Ladie's Sanitary Association", welche sich die Aufgabe gestellt hat, durch Vorlesungen und Schriften die Armen über das aufzuklären, was für ihr körperliches und damit eng verknüpft auch für ihr geistiges und sittliches Wohl nothwendig ist. Die Mitglieder der Gesellschaft verschmähen es auch nicht, die Wohnungen der Armen aufzusuchen und durch persönliche Belehrung zu wirken. Am meisten geschieht dies aber, wie gesagt, durch populair und faßlich geschriebene Broschüren, wie z. B. über „den Werth des kalten Wassers," über „die Nothwendigkeit der persönlichen Reinlichkeit" u. s. w. Seit ihrer Begründung im Jahre 1857 hat die Gesellschaft Millionen von Exemplaren solcher Schriften verbreitet.

Auch die Regierung und Gesetzgebung sind nicht müßig gewesen. 1872 ging im Parlament die „Public Health Act" durch, kraft welcher England und Wales in Distrikte zum Zwecke der sanitairen Beaufsichtigung getheilt ward. Für jeden Distrikt wurde ein Local Sanitary Board (Gesundheitsamt) eingerichtet, dessen Mitglieder sich wöchentlich einmal zu versammeln und einen Arzt als Gesundheitsbeamten zu bestellen haben, der auf alle Dinge, welche direkt oder indirekt einen Einfluß auf die Gesundheit üben, ein scharfes Auge haben und dem Gesundheisamt allwöchentlich Bericht ertheilen muß. Unter dem Arzte steht noch ein zweiter Beamter, der sogenannte „Inspector of Nuisances" (der Schädlichkeiten), zu welchem Posten man in der Regel einen intelligenten Mann der arbeitenden Klassen wählt. Derselbe muß genau auf das Vorkommen aller möglichen Ursachen von Krankheiten achten, wie z. B. schlechte Abflüsse, ungesunde Häuser, unreines Trinkwasser, und dergleichen mehr, und dem Gesundheitsbeamten darüber referiren; dieser hat sich persönlich von dem Sachverhalt zu überzeugen und wiederum an das Gesundheitsamt zu berichten, das alsdann darüber beräth, und die für nothwendig erachteten Maaßregeln zur Abhilfe des Uebels ergreift. Sämmtliche Sanitary Boards stehen wieder unter der Aufsicht des Local Governement Board und haben dieser

Behörde alljährlich von ihrer Wirksamkeit Rechenschaft zu geben.

Bei aller Sorgfalt für die Gesundheit und bei der naturgemäßesten Lebensweise wird man aber die Krankheit dem Menschengeschlechte doch nicht ganz fern halten können. Gesundheits- und Krankenpflege sind daher zwei Themata, die kaum von einander getrennt zu behandeln wären. Daß man in England in wohleingerichteten Häusern in Krankheitsfällen von jeher Alles angewendet, was Wissenschaft und Erfahrung als nothwendig vorschreiben, ist ebenso selbstverständlich, wie daß die Liebe der Familienglieder ihren Kranken immer die größte Sorgfalt gewidmet hat. Betrachtet man aber die Krankenpflege als einen Beruf, für den geeignete Kräfte vorgebildet sein müssen, so lag es damit bis zur Zeit des Krimkrieges ziemlich im Argen. Erst Miß Nithingale's Aufopferung war es vorbehalten, hierin Wandel zu schaffen, obgleich Dickens, der so scharfe Augen für die Schäden seines Vaterlandes besaß, schon in seinem Roman Martin Chuzzlewit durch die Zeichnung einer Mrs. Grambs und Betsy Piggs die Aufmerksamkeit auf den Mangel an geeigneten Kräften für die Krankenpflege gelenkt hat. Durch ihn war der Boden bereitet worden, in den Miß Nithingale die Saat streute, aus welcher gute Früchte emporwachsen sollten.

Während es bis zu Miß Nithingale's Zeit wohl eine Wochenpflegerin, aber keine eigentlich geschulte Krankenpflegerin für Privathäuser gab, da es an einer Bildungsstätte für sie gebracht), wird jetzt der Beruf der Krankenpflegerin Frauen aller Klassen fortdauernd empfohlen als ein Mittel sich die Existenz zu erwerben, und ebensowohl als eine segensreiche und befriedigende Thätigkeit für Viele, welche sonst dem Elende des Müßigganges und eines zwecklosen Daseins verfallen würden. Zahlreiche Anstalten, theils ganz weltlich theils mehr oder weniger mit religiösen Bestrebungen verbunden, sind behufs der Schulung von Krankenpflegerinnen begründet worden — in London giebt es mindestens zehn solcher Institute, in den übrigen größeren Städten Englands, sowie in Edinburg und Dublin sind sie ebenfalls vorhanden — und entlassen alljährlich eine Anzahl tüchtig ausgebildeter Kräfte.

Die große Abneigung des Engländers, über die Schranken des Familienlebens hinauszugehen, verbunden mit der durch das Wohnen im eigenen Hause gebotenen Erleichterung für die Krankenpflege, machte es zur Regel, daß Jeder, der eine Familie besitzt, in Krankheitsfällen auch innerhalb derselben verpflegt ward. Nur ganz alleinstehende Menschen und die niedrigsten Klassen machen hiervon eine Ausnahme, und auch die Angehörigen der letzteren kann nur die äußerste Nothwendigkeit veranlassen, ihre Zuflucht zum Hospital zu nehmen.

In Folge dieser Anschauungen hat es bis vor Kurzem, mit Ausnahme einiger für bestimmte Klassen begründeter kleiner Anstalten, kein Krankenhaus gegeben, wo Kranke der besseren Stände gegen Bezahlung Aufnahme finden konnten. Hospitäler giebt es die Menge, sie werden aber ent=

weder aus den Zinsen milder Stiftungen oder aus freiwilligen Beiträgen erhalten, sind also zu wohlthätigen Zwecken bestimmt und es erschien deshalb beinahe ehrenrührig, wenn Jemand, der zahlungsfähig war, daselbst Aufnahme suchte, obgleich Fremden und Alleinstehenden doch oft nichts Anderes übrig blieb.

Mit dem erweiterten Verständniß für die Bedingungen der Krankenpflege haben sich auch diese Anschauungen wesentlich verändert. Man ist nicht nur zu der Erkenntniß gelangt, welche wirksame Hilfe eine tüchtige, geschulte Pflegerin für den Arzt ist, sondern sieht auch ein, daß, wenn Arzt und Pflegerin ihre Aufgaben wirksam erfüllen sollen, ihnen Hilfsmittel zu Gebote stehen müssen, die in vielen Fällen in Privathäusern doch nicht zu beschaffen sind. Immer mehr wird deshalb der Wunsch rege, daß Krankenhäuser entstehen mögen, in welchen auch solche Kranke, die zahlen können, gegen eine angemessene Entschädigung Aufnahme finden. Man hat bereits Meetings zur Erörterung der Angelegenheit gehalten und soll in London bereits damit umgehen, den Grund und Boden für die Aufführung des für eine solche Krankenanstalt nöthigen Gebäudes zu erwerben.

In London allein sind sechzehn große allgemeine Hospitäler und mehr als hundert Hospitäler und Vereine, um ärztliche Hilfe für bestimmte Krankheitsfälle zu beschaffen. (Im letzten Jahre sollen in den 16 allgemeinen Hospitälern 50,000 Patienten verpflegt und außerdem 300,000, die nicht dort Aufnahme fanden, ärztlich behandelt worden sein).

Es giebt nicht leicht eine Stadt, groß oder klein, die nicht mindestens ein Hospital hätte, und selbst auf den Dörfern sind jetzt vielfach welche eingerichtet worden, da man erkannt hat, wie nachtheilig es auf die Kranken wirkt und wie viel kostbare Zeit oft darüber verloren geht, wenn man genöthigt ist, sie erst nach der nächsten Stadt, in welcher sich ein Hospital befindet, schaffen zu müssen.

Was endlich die Prinzipien der englischen Krankenpflege anbetrifft, so sind es im Grunde ganz dieselben, auf denen die Gesundheitspflege beruht: Gute Luft, skrupulöse Reinlichkeit und kräftige Nahrung, sofern man die letztere dem Patienten nur irgend zu geben wagen darf.

Sechstes Kapitel.

Erziehung und Unterrichtswesen.

Die körperliche Pflege und Erziehung der Kinder ist in dem Abschnitte über die Gesundheitspflege ausführlich behandelt worden. Wir haben deshalb hier nur darauf hinzuweisen und ins Gedächtniß zu rufen, daß man ausgehend von dem Grundsatze, nur in einem gesundem Körper könne eine gesunde Seele wohnen, sorgfältig darauf bedacht ist, dieses kostbare Gut den Kindern zu bewahren und es auf jede Weise zu kräftigen und zu stärken. Bewegung in freier Luft bei jedem Wetter und vom frühesten Kindesalter an, körperliche Uebungen, Laufen, Klettern, Springen ist ihnen nicht nur gestattet, sondern geboten und es macht bis zu zehn oder zwölf Jahren dabei wenig Unterschied, ob das Kind männlichen oder weiblichen Geschlechtes sei. Ist der Schwimmunterricht auch nur für Knaben so zu sagen obligatorisch, so wird er doch auch an Mädchen ertheilt, wo irgend Gelegenheit dazu geboten ist und die Verhältnisse es gestatten. Reiten ist ebenfalls ein für beide Geschlechter sehr beliebte Bewegung, die keineswegs für Damen in dem Maaße wie in Deutschland nur auf Angehörige der höchsten Gesellschaftskreise beschränkt bleibt; die Töchter der mittleren Klassen werden deshalb ebenfalls häufig darin unterrichtet. Turnen nimmt in neuerer Zeit auch einen Platz im Erziehungsprogramm der englischen Jugend ein, hat indeß nicht die Bedeutung gewonnen, die man ihm in Deutschland beilegt, vielleicht weil die bereits vorhandenen und fleißig geübten Bewegungsspiele im Freien schon eine Ableitung für den Ueberschuß an körperlicher Kraft boten und geeignet schienen, jene Stählung der Muskeln, jene Gewandtheit und Geschmeidigkeit der Glieder zu verleihen, die man durch das Turnen herbeiführen will.

Was die moralische Erziehung, die Bildung des Charakters und des Herzens anbetrifft, so hat England den moderneren Anschauungen dieselben Conzessionen gemacht, welche auch in Deutschland in Erscheinung getreten sind. Die Steifheit und Förmlichkeit, die früher den Verkehr zwischen Eltern und Kindern charakterisirte, hat schon lange einer recht wohlthuenden Vertraulichkeit Platz gemacht, welche sich kleineren Kindern gegenüber auch wohl in Zärtlichkeitsbeweisen äußert, während zwischen den Eltern und den heranwachsenden Kindern das Verhältniß einer achtungsvollen Freundschaft eintritt.

In jeder Familie, wo Zucht und gute Sitte herrscht,

werden die Kinder zum pünktlichsten Gehorsam angehalten, es giebt indeß in England ebenso gut wie in anderen Ländern thörichte Eltern, die in ihrer Affenliebe so weit gehen, daß sie nachgeben, wo sie fest bleiben sollten und durch ihre Schwäche das umgekehrte Verhältniß des Befehlens und Gehorchens zwischen sich und ihren Kindern herbeiführen. Die Früchte, die eine solche unkluge Erziehung zeitigt, sind natürlich wenig verschieden von denen, welche thörichte Väter und unvernünftige Mütter in Deutschland und Frankreich, in Schweden und Italien von der ihrigen ernten.

Ein Punkt in der Erziehung der englischen Kinder, der auf das strengste betont wird, ist die Wahrheitsliebe, womit indeß durchaus nicht gesagt sein soll, als lege man nicht auch in Deutschland den höchsten Werth darauf, dem Charakter diese festeste aller Grundlagen zu geben. Vielleicht ist man in England nur noch mehr darauf bedacht, das Kind gegen jeden Zweifel an seiner Wahrhaftigkeit empfindlich zu machen, so daß es eine dahin zielende Außerung als die schwerste Beleidigung auffaßt, die ihm zugefügt werden kann. Man hütet sich sehr, dem Kinde auf die bloße Vermuthung hin den Vorwurf ins Gesicht zu schleudern: „Du lügst!" oder mit der Frage bei der Hand zu sein: „Verhält es sich auch so, wie Du angiebst?" „Sagst Du mir auch keine Unwahrheit?" Von vorn herein nimmt man an, das in der Liebe zur Wahrheit erzogene Kind bleibe ihr unter allen Umständen treu. Hat man sich aber wirklich überzeugt, daß ein Kind absichtlich gelogen habe, so gereicht ihm dies zum größten Schimpf. Es wird wie eine Art von Ausgestoßenem behandelt und es währt sehr lange Zeit ehe man ihm wieder Vertrauen schenkt. Auch im späteren Leben kann einem Engländer keine größere Beleidigung zugefügt werden, als wenn ihn Jemand einen Lügner nennt, und sollten die strengen Duellgesetze je einmal durchbrochen werden, so würde es wahrscheinlich in Folge eines solchen tödtlichen Schimpfes sein.

„England erwartet, daß Jeder seine Schuldigkeit thue," dieses Wort, das Nelson bei Trafalgar an seine Mannschaften richtete, ist das Prinzip, nach welchem man in England noch heute bemüht ist, die Kinder zu erziehen. Die Wahrheit sprechen, weil Lügen schmachvoll ist, etwas thun, nicht weil man Vergnügen davon hat, nicht weil man Belohnung dafür erwartet, sondern weil es seine Schuldigkeit ist, wird den Kindern eingeprägt. Eine Anomalie bilden dazu freilich die vielen Preisvertheilungen und Preisbewerbungen in den Schulen und öffentlichen Anstalten.

Neben der Ausbildung des Gefühles für Wahrheit, Ehre, Recht und Gesetzlichkeit, welche Eigenschaften den Engländer dann auch im Allgemeinen vortheilhaft auszeichnen, ist die englische Erziehung besonders bedacht auf die Pflege des Denkvermögens und die Entwickelung der Verstandeskräfte. Eine Folge davon ist vielleicht, daß das Gemüth und ganz besonders die Einbildungskraft etwas vernachlässigt ward.

Die englischen Jugendschriften bestanden bis vor ganz

kurzer Zeit lediglich aus Erzählungen moralischer und instruktiver Natur. Deutschland blieb es überlassen, auch die englische Kinderwelt mit jenen reizenden Märchen zu beschenken, nach denen das jugendliche Gemüth sich sehnt und deren es ebenso sehr bedarf, wie der ernsteren Nahrung. In neuerer Zeit ist dagegen eine Reaktion eingetreten. Die Buchhändler zeigen jetzt zuweilen auch englische Feenmärchen an, auch finden derartige Eezählungen jetzt häufiger einen Platz in den reizend illustrirten Magazinen für Kinder, an denen der englische Büchermarkt so reich ist. Es steht zu hoffen, daß auf diese Weise die Einbildungskraft, der heranwachsenden Jugend des Inselreiches der Fesseln ledig werde, in die man sie bisher geschlagen hat. Damit wäre alsdann vielleicht aber eine andere Hoffnung ihrer Verwirklichung näher gerückt, nämlich, daß England im Reiche der Farben und der Töne mehr leiste, als bis vor ganz kurzer Zeit seinen Bewohnern nachgerühmt werden konnte.

Wenn man aber auch der Phantasie fortan einen größeren Spielraum gestatten dürfte, so wird man doch nie aufhören, den vollen Nachdruck auf die Ausbildung der Verstandsthätigkeit zu legen. Von frühester Kindheit an ist man darauf bedacht, das Kind zum eigenen Nachdenken zu erziehen, während man verhältnißmäßig wenig auf Uebung und Ausbildung des Gedächtnisses giebt. Man erklärt, gebietet und verbietet nicht jeden Augenblick, sondern läßt den werdenden Menschen sich selbst zurechtfinden, selbst denken, selbst urtheilen. Dadurch gelangt das Kind schon früh zu einer gewissen Unabhängigkeit, denn es kann ihm, da es bereits gelernt hat, seinen Verstand zu gebrauchen, weit unbedenklicher eine freiere Bewegung erlaubt werden, als einem anderen Kinde, das nur daran gewöhnt ist, nach augenblicklichen Eingebungen zu handeln. Auf diesen Zug der englischen Erziehung ist denn auch die Befähigung für das Praktische zurückzuführen, welche das ganze Volk so vortheilhaft auszeichnet und dem Engländer so häufig ein Uebergewicht über die Angehörigen anderer Nationen verleiht; nahe verwandt damit ist ferner auch die Einimpfung des Ertragungsvermögens.

Es wird den Kindern als schimpflich hingestellt, einen Schmerz, eine Anstrengung, eine Entbehrung nicht ertragen zu wollen, seinem Unbehagen darüber durch Schreien und Weinen, Aechzen oder Stöhnen Ausdruck zu geben. Ebenso streng hält man auf Unterdrückung jedes zu starken Gefühlsausbruches, sei derselbe nun durch Freude oder Schmerz, Liebe oder Haß, Verwunderung, Angst, Zorn, Furcht oder Schreck hervorgerufen. Von einem wohlerzogenen Menschen, gleichviel ob Mann oder Frau, verlangt man in allen Lebenslagen Selbstbeherrschung und diese dem Kinde beizubringen, dahin richtet sich eine der vornehmsten Bestrebungen der Erziehung. Der Engländer erscheint dadurch dem Fremden kalt, hart und verschlossen, er ist aber durch seine Reserve und durch die festen Formen seiner Sitte davor geschützt, ins Maßlose zu gerathen und kann sich um so freier bewegen, weil er durch Erziehung und Herkommen fest gezogene Schranken hat, also nicht ängstlich zu tappen und zu wägen braucht, ob er nicht nach einer Seite zu viel, nach der anderen zu wenig thue oder, wie bei uns der Ausdruck lautet, „sich etwas vergebe."

Und nun zu der dritten Seite der Erziehung, der Ausbildung des Geistes, dem eigentlichen Unterrichtswesen in welchem England in den letzten Jahren wunderbare Fortschritte gemacht hat. Lange, lange Zeit hatte man diese für die Entwickelung des Landes und des Volkes so hochwichtige Frage ganz außer Acht gelassen. Man schien mit dem Zustande der Dinge zufrieden, und doch lag im Grunde genommen der Unterricht der Jugend auf den meisten Gebieten bedenklich im Argen und blieb, was das Volk anbetraf, freiwilligen Bestrebungen überlassen, welche ohne Plan und Organisation zu Werke gingen.

Robert Raikes, ein Buchhändler in Gloucester, dem der Gedanke gekommen war, die Kinder der ärmeren Klassen um sich zu versammeln damit sie in der Religion unterrichtet würden, mußte dabei die Erfahrung machen, daß ohne die Voraussetzung der nothwendigsten Elementarkenntnisse bei den Schülern wenig auszurichten sei. Er gründete deshalb im Jahre 1803 den Sonntagsschulverein, dessen Zweck es war, neben dem Religionsunterricht und als Basis für denselben Lesen und Schreiben zu lehren.

Aehnliche Erfahrungen mußten die englischen Noncomformisten in den von ihnen geleiteten Sonntagsschulen machen. Die tiefe Unwissenheit der Kinder der niederen Klassen, welche ihnen dabei in wahrhaft erschreckender Weise entgegentrat, führte 1808 zur Begründung des „Britischen und Ausländischen Schulvereins," der sich über ganz England verbreitete, die Mitglieder sämmtlicher religiöser Sekten umfaßt und keine bestimmte Form des Glaubens in seinen Schulen lehrt. Man ist in erster Linie bemüht, den Schülern moralische Grundsätze einzupflanzen und liest mit ihnen die Bibel ohne jede spezifisch gefärbte Auslegung und Erklärung.

Außer den Schulen, welche der „Britische und Ausländische Schulverein" ins Leben gerufen, hat er es sich auch angelegen sein lassen, Anstalten zur Ausbildung geeigneter Lehrkräfte einzurichten. Von dem Verein bestellte Inspektoren durchreisen das Land, um sich von dem Zustande der Vereinsschulen zu überzeugen und an geeigneter Stelle Bericht darüber zu erstatten. Eine sehr wesentliche Seite der Thätigkeit des Vereins ist endlich noch die Verbreitung erziehlicher Schriften, die auf seine Anregung verfaßt sind oder deren Inhalt von ihm gebilligt ist.

Ein dritter erziehlicher Verein, der „National-Schul-Verein," trat zwar schon 1811 ins Leben, seine eigentliche Wirksamkeit datirt jedoch erst vom Jahre 1817. Er gleicht in seiner Thätigkeit und Organisation ganz genau den vorigen, nur mit dem Unterschiede, daß er lediglich aus Anhängern der Kirche von England besteht und daß in seinen Schulen der Religionsunterricht streng nach den Lehren derselben ertheilt wird.

Bis zum Jahre 1832 lag es diesen drei Vereinen, die durch private Philanthropie hervorgerufen waren, und sich ohne jede Beihilfe des Staates, lediglich aus freiwilligen

Beiträgen erhielten, beinahe allein ob, die schwere Nacht der Unwissenheit, welche die niederen Volksklassen umfangen hielt, zu zerstreuen. Wohl existiren auf den Dörfern sogenannte „Damen=Schulen," aber mit dem besten Willen und den bescheidensten Ansprüchen läßt sich von ihnen nicht sagen, daß sie viel Hilfe gewährten. Die Kinder wurden weniger in der Absicht, daß sie etwas lernen sollten als daß man sie aus dem Wege habe und sie unter Aufsicht wisse, gegen ein kaum nennenswerthes Schulgeld der Obhut der „Damen" überwiesen, die in den Elementarkenntnissen, welche sie der lieben Jugend beibringen sollten, derselben meistens nur um eine sehr geringe Länge voraus waren.

„Wenn in unserer „„Damenschule"" einer meiner Gefährten ein Wort nicht zu buchstabiren vermochte," erzählt ein ehemaliger Schüler einer solchen Schule, der das Glück hatte, später in einen besseren Unterricht zu kommen, „so kam es nicht allzuselten vor, daß die Lehrerin ebenso rathlos wie er selbst vor den schwarzen, krausen Lettern saß, unfähig, ihnen einen Sinn abzugewinnen. Das brachte sie aber durchaus nicht aus der Fassung. „„Sprich das Wort aus wie Du willst, und lies weiter,"" lautete ihr Gebot, dem ohne jede Verwunderung als etwas, das sich ganz von selbst versteht, nachgekommen ward." Dieses Beispiel, das keineswegs als vereinzelt dastehend betrachtet werden darf, giebt mehr als die weitläufigste Schilderung dies zu thun im Stande wäre, einen Begriff vom Zustande der „Damen=schulen" auf dem Lande.

Im Jahre 1832 richtete sich endlich die allgemeine Aufmerksamkeit auf die für England schmachvolle nationale Unwissenheit und man begann zu fühlen, daß der Staat die Verpflichtung habe, mitzuwirken, daß diesem Zustande der Dinge ein Ende gemacht würde. Der erste Schritt, den die Regierung in dieser Angelegenheit that, bestand darin, daß sie sich dazu verstand, dem „Britischen und Ausländischen Schulverein" und dem „National=Schul=Verein" jährlichen Zuschuß zu zahlen, damit sie ihre Aufgaben energischer und umfassender erfüllen konnten. Als Bedingung wurde dabei aufgestellt, daß die Vereine ihre Schulen auf ein von der Regierung vorzuschreibendes Niveau zu bringen hätten und daß sie die Kinder, welche die Schulen besuchten, nicht zwingen dürften, dem Religionsunterrichte beizuwohnen.

Die Bestrebungen der oben genannten Vereine erhielten im Jahre 1844 noch einen Zuwachs durch den Verein der „ragged schools". Diese haben sich die Aufgabe gestellt, die verwahrlosten, zerlumpten — ragged — Kinder der Straße, jene kleinen Wilden und Heimathlosen, aus welchen sich die Verbrecher rekrutiren, gewissermaßen einzufangen und zu erziehen.

So blieb es bis zum Jahre 1870, da ging plötzlich eine große Erregung durch das Land. Der „preußische Schulmeister" hatte schon 1866 gar zu bedeutende Siege erfochten und stand im Begriffe noch andere Lorbeeren davonzutragen, man konnte auch in England in Sachen des Unterrichtswesen nicht länger unthätig zuschauen und es bildete sich zunächst zum Zwecke der Ausführung des Werkes ein National-Erziehungsverein.

Eine Neuwahl des Parlamentes brachte dann einen liberale Regierung, an deren Spitze Gladstone stand, ans Ruder, der als Bedingung gestellt war, daß sie eine Unterrichts-Bill auf nationaler Basis einbringen solle. Wirklich ward auch die National-Erziehungs-Akte vorgelegt, und vom Parlamente angenommen.

Nach den Bestimmungen dieses Gesetzes müssen für die unentgeltliche Erziehung in allen Theilen des Königreiches so umfassende Mittel bereit gestellt und solche Einrichtungen getroffen werden, daß fortan auch den Aermsten das geistige Brod des Lebens, das Wissen, durch geeigneten Unterricht zugänglich gemacht und dargereicht werde. Wahrhaft wirksam gemacht ist dieses heilsame Gesetz jedoch erst geworden, durch eine ihm später hinzugefügte weitere Bestimmung, laut welcher nicht allein die Mittel für den öffentlichen Unterricht dem Bedürfniß der Bevölkerung angemessen sein müssen, sondern die Behörden auch angewiesen werden, die Leute anzuhalten, daß sie sich der geschaffenen Unterrichtsanstalten zum Besten ihrer Kinder bedienen. Somit wäre denn unser gesegneter Unterrichtszwang im Prinzip auch in England eingeführt.

Bei der Reform der Schule tritt allerdings in England noch ein Moment hindernd in den Vordergrund, das auch in Deutschland in dem Streite über confessionelle oder confessionslose Schule gegenwärtig die Gemüther recht lebhaft erregt, immerhin aber nicht so allbeherrschend wirken kann, wie dort, wo das ganze nationale Fühlen und Denken vom Kirchlichen durchdrungen und durchtränkt ist. Auf der einen Seite stehen die Eltern, die ein Recht haben, zu verlangen, daß ihre Kinder in denjenigen religiösen Anschauungen erzogen werden, die sie für die allein richtigen und heilbringenden halten; auf der andern die Steuerzahler, welche die Summen, die sie für Erziehungszwecke hergeben, nicht opfern wollen für die Verbreitung von Lehren, die ihnen falsch und verderblich erscheinen. Da es nun schon in der englischen Kirche allein drei große Parteien giebt, die Noncomformisten sich aus vierzig bis fünfzig verschiedenen Sekten zusammensetzen und Katholiken und Juden ebenfalls mitzureden haben, so ist ein Ausweg sehr schwierig zu finden, denn gegen den einzigen, der sich von selbst darbietet, den gänzlichen Ausschluß des Religionsunterrichtes aus den Schulen, sträubt sich das allgemeine religiöse Gefühl. Daß Religionsunterricht ertheilt werden müsse, darüber sind alle Parteien einig, nur über das „wie" gehen sie auseinander. Und selbst das kann man nicht sagen. Eine Partei gönnte der andern den Religionsunterricht auf ihre Weise, möchte ihn aber für ihre Kinder auf die eigene haben. Auch dabei, daß die Sonntagsschulen ja für die religiöse Erziehung sorgen, die deshalb in der Schule entbehrt werden könne, hat man sich nicht zu beruhigen vermocht. Es ist dem Parlamente bisher nichts übrig geblieben, als die Frage als eine offene zu behandeln und es den einzelnen Städten und Orten zu überlassen, den Religions=

unterricht in ihren Schulen je nach den Verhältnissen und dem Glaubensbekenntniß der Einwohner zu regeln.

Während die Lehrer an den direkt von der Regierung abhängigen Volksschulen, so wie diejenigen, welche an den Unterrichtsanstalten des „Britischen und Ausländischen" und des „National=Schul=Vereins" thätig sind, für ihr Amt vorgebildet sein und sich ehe sie dasselbe antreten, einer Prüfung unterwerfen müssen, ist der Jugend=Unterricht der mittleren Klassen der Bevölkerung noch immer den Privat=Unternehmungen anheim gegeben und unterliegt nicht der geringsten staatlichen Aufsicht. Jeder Mann und jede Frau, welche Lust dazu haben, können eine Schule eröffnen. Vielleicht huldigt man dem Grundsatz, wem Gott ein Amt giebt, dem giebt er auch den Verstand dazu, jedenfalls überläßt man es vollständig dem Ermessen des Publikums, ob eine solche Schule des Erfolges würdig sei oder nicht, und glaubt, die Concurrenz werde sich auch hier als der beste Regulator bewähren.

Lange Zeit erwies sich diese Voraussetzung jedoch als trügerisch, da die Eltern nur zu sehr geneigt waren, ihre Kinder und namentlich ihre Töchter, in solche Schulen zu schicken, wo es mehr auf Flitter als auf das Gold des gediegenen Wissens abgesehen war. Um diesem Uebel entgegenzuwirken und die Schulen für die mittleren Klassen wahrhaft zu heben, haben im letzten Jahrzehnt die Universitäten das System der Prüfungen für Knaben und Mädchen, die aus Privatschulen kommen, eingeführt. Diese Prüfungen sind ganz freiwillig. Je nach den Wünschen

der Eltern und Lehrer können sich die Schüler und Schü=
lerinnen für einzelne oder mehrere Fächer oder für sämmt=
liche Wissenschaften, in denen Examinationen stattfinden,
daran betheiligen. Trotzdem nimmt die Zahl der Candi=
daten und Candidatinnen dafür von Jahr zu Jahr zu,
und der gute Einfluß, den sie auf die Privatschulen aus=
üben, tritt immer deutlicher zu Tage.

Außer durch diese Universitätsprüfungen, auf die wir
noch zurückkommen werden, hat man noch andere Mittel
zur Hebung der Schulen für die mittleren Klassen in An=
wendung gebracht. Die Prüfungen werden nicht nur in
jeder bedeutenden Stadt unter der Autorität der Central=
stelle abgehalten, sondern die Universität entsendet auch nach
jeder Schule, die darum einkommt, behufs einer besonderen
Prüfung Examinatoren, was um so angemessener ist, als
unsere halbjährlich oder jährlich stattfindenden Schul=
prüfungen in England nicht Sitte sind. Endlich muß auch
als hierher gehörig das System der Bewerbung hervor=
gehoben werden, welches mehr und mehr das Patronats=
wesen, das sonst für diese Schulen üblich war, ver=
drängt hat.

Es sind nämlich in letzterer Zeit eine Art von
Schulen für die mittleren Klassen ins Leben getreten,
welche weder vom Staate abhängen, noch ganz und gar
das Ergebniß von Privatunternehmungen sind. Sie ver=
danken ihre Entstehung einem Verein, der den Zweck ver=
folgt, in den verschiedensten Theilen des Landes solche
Schulen für Knaben und Mädchen der Mittelklassen ein=

zurichten, die geeignet sein sollen, ihren Schülern und Schülerinnen nach einem festen Plane eine Erziehung ersten Ranges zu verleihen. Man will jedoch dabei mehr oder mindestens ebenso großen Werth auf die Realwissenschaften wie auf die alten Sprachen legen, die auf dem Lehrplan der großen öffentlichen Schulen, in welche die höheren Klassen ihre Söhne schicken, in dem Vordergrund stehen. Trotzdem sollen aber auch die Schulen jenes Vereins im Stande sein, ihre Zöglinge für die Universität vorzubereiten, falls diese die Absicht haben, eine solche zu beziehen.

Behufs der Einrichtung und Leitung einer solchen Schule ist es nothwendig, sich bei dem Vorstande des gedachten Erziehungsvereins als dafür befähigt auszuweisen und so unterliegen diese Anstalten, obgleich sie weder als öffentliche, noch als staatliche bezeichnet werden können, denn doch einer Aufsicht, die sie vor andern auszeichnet. Die durch dieselbe hervorgebrachte Concurrenz nöthigt aber wiederum auch die Privatschulen, in ihrem Unterricht planmäßiger zu verfahren und bessere Lehrkräfte anzustellen.

Die großen öffentlichen Schulen in England, in welchen die Söhne der „oberen Zehntausend" erzogen werden, verdanken sämmtlich ihre Entstehung dem Patriotismus eines Privatmannes oder der Freigebigkeit eines Königs, oder stammen fast alle aus längst vergangenen Zeiten. Bei ihrer Begründung lag aber keineswegs die Absicht vor, daß sie, was jetzt thatsächlich der Fall ist, lediglich der Erziehung der höheren Klassen dienen sollten, sondern man wollte sie der Nation als Gemeingut hinterlassen. Als ein Ueberbleibsel ihrer eigentlichen Bestimmung können denn auch die Freistellen angesehen werden, mit welchen die Stifter die meisten dieser Anstalten bedacht haben und durch welche einer Anzahl von Schülern vollständig unentgeltlicher Unterricht und freie Verpflegung während ihres Aufenthaltes auf der Schule gewährt werden kann.

Die Schule zu Eton, 1440 von Heinrich IV. begründet, hat etwa 800 Schüler und darunter 100 Freistellen. William of Wyckeham, der Sohn eines Pachters, der zur Würde eines Lord-Kanzlers von England emporgestiegen war, stiftete im Jahre 1380 die Schule von Winchester, die unter 300 Schülern 70 Freistellen zählt. Die Schule von Westminster scheint schon aus den Zeiten Eduards des Bekenners zu stammen, ward jedoch zu ihrer gegenwärtigen Bedeutung erst durch Heinrich VII. und Elisabeth erhoben. Die St. Paul's Schule ward 1512 von Dean Collet, dem Sohn eines Londoner Bürgers, begründet.

Alle diese Schulen bewahren aus den Zeiten, in welchen sie gestiftet wurden, noch viele alterthümliche Gebräuche und Satzungen und dürfen als die eigentlichen Pflanzstätten jenes conservativen Geistes und jenes Hangens am alten Herkommen, wofür England so sehr bekannt ist, bezeichnet werden.

Seit Kurzem hat sich die öffentliche Aufmerksamkeit ihrer Verwaltung mit großer Lebhaftigkeit zugewendet. Man rügt die mißbräuchliche Verwendung ihrer Fonds und es ist eine Kommission ernannt worden, welche die Leitung und Verfassung der öffentlichen Schulen in ernste Erwägung ziehen soll. Bereits sind in Folge dieser Untersuchung einige Veränderungen eingetreten, auch hat die Kommission empfohlen, die Zahl der Freistellen zu vermehren, was sich sehr gut thun läßt, denn da das Stiftungskapital meist in liegenden Gründen besteht und der Werth der Ländereien in England ungeheuer gestiegen ist, so haben sich auch die Einkünfte der Schulen demgemäß in sehr beträchtlichem Maße gesteigert. Leicht wird es bei alledem nicht sein, diese Freistellen Andern als den Söhnen des Adels und der Gentry zugänglich zu machen. Die Verleihung derselben liegt fast immer in den Händen des Kuratoriums der Schule, und dessen Zusammensetzung bürgt meistens dafür, daß man das Benefizium wie bisher in der Regel dem ärmeren Sprossen einer abligen Familie zuwenden werde.

Außer ihren ursprüglichen Stiftungsfonds sind den Schulen zu verschiedenen Zeiten noch weitere Vermächtnisse und Schenkungen zugewendet worden, durch welche sogenannte „Scholarships" begründet sind, eine Bezeichnung, die wir unseren Begriffen gemäß am besten mit „Stipendien" übersetzen. Sie sind nämlich dazu bestimmt, ganz oder theilweise die Kosten eines Universitätsstudiums für einen jungen Mann zu decken, der auf der betreffenden Anstalt seine Vorbildung erhalten hat.

Die Bewerber um diese Scholarships haben sich gewöhnlich einer Prüfung zu unterwerfen und wer darin am besten besteht, dem wird die Begünstigung zu theil. Das System der Preisbewerbung zieht sich durch das ganze Schulwesen, wie es im englischen Leben überhaupt eine so große Rolle spielt. Es giebt fast keine irgend namhafte Schule, die nicht etliche solcher Stipendien zu vergeben hätte, auch begründet man kaum eine neue öffentliche Schule von nur einiger Wichtigkeit, bevor die Fonds für einige derselben zugehörige Scholarships gesichert sind.

Die Inhaber der Freistellen an den öffentlichen Schulen wohnen im Schulhause oder dem College, wie es zuweilen genannt wird, die übrigen Schüler sind in den Pensionaten untergebracht, die zu diesem Zwecke von Lehrern der Anstalt oder von anderen durch deren Kuratorium dazu autorisirten Personen eingerichtet wurden.

Die Schüler der öffentlichen Schulen werden täglich zwei Mal zum Gebet versammelt, wie denn überhaupt das Kirchliche in diesen Anstalten als ein von der Erziehung mit besonderer Wichtigkeit zu behandelndes Element betrachtet wird. Ebenso sorgfältig wie für das Seelenheil der Knaben ist man aber auf die Kräftigung ihres Körpers bedacht und läßt sie nicht nur eine geraume Zeit des Tages im Freien zubringen, sondern ermuthigt sie auch in jeder Weise zu den daselbst vorzunehmenden Bewegungsspielen. Der Capitain der Cricketer genießt eines ebenso hohen, wenn nicht noch höheren Ansehens in einer Schule, wie der Primus derselben.

Einen anderen Vereinigungspunkt außerhalb der Schulstunden finden die Knaben in den von ihnen gebildeten

„debating societies", Gesellschaften oder, wie wir sagen würden, Vereine, in welchen sie untereinander über politische, kirchliche, soziale und wissenschaftliche Fragen debattiren. In Verbindung damit geben sie auch Magazine heraus, welche dieselben Themata behandeln und außerdem einen ziemlich breiten Raum den lokalen Angelegenheiten widmen, auch wohl eine belletristische Abtheilung haben.

In einer deutschen Schule würde man eine derartige Beschäftigung der jungen Leute nicht gern sehen und wenn man sie gestattete, doch für geboten halten, daß sie von den Lehrern überwacht und geleitet werde. In England enthalten sich die Lehrer grundsätzlich jeder Einmischung und jeder Einwirkung darauf. Es ist überhaupt erstaunlich, welch großes Maaß von Freiheit den Zöglingen der öffentlichen Schulen zugestanden wird. Außer den Schulstunden sind sie so gut wie gar nicht beaufsichtigt und können so ziemlich thuen und treiben was sie wollen. Vielleicht ist es als ein Korrektiv gegen die Ausschreitungen, welche durch diese Erziehungsmethode hervorgerufen werden könnten, zu betrachten, daß man bemüht ist, auf alle Weise in den Knaben ein sehr lebhaftes Standes- und Ehrgefühl wach zu erhalten und einen sehr starken Corpsgeist zu nähren. Die Erfahrung lehrt, daß beides mit dem besten Erfolge geschieht. Unter den Schülern der öffentlichen Schulen kommen nicht mehr lose Streiche vor als in allen anderen Erziehungsanstalten für die männliche Jugend, und was den Corpsgeist anbetrifft, so scheint er ihnen für alle Zeiten eingepflanzt zu sein.

Zwischen den einstigen Mitschülern besteht eine Art von Freimaurerei. Als Männer und als Greise hängen sie noch an der Schule, in der sie ihre Ausbildung erhalten haben. Ein Etonianer bleibt sein ganzes Leben lang ein Etonianer und verfolgt mit dem lebhaftesten Interesse alle Vorgänge der Schule.

Die Lehrer an den öffentlichen Schulen stehen unter der Aufsicht des Kuratoriums und werden von diesem angestellt. Der daselbst ertheilte Unterricht ist gut und gründlich, erstreckt sich aber vorwiegend auf die Klassiker. Alte Sprachen und alte Geschichte sind die Lehrgegenstände, denen neben der Muttersprache und der Kenntniß der Landesgeschichte die größte Wichtigkeit beigelegt wird, dagegen wendet man der neueren Geschichte, den neueren Sprachen und den Naturwissenschaften nur eine sehr geringe Aufmerksamkeit zu. Seit Kurzem hat man den Anforderungen des modernen Geistes in so weit Konzessionen gemacht, daß man denjenigen Knaben, die diese Unterrichtsfächer gründlich zu treiben wünschten, wenigstens die Gelegenheit dazu verschafft.

Während den Söhnen und Töchtern der oberen Klassen der Gesellschaft der Elementarunterricht im Hause durch eine Gouvernante ertheilt wird und das Gleiche auch vielfach in den Mittelklassen der Fall ist, obwohl es hier auch vorkommt, daß man die Kinder beiderlei Geschlechts behufs des ersten Unterrichtes in eine Tagesschule schickt, läßt man die Knaben, sobald sie etwas herangewachsen sind, in der Regel außer dem Hause erziehen. Maßgebend ist

8*

dabei die Ansicht, der Knabe bedürfe der Erfahrungen der Schule, um gegen das Leben gestählt zu werden, er müsse sich an Seinesgleichen abschleifen lernen. Damit er als Jüngling und Mann einen richtigen Gebrauch von der Freiheit zu machen wisse, erhält er schon als Knabe ein reichliches Maaß davon.

Wir haben bereits im Eingange auf die im englischen Schulsystem ganz allgemeine Sitte der Preisvertheilung für gute Leistungen hingewiesen, wohin ja auch die Bewerbungen um die Stipendien zu rechnen ist. Hat man bei dieser Einrichtung die Erweckung des Ehrgeizes im Auge, so bezwecken zwei andere Gebräuche, welche den englischen Schulen eigenthümlich sind, die Knaben im Gehorsam und Unterordnen und im Befehlen und Führen zu üben. Das sogenannte „Fagging=System" verurtheilt die jüngeren Knaben, den älteren beinahe als Knechte zu dienen und erinnert lebhaft an die Zeit der „Pennale", „Schützen" und „Füchse" auf deutschen Universitäten. Jedem älteren Knaben sind zwei bis drei „fags" zugetheilt, die seines Winkes gewärtig sein und ihm dienen müssen, bis für sie die Zeit kommt, welche sie aus Dienenden in Gebietende verwandelt und sie wohl gar zu einer Art von Aufsehern macht. Zu einem solchen Amte sind nämlich die Schüler der höheren Klassen berufen. Die Lehrer betrachten die Autorität, mit welcher auf diese Weise die älteren Knaben umkleidet werden, als ein sehr gutes Mittel, die Ordnung in der Schule aufrecht zu erhalten. Diejenigen, denen die Beaufsichtigung Anderer obliegt, fühlen etwas von der Bedeutung des französischen Sprichwortes „noblesse oblige" und halten sich selbst gut, um ein Beispiel zu geben.

Ganz im Gegensatze zu der Freiheit, welche den Zöglingen der öffentlichen Schulen gewährt wird, sind an den englischen Universitäten die Studenten in recht enge Schranken gezwängt und man kann sich fast keinen größeren Unterschied denken als das Leben eines deutschen Musensohnes und das eines englischen Studirenden. Aber nicht nur in ihrer Verfassung, sondern auch in ihren Zwecken und Zielen sind die englischen Universitäten grundverschieden von den deutschen. Während die letzteren ein hervorragendes nationales Erziehungsmittel sind und einzig und allein durch sie der Weg zu allen gelehrten Berufsarten und allen Staatsämtern geht, sind die ersteren, trotzdem die Stipendien der öffentlichen Schulen auch ärmeren Jünglingen ihren Beruf ermöglichen, doch mehr als Stätten zu betrachten, wo Reiche und Wohlhabende ihre Ausbildung vollenden.

Die beiden alten englischen Universitäten sind bekanntlich Oxford und Cambridge; jene wird zuerst unter der Regierung Königs Johann 1201, diese unter Heinrich III, 1223, erwähnt. Sie bestehen aus einer Anzahl von Colleges oder Erziehungs-Instituten, deren jedes nach eigenen Gesetzen geleitet wird, die jedoch mit den für die gesammte Universität in Kraft stehenden gesetzlichen Bestimmungen in Einklang stehen müssen.

Die Studenten wohnen in den Colleges, und ihre Lebensweise unterliegt einer ziemlich strengen Ueberwachung.

Man erwartet oder verlangt vielmehr von ihnen, daß sie der täglich in der Kapelle der Universität stattfindenden Morgenandacht regelmäßig beiwohnen, Abends zu einer bestimmten Stunde nach Hause kommen und ein sehr geordnetes Leben führen. Jede Ausschweifung wird je nach der Sachlage mit zeitweiliger oder gänzlicher Verweisung bestraft. Statt des flotten, kurzen Rockes des deutschen Studenten trägt der englische einen an das Mittelalter erinnernden langen schwarzen Talar, statt des Cereviskäppchens ein viereckiges Barett; Schläger und Stulpenstiefeln würden für ihn etwas ebenso Unerhörtes sein wie Fechtboden und Duell. Beiläufig sei bemerkt, daß diese das deutsche Leben noch so sehr beherrschende Unsitte in England weder bei der akademischen, noch bei der militairischen Jugend mehr stattfindet und überhaupt als überwunden und ausgerottet betrachtet werden darf.

Jedes College sendet seine Vertreter in den Senat, den man als die eigentliche Universität bezeichnen kann, denn ihm liegt die Gesammtleitung der Colleges und der Prüfungen ob, er stellt die Professoren und Lehrer an, er verleiht die akademischen Grade u. s. w. Die Universitäten haben das Recht, Abgeordnete in das Unterhaus zu schicken, wogegen sie wieder unter der Oberaufsicht der Volksvertretung stehen.

Der Unterricht in den einzelnen Colleges wird von den Professoren in der Form von Vorlesungen ertheilt. Außerdem geben aber Privatlehrer noch regelmäßige Lektionen und man kann mit gutem Gewissen diesen letztern den Löwenantheil an der Ausbildung der akademischen Jugend zusprechen. Die Prüfungen, welche jährlich zwei Mal stattfinden, werden meistens dergestalt abgehalten, daß der Senat Fragen stellt, welche die Examinanden schriftlich zu beantworten haben. Für Kompositionen in Prosa oder Versen werden Preise ertheilt. Beide Universitäten legen gleich den öffentlichen Schulen das Hauptgewicht auf das Klassische. Wohl ist Gelegenheit gegeben, sich auch in anderen Wissenschaften auszubilden, sie gehören jedoch nicht zu den Fächern, in welchen examinirt wird, auch läßt sich kein akademischer Grad darin erwerben.

Eine Ausnahme macht nur Cambridge im Betreff der Mathematik, welche sich dort einer besonderen Pflege erfreut. Die mathematische Prüfung, tripos genannt, weil sie drei verschiedene Grade verleiht, ist eine Haupt= und Staats= aktion für die Universität. Derjenige, welcher den ersten Grad erwirbt, Senior Wrangler genannt, ist der Held des Tages. Sein Ruhm durchfliegt ganz England und be= glänzt sein ganzes Leben. Merkwürdig ist es dabei, wie selten solche Ruhmgekrönte sich auch noch im späteren Leben durch vorzügliche Leistungen ausgezeichnet haben; es hat den Anschein, als ob sie in dem Wettlauf nach dem Sieges= preise der Universität ihre ganze Kraft erschöpft hätten.

Sämmtliche zu den Universitäten gehörige Colleges haben außerdem noch sogenannte „Fellowships" zu ver= geben. Es sind dies aus bestimmten Fonds fließende Ren= ten, welche Studenten, die ein besonders gutes Examen gemacht haben, erhalten und die ausreichend sind, ihnen ein sorgenfreies Leben zu verschaffen, damit sie ihre Zeit in voller Muße literarischen Arbeiten zum Nutzen und Frommen der Universität widmen können. Der Inhaber eines solchen Benefiziums behält dasselbe sein ganzes Leben lang, sofern er sich nicht verheirathet; tritt er in den Stand der heiligen Ehe, so muß er darauf verzichten. Mancher der so Begnadeten sieht sich dadurch vor eine recht peinliche Wahl gestellt und entschließt sich endlich seufzend zu dem nicht ganz freiwilligen Cölibat. Es ist deshalb auch eine lebhafte Agitation dafür im Gange, daß diese Bestimmung aufgehoben und die „Fellowships" ohne Einschränkung ertheilt werden sollen.

Um den Grad eines Bacchelor der schönen Künste, der Medizin, der Gottesgelahrtheit oder der Rechte zu erlangen, ist ein Aufenthalt von mindestens drei Jahren auf einer Universität nothwendig. Die Kosten eines solchen Studiums belaufen sich mindestens jährlich auf 85 bis 135 £, wobei die Studenten sich aber aufs Aeußerste einschränken und in keiner Weise nur annähernd gleich ihren reicheren Mitstudenten leben dürfen.

Vergleicht man die englischen Geldverhältnisse mit den deutschen, so ist der Unterschied zwischen den Ausgaben für ein Universitätsstudium in England und in Deutschland vielleicht nicht so sehr bedeutend, da jedoch dem englischen Studenten mancherlei Hilfsmittel, wie Privatunterrichtgeben und dergleichen, wodurch der mittellose deutsche Student seinem kleinen „Wechsel" aufhilft, nicht zu Gebote stehen, so darf man immerhin sagen, der Weg zu einer akademischen

Ausbildung sei in England wenn nicht mit Gold, so doch gewiß mit Silber gepflastert.

Und selbst wer das Geld besaß, konnte, Jahrhunderte lang, nicht an einer englischen Universität studiren, wenn er nicht gleichzeitig ein Mitglied der Kirche von England war. Oxford sowohl wie Cambridge, schlossen Anhänger anderer Glaubensbekenntnisse entschieden aus und erst in jüngster Zeit ist durch Parlamentsbeschluß diese mittelalter= liche Bestimmung abgeschafft worden.

Die geschilderten erschwerenden Umstände beim Uni= versitätsstudium würden ungleich härter empfunden worden sein, wenn für so viele Stellungen im Staate und in der Gesellschaft die Universitätsbildung als so unerläßlich er= achtet würde wie in Deutschland. Dem ist in England nicht so. Abgesehen davon, daß es bei dem sehr ausgebil= deten System des Self=Governement einen so zahlreichen und gegliederten Beamtenstand wie in Deutschland nicht giebt, und daß es für den Civildienst der Universitätsbil= dung nicht bedarf, kann sich der Arzt, wie der Jurist auf seinen Beruf vorbereiten, ohne die Universität zu besuchen. Wie für den regelrechten Eintritt in das akademische Bürgerthum keine voraufgegangene Abiturientenprüfung er= forderlich ist, so bedarf es keines Universitätsexamens, um als Sachwalter oder als Arzt praktiziren zu dürfen. Im ersteren Falle muß ein junger Mann im Büreau eines Rechtsanwaltes, wie wir sagen würden, praktisch gearbeitet, im letzteren Falle bei einem Arzte, der gleichzeitig Apotheker ist, seine Lehrjahre durchgemacht haben und alsdann in einem Hospital thätig gewesen sein. In beiden Fällen sind außerdem gründliche Privatstudien nothwendig und endlich ein Examen bei der betreffenden Fakultät der Aerzte oder der Apotheker resp. der Rechtsgelehrten. Immerhin giebt eine solche Vorbereitung für den Beruf nur ein Anrecht auf die niederste Staffel derselben. Der Arzt, der seinem Namen das Dr. vorsetzen, der Jurist, der nicht zu der gewöhnlichen Klasse der Sachwalter gehören will, muß sich einer Universitätsprüfung unterworfen haben. Die Neuzeit fordert aber von Männern, denen man sein Vertrauen schenken soll, immer gebieterischer den Besitz akademischer Grade, so daß es bald die allgemeine Regel sein wird, daß Jünglinge, welche sich dem einen oder anderen Berufe widmen, eine Universität besucht und einen solchen erworben haben müssen.

Als der Beginn einer neuen Aera im höheren Unterrichtswesen Englands ist daher die Begründung der Londoner Universität im Jahre 1837 zu bezeichnen. Lord Brougham war es zumeist, dessen Bemühungen die segensreiche Schöpfung zu danken ist, die den Zweck hat und haben sollte, Denen eine Zuflucht zu bieten, welchen die engherzigen Bestimmungen von Cambridge und Oxford die Erlangung eines akademischen Grades zur Unmöglichkeit machte.

• Ob Noncomformist, ob Jude, die Londoner Universität ertheilte Jedem einen Grad, der die von ihr behufs Erlangung eines solchen abgehaltenen Prüfungen besteht, ganz gleichgültig, wo und wie er sich die dafür erforderlichen Kenntnisse angeeignet hat, während Oxford und Cambridge verlangen, daß die Vorbildung dafür durch die mit ihnen in Verbindung stehenden Colleges gegeben sei. Auch jetzt noch, wo dort die Beschränkungen hinsichtlich des Glaubens weggefallen sind, gewährt die Londoner Universität vermöge ihrer freieren Verfassung namentlich den Unbemittelten sehr große Erleichterungen. Die Londoner Universität war bei ihrer Entstehung einzig und allein eine mit der Berechtigung akademische Grade zu verleihende Prüfungsbehörde. Nach und nach sind in Verbindung damit auch Colleges und Schulen entstanden, so daß Diejenigen, welche es wünschen, sich für die Prüfungen vorbereiten können. Ausdrückliche Bedingung ist dies aber nicht.

Der neuste Fortschritt der Universität London, der zu verzeichnen wäre, ist der Beschluß des Senates, auch Frauen nach bestandener Prüfung in allen Fakultäten die akademischen Grade zu verleihen. Damit ist die lange Zeit in England ventilirte und recht hart be= und erkämpfte Frage des Studiums der Frauen zu Gunsten der letzteren entschieden. Mögen sie sich ihr Wissen angeeignet haben, wo sie wollen, sie können jetzt von der Londoner Universität einen Grad erhalten, der sie ihren männlichen Collegen ebenbürtig zur Seite stellt, und daß nur solche Frauen dieser Auszeichnung theilhaftig werden, die ihrer auch würdig sind, dafür bürgt die große Strenge, mit welcher gerade die Londoner Universität bei den Prü= fungen verfährt.

Es ist jetzt die Rede davon, ähnliche Universitäten noch in anderen größeren Städten Englands zu gründen und in Manchester, der Hauptstadt des nördlichen Theils des Landes, sollen schon Schritte zur praktischen Verwirklichung der Idee gethan worden sein.

Die Begründung der Londoner Universität bezeichnete indeß nicht nur einen Wendepunkt im höchsten Zweige des Unterrichtswesens, sondern man kann sie auch als den ersten ins Leben überführten Ausdruck des allgemeinen Empfindens der Volksseele bezeichnen, daß es auf allen Gebieten der Jugenderziehung nicht so bestellt sei, wie es sein sollte. Es ging hier wie bei allen Umgestaltungen in England, man begann mit einzelnen Reformen und gelangte allmählich auf friedlichem Wege zu einer vollständigen Revolution. Eine Schranke nach der andern hat fallen müssen, durch welche die Masse des Volkes von der Erwerbung höherer Kenntnisse abgesperrt war, und wo sich dies nicht thun ließ, da hat man Mittel und Wege gefunden, sie zu überspringen oder zu umgehen.

Eine Frage des praktischen Nutzens trug ebenfalls viel dazu bei, den Mittelklassen die Nothwendigkeit klar zu machen, ihren Söhnen eine sorgfältige Erziehung zu geben. Für die Stellen im Civildienste, die bekanntlich eine sehr große Bedeutung haben, weil dabei nicht nur England, sondern auch Indien und die Kolonien in Betracht kommen, ist zwar, wie erwähnt, keine Universitätsbildung erforderlich, sie werden aber unter die Aspiranten gegenwärtig nur nach einer vorangegangen wissenschaftlichen Prüfung vertheilt.

Wer die beste Arbeit einliefert, hat auf die schnellste Beförderung zu rechnen. Mit dieser Einrichtung hängt auch der jetzt lebhaft hin und herwogende Streit zusammen, ob es besser sei, daß die Schulen ihr Hauptgewicht auf die Pflege des Klassischen oder der Realfächer legen. Noch ist die Angelegenheit in der Schwebe, es steht aber zu erwarten, daß sie auf die beste Art, nämlich durch ein Kompromiß, entschieden werde. —

Die Erziehung der Töchter in England hat in demselben Maaße Fortschritte gemacht wie die der Söhne. Für die niederen Klassen wurden alle Einrichtungen, die man für Verbesserung des Unterrichtes vorzunehmen für nöthig hielt, in gleicher Weise für beide Geschlechter getroffen, und auch in den Mittelklassen hat die Reform des Unterrichtes der Töchter mit dem der Söhne gleichen Schritt gehalten.

In Folge dessen ist es in den mittleren Klassen jetzt nicht mehr so allgemein die Regel, den höheren Klassen nachzuahmen und die Töchter zu Hause von Gouvernanten und Tageslehrern oder Lehrerinnen unterrichten zu lassen. Geleitet von der sehr richtigen Ansicht, daß die Ausbildung in einer wohleingerichteten Anstalt besser, gründlicher und vielseitiger sein muß als zu Hause, schickt man die Töchter häufig nach den neu eingerichteten Colleges für das weibliche Geschlecht. Bei Familien, welche in Provinzialstädten, wo man derartige Anstalten noch nicht hat, oder auf dem Lande leben, wird es mehr und mehr Sitte, die Töchter nach Städten zu senden, wo sich solche befinden, und sie

Pensionaten anzuvertrauen. Man hat solche ganz in der Art wie die mit den öffentlichen Schulen für Knaben zusammenhängende Anstalten, in Verbindung mit jenen Instituten begründet

Der Lehrplan dieser Colleges entspricht ungefähr dem unserer höheren Töchterschulen, man findet jedoch meistens darauf noch Latein und Mathematik verzeichnet. Die Mädchen bereiten sich ganz ebenso wie die Knaben für die Universitätsprüfungen vor, d. h. für jene im Eingang erwähnten Examen, welche die Universitäten in den verschiedenen Orten des Königreiches für Schüler und Schülerinnen von Privatschulen veranstalten lassen und die durchaus nicht mit jenen Prüfungen zu verwechseln sind, die durch die Universitätsbehörden als solche behufs Verleihung der akademischen Grade abgehalten werden.

Dennoch darf eine gut bestandene Prüfung erster Klasse — die Prüfungen haben drei Abstufungen — für einen Knaben als der erste Schritt zur Erlangung eines akademischen Grades betrachtet werden, während einem Mädchen bis jetzt keinerlei Vortheil daraus erwächst, es sei denn, daß sie auf Grund des dadurch erlangten Zeugnisses, falls sie für ihre Existenz arbeiten muß, leichter eine Stelle erhalten könne. Da aber, wie erwähnt, die Universität London gegenwärtig an Frauen Grade ertheilt, so kann die aus jenen Prüfungen resultirende Anwartschaft darauf auch für Mädchen nur noch eine Frage der Zeit sein.

Eine andere Ungerechtigkeit, welche sich im Laufe der Zeit eingeschlichen hat und durch ihr Alter zuletzt beinahe zu einem Rechte geworden ist, erfährt jetzt ebenfalls lebhafte Angriffe. Es hat sich nämlich herausgestellt, daß von den vielen zu Erziehungszwecken vorhandenen Stiftungen, welche jetzt ausschließlich Knaben zu Gute kommen, eine große Anzahl keineswegs lediglich für diese, sondern auch für Mädchen bestimmt war. Man bemüht sich nun eifrig, den letzteren wieder zu ihrem Rechte zu verhelfen, und wird es wohl durchsetzen. Wenn irgend wo, so gilt in England der Spruch: „Der Tropfen höhlt zuletzt den Stein."

In denjenigen Familien der mittleren Klassen, welche dem System der Gouvernantenerziehung noch treu bleiben, läßt man die Töchter gewöhnlich bis zum zwölften oder vierzehnten Jahre von einer Gouvernante unterrichten und schickt sie alsdann in eine der zahlreichen Kostschulen, die es in England giebt, oder nach einer Erziehungsanstalt auf dem Kontinente. Das letztere Verfahren war besonders in früheren Jahren sehr in der Mode, seit aber in England so große Verbesserungen im Unterrichtswesen Platz gegriffen haben, kommt man mehr und mehr davon zurück. In manchen Fällen lassen die Eltern die Töchter auch von der Gouvernante vorbilden und schicken sie alsdann zur Vollendung der Erziehung in ein College.

Colleges und verbesserte Schulen für Mädchen haben das System der Familien-Gouvernante in England mithin noch keineswegs zu Falle gebracht und es steht auch gar nicht zu befürchten, daß es so leicht von der Bildfläche verschwinden werde. Die Gouvernante wird in vielen

Familien für den Elementarunterricht der Kinder beiderlei Geschlechtes beibehalten werden und sie bleibt unantastbar bestehen als nothwendiger Bestandtheil für die Erziehungsmethode der „oberen Zehntausend" und Derjenigen, die ihnen auf den Sprossen der gesellschaftlichen Stufenleiter am nächsten stehen.

In den oberen Klassen ist es Sitte, die Töchter ganz und gar im Hause unterrichten zu lassen. Der Gouvernante gesellen sich für die verschiedenen Fächer noch Tageslehrer und Lehrerinnen zu, es kommt indeß vor, daß man neben der Gouvernante noch eine Musik- oder Gesanglehrerin, eine Französin oder Deutsche ins Haus nimmt. Zuweilen läßt man auch die Ausländerinnen die englische Erzieherin ablösen. Häufige Reisen ins Ausland, die behufs der Vollendung der Erziehung unternommen werden, geben alsdann volle Gelegenheit, sich in den fremden Sprachen zu üben und sind für die jungen Damen ungefähr das, was für den jungen Gentleman die „große Tour" durch Europa bedeutet, nämlich der Schlußstein ihrer Ausbildung.

Englische Mädchen bleiben bis zum vollendeten siebzehnten oder achtzehnten Jahre im Schulzimmer, also länger als dies in Deutschland Sitte zu sein pflegt. Haben sie jedoch die Schule einmal verlassen, so erheischt es die Mode nicht so unumgänglich wie bei uns, daß sie noch so viel Privatstunden nehmen. Sie bauen durch ernstes Selbststudium auf der durch die Schule gelegten Grundlage fort, lesen viel und mit guter Auswahl und befähigen sich dadurch, die Stellung einzunehmen, welche die Gesellschaft den englischen Frauen der besseren Stände anweist. Wünschen sie indeß, noch auf andere Weise ihre Bildung zu erweitern oder ein bestimmtes Talent auszubilden, oder sich einem praktischen oder wissenschaftlichen Berufe zu widmen, so ist ihnen dazu zahlreich Gelegenheit geboten.

Es giebt eine ganze Anzahl von Ladie's Educational Associations, welche in ihrer Einrichtung und ihrem Lehrplan dem Viktoria=Lyceum in Berlin, dem Alice=Lyceum in Darmstadt und anderen verwandten Anstalten in Deutschland gleichen. In Cambridge hat man das Girton=College eingerichtet, in welchem die Mädchen ganz wie die englischen Studenten wohnen und von den Professoren der Universität Unterricht erhalten. Man geht überdies ernstlich damit um, eine Universität für Frauen zu begründen und es ist bereits eine bedeutende Summe zu diesem Zwecke vorhanden.

Für die Ausbildung der Frauen in dem ärztlichen Beruf sorgt die zu diesem Zwecke begründete „Medizinische Schule für Frauen" in London.

Handels=, Gewerbe= und Industrieschulen sind durch die zur Förderung der Erwerbsfähigkeit des weiblichen Geschlechtes in fast allen größeren Städten des Landes bestehenden Vereine begründet worden.

Und nun noch ein Wort über den Handarbeitsunterricht, dem man mit vollem Rechte in Deutschland jetzt eine ganz besondere Wichtigkeit beilegt. In den englischen

Mädchenschulen für die ärmeren Klassen ist derselbe ein
Bestandtheil des Stundenplans, in den Schulen der Mittel=
klassen schließt man ihn nicht davon aus, er gehört aber
doch nicht so unumgänglich dazu, wie er es nach seiner
Bedeutung für die weibliche Erziehung wohl verdiente.
Das Haus sucht jedoch zu ersetzen, was etwa in der Schule
versäumt worden ist. Die Mutter hält die Tochter ebenso
wohl zur Nadelarbeit an, wie sie dieselbe in den Geschäften
des Haushaltes unterweist.

Die beiden Geschlechter werden in England in den
Schulen meistens getrennt unterrichtet; wie bei uns macht
man in ganz kleinen Städten und auf dem Lande von
dieser Regel nicht nur eine, sondern viele Ausnahmen.
Am Privatunterricht im Hause nehmen die Schwestern und
Brüder recht oft und mit gutem Erfolge gemeinschaftlich
Theil; man hat jetzt einige Versuche mit der Einführung
des amerikanischen Systems der „mixed schools" für den
höheren Unterricht der beiden Geschlechter gemacht und
dabei gute Resultate erzielt. Das Unternehmen ist jedoch
für England noch zu neu, als daß sich bereits mit Be=
stimmtheit ein Urtheil darüber fällen ließe.

Hat der Zeichenunterricht in der Erziehung beider
Geschlechter in England auch immer eine nicht unwichtige
Rolle gespielt, so ist er zu seiner gegenwärtigen Bedeutung
doch erst erhoben worden, seit das Kensington=Museum in
London eingerichtet ist, seit die Kunst= und Wander=Museen
allen Theilen des Landes ein gesteigertes Kunstinteresse und
Kunstverständniß zutragen, seit überall Kunst= und Zeichen=

schulen entstanden sind, die in engster Beziehung zu dem Kensington-Museum stehen. Wir werden an einer anderen Stelle noch darüber zu sprechen haben, welchen Einfluß diese Einrichtung auf die Kunst-Industrie des Landes, den Geschmack des Volkes und die Einrichtung der Wohnungen gehabt haben; hier soll nur darauf aufmerksam gemacht werden, daß Knaben wie Mädchen überall vortreffliche Gelegenheit gegeben ist, sich in der Kunst des Zeichnens auszubilden, welches als eine so unerläßliche Grundlage für eine ganze Reihe von Zweigen der gewerblichen Thätigkeit bezeichnet werden muß.

Auch über das Musikalische wird an anderer Stelle noch etwas ausführlicher berichtet werden, wir begnügen uns deshalb hier mit dem Hinweis darauf, daß Klavier- und Gesangsunterricht ebenso feststehend auf dem Unterrichtsprogramm der Kinder beinahe jeder gebildeten Familie in England wie in Deutschland sind und daß musikalisch wenig begabte Wesen sich dort ganz ebenso quälen und die Nerven ihrer Umgebung auf eine ganz ebenso harte Probe setzen, wie bei uns — möglicherweise noch auf eine etwas härtere, meinen wir Deutsche, bei denen das Musiziren der Engländer nie besonders gut angeschrieben gewesen ist. Es lassen sich indeß in der Unterrichtsmethode jetzt manche Fortschritte verzeichnen, die hoffentlich nicht ohne gute Resultate bleiben werden.

Und nun noch ein Wort über die Lehrkräfte in England, auf welche die fortgesetzte Agitation für Umgestaltung des Unterrichtswesens von einem außerordentlich wohlthätigen Einfluß gewesen ist. Die Pädagogik war in England bis zum Beginn jener Bewegung eine unbekannte Wissenschaft, trotzdem schon vor langen Jahren Dr. Arnold, Head Master (Oberlehrer) zu Rugby, einer der vortrefflichsten, großherzigsten Menschen, die je gelebt haben, durch seine Lehre und sein Beispiel manches Herz für die Sache gewonnen hatte. Die Saat, welche er bei Wenigen ausgestreut, sollte später für Viele zur schönen Frucht reifen.

Gegenwärtig hat man eingesehen, daß es durchaus nicht genüge, im Besitz einer guten Summe von Kenntnissen zu sein, sondern daß es ebenso sehr, wenn nicht noch mehr auf die Fähigkeit ankomme, Andere das lehren zu können, was man selbst weiß. Mehr und mehr erkennt man die hohe Wichtigkeit der Pädagogik und stellt Mittel bereit, daß Diejenigen, welche sich dem Lehrfach widmen, sie eingehend studiren können. In London ist das College of preceptor's eingerichtet worden, um die Lehrer über die Methode des Unterrichts zu belehren und in der Pädagogik zu unterrichten, und man macht ernsthafte Anstrengungen, die Regierung dahin zu bestimmen, daß sie diese Anstalt durch Parlamentsakte als Autorität in Unterrichtssachen anerkenne und den von ihr ausgestellten Prüfungszeugnissen offizielles Gewicht verleihe.

Die Bildungsanstalten für Lehrer und Lehrerinnen sind ebenfalls im steten Wachsen begriffen und, wie bereits erwähnt, tragen die von den Universitäten veranstalteten Prüfungen nicht wenig dazu bei, das Ansehen der Privat=

schulen zu heben, wenn es auch von der anderen Seite nicht an Bedenken gegen diese Einrichtungen fehlt. Man macht dem System den Vorwurf, es verleite die Schüler, sich ohne Wahl mit Kenntnissen vollzupfropfen, die nicht in Fleisch und Blut übergehen und nach dem Examen wieder vergessen werden, und sei für die Lehrer eine Versuchung, die schwächeren Schüler zu vernachlässigen und sich vorzugsweise mit denen zu beschäftigen, von denen sie erwarten dürfen, daß sie ihnen bei der Prüfung Ehre machen werden.

Die Wahrheit liegt wahrscheinlich auch hier in der Mitte. England hat sich allzu lange Zeit um sein Unterrichtswesen zu wenig bekümmert; die natürliche Folge davon ist jetzt, daß man ins andere Extrem übergegangen ist und an vielen Orten die Sache überhastet und übertreibt. Es wird noch eine geraume Zeit währen, bis man das richtige Maaß gefunden, in allen Zweigen des Unterrichtswesens eine befriedigende Organisation geschaffen und einen Lehrerstand erzogen hat, welcher den höchsten Anforderungen genügt. Was aber geschehen ist, seitdem man die Angelegenheit ernstlich in die Hand genommen hat, das giebt die Bürgschaft, daß man jenes Ziel erreichen werde; hat doch der Lehrberuf bereits jetzt ein ganz anderes Ansehen in der öffentlichen Meinung gewonnen. Vor noch nicht langer Zeit ein Zweig der bürgerlichen Thätigkeit, dessen Vertreter gar kein bestimmter Platz in der gesellschaftlichen Ordnung zugewiesen war, bilden die Lehrer jetzt schon beinahe einen bestimmten Stand, dem man hohe Achtung zollt und der binnen Kurzem seine volle Bedeutung haben wird.

Siebentes Kapitel.

Geselligkeit.

„Willst Du genau erfahren, was sich ziemt, so frage nur bei edlen Frauen an," läßt Goethe seine Prinzessin Leonore dem Tasso zurufen. Der Dichter kennzeichnet mit diesem Ausspruche die hohe verantwortliche Stellung, welche der Frau zugewiesen ist als Hüterin der guten Sitte und des Anstandes, als Priesterin der Anmuth und des Schö=
nen, als Mittelpunkt des geselligen Verkehrs, als anregendes und belebendes Element desselben. Die Worte des Alt=
meisters sollten über der Thür eines jeden Salons als mahnende Inschrift prangen, und wenn wir sie dem der englischen Geselligkeit gewidmeten Abschnitte unseres Buches als Motto vorsetzen, so geschieht dies, weil wir uns bewußt sind, daß wir diesen Abschnitt mit einer Erörterung der Stellung der Frau innerhalb der englischen Gesellschaft einzuleiten haben.

Diese Stellung ist, darauf sei von vornherein hin=

gewiesen, eine hohe, geschützte und unabhängige. In seltsamer Anomalie haben Sitte und Herkommen die englische Frau gesellschaftlich schon lange auf eine Stufe der Gleichberechtigung mit den Männern erhoben, deren sie sich in wenig anderen Ländern rühmen kann, während die Gesetzgebung sie rechtlich und wirthschaftlich noch bis vor Kurzem in einem Maaße einengte, wie dies fast in keinem anderen Lande mehr der Fall ist. Ein Theil dieser Mängel ist seither auf legislatorischem Wege beseitigt worden. Dank der eifrigen Bemühungen muthiger Frauen und vorurtheilsloser Männer gegen andere noch bestehende engherzige Beschränkungen wird unablässig und energisch der Kampf fortgesetzt. Daß man aber diese Agitation unternehmen konnte und in der Lage ist, sie mit allem Nachdruck weiterzuführen, liegt in der Stellung, welche man der englischen Frau schon seit langer Zeit in der Gesellschaft eingeräumt hat. Die Persönlichkeit selbständig handelnder Frauen tritt nirgends so eigenthümlich hervor wie in England und der Vorwurf eines unweiblichen Thuns, der in anderen Ländern Europas immer noch seine abschreckende Macht bewahrt, ist dort längst verstummt. Forscht man nach den Gründen dieser Erscheinung, so wird man nicht fehlgehen, wenn man sie einerseits in den staatlichen Verhältnissen des Landes, im Weltbürgerthum des Engländers und in dem seit Jahrhunderten besessenen und zur Vollkommenheit ausgebildeten Self-governement, anderseits und in engster Verbindung damit aber in der Erziehung findet. Ebenso liegt es auf der Hand, daß derartige Strömungen des öffentlichen Lebens ihren vollsten Einfluß auf die Geselligkeit und den Verkehr der beiden Geschlechter innerhalb derselben ausüben. Die Thätigkeit für das öffentliche Wohl findet aber wiederum in der Geselligkeit ihren Stützpunkt und empfängt reichliche Anregungen dadurch. Wir beschäftigten uns im vorhergehenden Kapitel ausführlicher mit der Erziehung, hier nur so viel, um den Einfluß zu verstehen, den sie auf den Verkehr der beiden Geschlechter und damit auf den geselligen Verkehr im weitesten Sinne des Wortes ausübt.

Die Unterschiede, welche man zwischen Spiel und Beschäftigung der Knaben und Mädchen macht, sind in den ersten Lebensjahren so gering, daß die Schwestern ungezwungen am Unterrichte und an den körperlichen Uebungen der Brüder und deren Freunde theilnehmen. Dadurch wird schon in der Kindheit eine Art von guter Kameradschaft zwischen Knaben und Mädchen erweckt, die, welche Scheidung auch die späteren Jahre herbeiführen mögen, nie wieder ganz verlöschen kann.

An die Gesellschaft ihrer Brüder und deren Freunde von der Kinder- und Schulstube und dem Spielplatze her gewöhnt, sind englische Mädchen einem jungen Manne gegenüber weder blöde noch furchtsam. Die beiden Geschlechter verkehren in vollster Unbefangenheit miteinander. Es ist nicht zu leugnen, daß dadurch vielleicht etwas von dem süßen Schmelze abgestreift wird, welcher deutsche Mädchen so reizend macht; dagegen wird aber, und das erscheint von unberechenbarem Vortheil, die Phantasie des

Mädchens nicht so krankhaft erregt, wie dies in Deutschland in der Zeit des Ueberganges von der Kindheit zur Jungfrau häufig der Fall ist und noch viel häufiger der Fall war, ehe die Zeit die nüchterne, praktische Richtung genommen, die sie jetzt kennzeichnet.

Was die Knaben anbetrifft, so läßt sie die englische Erziehungsweise schon früh ahnen, wie sehr die beiden Geschlechter auf einander angewiesen sind. Muß er den Mädchen namentlich in Dingen, die physische Kraft erfordern, häufig beistehen, so sieht er, daß ihm in vielen schwierigen Lagen die zarte weibliche Hand, daß ihm weiblicher Takt und weiblicher Scharfblick unentbehrlich sind. Das verleiht ihm jene Achtung vor den Frauen, welche dem Verkehr der beiden Geschlechter in England den Stempel aufdrückt. Verletzungen des Anstandes Frauen gegenüber werden mit großer Strenge bestraft, und die englischen Damen sind sich des ihnen gewährten Schutzes sehr wohl bewußt und viel weniger zaghaft ihn anzurufen, als die deutschen. Man will sogar wissen, daß sie in dieser Beziehung zuweilen etwas zu weit gehen und Gespenster sehen, wo gar keine sind.

Tabackrauchen in Gegenwart von Damen und in den Gesellschaftszimmern wird als unverzeihlicher Verstoß gegen die Schicklichkeit angesehen. Bei aller Achtung und Rücksicht, welche der Mann der Frau — nicht dieser oder jener Frau, nicht etwa der jungen und hübschen, sondern der Frau als solcher — angedeihen läßt, ist man aber doch weit entfernt von jenen süßlichen Huldigungen, durch

die man in manchen Kreisen Deutschlands die Damen aus=
zuzeichnen glaubt, während man ihnen im Grunde dadurch
ein jämmerliches Armuthszeugniß ausstellt. Den englischen
Mädchen wird in der Gesellschaft ein hohes Maaß von
Freiheit zugestanden, sie treten nicht gleich der Französin
aus dem Kloster, in dem sie ihre Erziehung empfangen, in
die Ehe, gelangen nicht einzig und allein durch diese zur
Geltung. Sie haben freien Spielraum zur Entfaltung
ihrer Anlagen, es sind durch das Herkommen keine Schran=
ken gezogen, welche der Entwickelung eines unabhängigen
Charakters hindernd in den Weg treten. Fehlt es in
manchen Kreisen der englischen Gesellschaft auch nicht an
leeren Komplimenten und nichtssagenden Phrasen, welche
so oft die Unterhaltung zwischen den beiden Geschlechtern
charakterisiren, so halten es die Herren im Allgemeinen doch
nicht unter ihrer Würde, mit den Frauen wichtige Fragen
des politischen und sozialen Lebens zu besprechen und diese
fühlen sich nicht veranlaßt, ihre Unterhaltung auf Theater,
Conzerte und den neuesten Roman zu beschränken, um nicht
in den Verdacht der Blaustrümpfigkeit zu kommen.

Der Engländer hat bereits Jahrhunderte hinter sich,
während welcher das Volk den innigsten Antheil an Re=
gierung und Verwaltung des Landes nahm; das Gefühl
der Verantwortlichkeit dafür durchdringt alle Stände, die
Frauen haben dasselbe Interesse daran wie die Männer
und wissen durch fleißiges Zeitungslesen, wie durch Beleh=
rung und Unterhaltung sehr gut mit den die öffentliche
Aufmerksamkeit beschäftigenden Fragen Bescheid. Man findet

das ganz in der Ordnung und zieht sie im Gespräch, wie auch bei der Ausführung philanthropischer Ideen als gleich= berechtigte Mitratherinnen und Mittthuerinnen heran. Es heißt nicht zu viel behaupten, wenn man sagt, daß in eng= lischen Gesellschaften in den meisten Fällen das Gespräch sich darum drehe, was zum Besten des Gemeinwesens ge= than ist, was man thun werde und was gethan werden müsse. Wie aber derartige Themata belebend und, man darf wohl hinzufügen, reinigend und erhebend auf die Ge= sellschaft wirken, das haben auch wir Deutsche erfahren seit mit dem Anbruch unserer politischen Mündigkeit für uns ebenfalls die Zeit gekommen ist, uns mit dem zu befassen, was nicht bloß unserem persönlichen Interesse dient, son= dern dem Allgemeinen nützlich ist.

Ein dritter Faktor, durch welchen die englische Ge= selligkeit sich im entschiedenen Vortheile gegen die anderer Länder befindet, liegt, wie bereits im Eingange angedeutet ward, freilich auch noch im Weltbürgerthum des Engländers. Erkundigt sich z. B. in einer Theegesellschaft Lady Fitz= herald bei Lady Fitzwilliam oder Mrs. Brown bei Mrs. Robinson, wie sich deren kürzlich verheirathete Tochter befindet, und diese antwortet, sie sei ihrem Manne nach Indien gefolgt, so entwickelt sich aus der Frage nicht sogleich ein Gespräch über Mädchennoth in dem neuen Haus= halte und allen möglichen wirthschaftlichen Kalamitäten in den Häusern der übrigen Damen, sondern es wird unwill= kürlich dadurch der Anstoß gegeben, daß sich die Unterhal= tung vom Persönlichen und Trivialen den Verhältnissen der indischen Kolonien und somit Gegenständen von allgemeinem Interesse zuwendet, an denen sich auch Herren, wenn sie anwesend sind, und dies geschieht nicht selten, lebhaft und mit Vergnügen betheiligen können.

An die Nachmittagsthees anknüpfend, sei der Uebergang gefunden zu den einzelnen Zügen der englischen Geselligkeit, die wir nach der vorangeschickten allgemeineren Charakteristick entwickeln möchten. Der Nachmittagsthee ist eine erst in neuerer Zeit aufgetauchte Form der geselligen Zusammenkunft, welche sich herausgebildet hat, seitdem das immer weitere Hinausschieben der Stunde für das Mittagsmahl dem Thee, welchen man zwischen dem Luncheon und jenem einzunehmen pflegt, mehr den Charakter einer Mahlzeit verliehen haben. Anfangs luden sich hauptsächlich junge Mädchen dazu ein, bewirtheten sich neben dem Thee mis Biscuit, Kuchen, Gelée und andern Süßigkeiten und verplauderten ein paar Stunden miteinander. Dem Beispiele der Jugend folgten bald die älteren Damen, und jetzt hat es sich auch eingeführt, daß Herren zu diesen Gesellschaften zugelassen werden, und daß sie sich gern dazu einfinden.

Mit der Einführung dieser Nachmittagsthees ist um so mehr einem Bedürfniß der Geselligkeit abgeholfen worden, als die Möglichkeit, sich an einem öffentlichen Orte zu treffen, für Damen völlig ausgeschlossen ist. Der Besuch von Restaurants ist für sie unstatthaft und Kaffeegärten giebt es nicht. Ist der Mann auch weniger eingeengt, so verlegt der Engländer doch den Schwerpunkt seines nicht der geschäftlichen Thätigkeit gewidmeten Lebens in sein Haus, das kann nicht oft genug wiederholt werden. Das Haus ist also auch der Schauplatz seiner Geselligkeit.

Schon bei der Schilderung der häuslichen Einrichtung ist darauf hingewiesen worden, daß der Stolz jeder Hausfrau ihr Fremdenzimmer sei und daß man bei beschränkter Räumlichkeit lieber auf ein oder das andere Zimmer verzichtet als sich durch den Mangel eines Fremdenzimmers der Möglichkeit zu berauben, auswärtige Freunde als Gäste bei sich aufnehmen zu können. Auf dem Lande ist die Gastfreundschaft eine umfassendere und ausgedehntere, weil man dort mehr Räume zur Verfügung hat, den Gästen größere Abwechselung bieten kann und die Verhältnisse der Gutsbesitzer auch einen größeren Aufwand erlauben als die vieler Stadtbewohner. Immerhin lassen auch diese es sich nicht so leicht nehmen, „Logirbesuch", wie wir zu sagen pflegen, von Zeit zu Zeit im Hause zu sehen.

Der Gast eines Hauses nimmt gewöhnlich am ersten Frühstück der Familie Theil, nach dem Frühstück bis zum Luncheon bleibt es ihm völlig überlassen, in welcher Weise er seine Zeit zubringen, ob er auf seinem Zimmer oder in der Bibliothek arbeiten oder lesen, oder ob er spazieren gehen, Sehenswürdigkeiten auf eigene Hand besehen oder Geschäfte besorgen will. Nach dem Luncheon geht oder fährt er mit der Familie aus und verlebt auch mit dieser die Abende, in deren Unterhaltung durch das fremde Element eine Abwechselung gebracht wird, die aber im Ganzen doch den geschilderten Charakter behalten.

Eine Hauptregel der englischen Gastfreundschaft ist, den Gast nie etwas vom Getriebe der Häuslichkeit merken zu lassen, ihn nicht zum Zeugen und Theilnehmer an wirthschaftlichen Berathungen zu machen und ihn um Alles in der Welt nicht merken zu lassen, daß seinetwegen irgend welche Veränderung in der Quantität oder Qualität der auf den Tisch kommenden Gerichte u. dergl. eingetreten ist. Thatsächlich geschieht dies aber, denn man hält es für einen Ehrenpunkt, einen Gast sehr gut zu bewirthen und ihm an nichts fehlen zu lassen. Dem Gast würde es wiederum nie einfallen, sich um die Angelegenheiten seiner Wirthe zu bekümmern oder sich Umstände seinetwegen zu verbitten. Dafür sind die Besuche selten von langer Dauer und die Einladung lautet in der Regel auf eine bestimmte Zeit, die nicht verlängert wird.

Ist diese Auffassung der Gastfreundschaft von der einen Seite sehr zu loben und zur Nachahmung zu empfehlen, da sie eine zu große Familiarität zwischen Wirthen und Gästen, welche leicht zu unerquicklichen Vorgängen führt, schon von Anfang an vorbeugt, so liegt ihr doch ein Zug des englischen Wesens zu Grunde, der den Satirikern unerschöpflichen Stoff zu beißenden Ausfällen liefert. Man giebt sich die größte Mühe und legt sich im Stillen allerlei Entbehrungen auf, um reicher zu erscheinen als man ist. Und sein wir billig. Es mag in einem Lande, wo ein so ungeheurer Reichthum herrscht wie in England, schwerer sein, bescheidenere Verhältnisse einzugestehen als da, wo die Beschränkung die Regel, der Ueberfluß Aus=

nahme ist. Ist man doch selbst hier durchaus nicht frei von einem ähnlichen Hange.

Nimmt man trotzdem auch bei mäßigen Vermögens= umständen gern einen Gast bei sich auf, so ist dagegen die Veranstaltung von Mittags= oder Abendgesellschaften ein Luxus, den man sich nur sehr selten gestatten darf. An und für sich wäre die Bewirthung von Gästen wohl nicht kostspieliger als auf dem Kontinente, da die Preise der Lebensmittel kaum höher sind als beispielsweise in Deutsch= land, aber es herrscht dabei eine weit größere Opulenz. Wir sind freilich auch schon recht weit entfernt von jener Einfachheit der Berliner ästhetischen Thees, die so viel be= spöttelt wurden und nach denen man sich doch oft genug zurücksehnt. Mit „Staunen und Grauen" haben wir das Umsichgreifen des Luxus in den Gründerjahren namentlich auch seine Wirkungen auf das gesellschaftliche Leben aus= üben sehen, und auch bei uns ist ja Vielen dadurch die Bewirthung von Gästen beinahe zur Unmöglichkeit gemacht worden. Trotz alledem werden in England in dieser Be= ziehung doch höhere Anforderungen gestellt, legt man, ver= leitet durch das von dem unermeßlich reichen Adel gegebene Beispiel, einen noch anderen Maßstab an Luxus und Com= fort als bei uns.

Dazu kommt noch, daß man Hilfsmittel, deren man sich bei uns bedient, durchaus nicht anwendet. Man würde niemals die Mahlzeit beim Koch bestellen und die Gerichte ins Haus schicken lassen und noch viel weniger, was übrigens auch in Deutschland, außer bei Hochzeiten und großen Festlichkeiten zu den Ausnahmen gehört, seine Freunde in ein Restaurant laden. Veranstaltet der Engländer Gesellschaften und Festlichkeiten, so geschieht dies im vollsten Sinne des Wortes in seinem Hause, und dieses Haus bietet oft genug nur kleine Zimmer und hat nicht jene Flucht ineinander gehender Gemächer unserer in einer Etage belegenen Wohnungen, die man, selbst wenn sie ursprünglich nicht dafür bestimmt sind, provisorisch zu Gesellschaftsräumen umgestalten kann.

Bälle und Tanzvergnügungen werden nicht nur von der höchsten Gesellschaft gegeben, sondern finden auch in den mittleren Kreisen statt, jedoch nicht so häufig wie in Deutschland. Die Raumverhältnisse sind es auch hier welche dagegen oft ein sehr gewichtiges Veto einlegen.

Was die Tanzordnung anbetrifft, so ist sie wesentlich von der in Deutschland beliebten verschieden. Man eröffnet den Ball nicht mit einer Polonaise, hat keinen Kotillon mit Orden, Schleifen und Ueberraschungen. Man tanzt Polka, Walzer und Galopp, Quadrille und Contretanz.

Die beliebteste Form der Geselligkeit in den gebildeten Klassen, die sich eines bescheideneren Wohlstandes erfreuen, ist der zwanglose Abendbesuch nach eingenommenem Dinner. Man verplaudert bei einer leichten Erfrischung einige Stunden angenehm mit einander und trennt sich mit dem Bewußtsein, ohne großen Aufwand von der einen oder der anderen Seite sich besser unterhalten zu haben, als dies bei großen Mittags- oder Abendgesellschaften in überfüllten Zimmern möglich ist.

Da das Einathmen frischer Luft und das Verweilen in derselben dem Engländer als Lebensbedingung gilt, so ist es selbstverständlich, daß man häufig Spaziergänge unternimmt und zwar kennt man dabei keine ängstliche Rücksichtsnahme auf das Wetter. Es werden auch Landpartien und Pickniks veranstaltet, indeß sind diese Art von Vergnügungen doch mehr dem Landleben oder dem Aufenthalte, an der See vorbehalten. Ein Vergnügen und gleichzeitig eine körperliche Bewegung, der sich Herren und Damen auf dem Lande, wie in der Stadt gern nnd mit großer Geschicklichkeit hingeben, ist das Reiten, und die Promenaden in Regent- und Hydepark sind stets belebt von stattlichen Reitern und schlanken Reiterinnen.

Die Saison in London fällt bekanntlich nicht in die Monate, in welchen sich in anderen Großstädten Europas das Leben und Treiben der Crème der Gesellschaft entfaltet. Die Herren des Adels und der Gentry wollen das Jagdvergnügen, das ihnen während des Winters auf dem Lande geboten ist, nicht entbehren; so wird denn Anfangs Februar das Parlament eröffnet und gleichzeitig kommt die vornehme Welt von ihren Landsitzen nach London, wo sie bis Ende Juni bleibt.

Die verschlossen gewesenen Häuser in Belgravian, Grosvenore-Square und Mayfaire öffnen sich und strahlen Abends im feenhaften Lichtglanz. Die Bälle, Routs, Mittagsessen und Soireen, die fashionablen Conzerte, die italienischen Opernvorstellungen folgen sich in ununterbrochener Reihe. Modemagazine, Juweliere, Putzmacherinnen und noch unzählige andere Geschäfte haben ihre Ernte. Wenn wir mit Entsetzen daran denken, daß man sich um diese Jahreszeit in von Menschen überfüllte, durch Gas und Kerzen erhellte und gleichzeitig durchwärmte Räume sperrt, tanzt und spielt, so darf man nicht vergessen, daß in London der Sommer nicht so heiße Tage bringt, wie dies in unserm Klima, das schärfere Gegensätze bietet, der Fall ist; man muß aber auch bedenken, daß das Herkommen viel ertragen läßt. Die Saison ist einmal um diese Zeit, also nimmt man in den Kauf was nicht zu ändern ist.

Anfangs Juli leert sich London, der Adel geht auf Reisen, in die Bäder oder auch auf die Güter, wo man bis nach Weihnachten bleibt, und auch die Stadtbewohner rüsten sich, so weit es ihnen nur möglich ist, die Stadt zu verlassen. Es ist nicht blos der Nachahmungstrieb, welcher die mittleren Klassen veranlaßt, sich mit ihrer Zeiteintheilung nach der Aristokratie zu richten, sondern die Saison übt ihren Einfluß auf die meisten Berufszweige aus und Geschäftsleute, Lehrer und Lehrerinnen, Advokaten u. s. w. können erst nach Schluß derselben an eine Villeggiatur denken.

Die meisten Familien genießen ihre Holiday's an der See, man würde sich aber sehr täuschen, wenn man sich das Leben daselbst in der Art dächte, wie in deutschen, belgischen oder französischen Seebädern. Will der Engländer ein derartiges Badevergnügen genießen, so geht er außer Landes; in der Heimath miethet er an der See eine möblirte Wohnung mit Bedienung, speist mit der Familie zu Hause und führt dieselbe abgeschlossene, streng geregelte Lebensweise, wie er es bisher zu thun gewohnt ist. Wir wissen aus Erfahrung, daß reisende Engländer sogar so viel wie nur irgend möglich auch im Auslande den vaterländischen Gewohnheiten gemäß zu leben versuchen und daß manche in diesen Bemühungen sich zu Uebertreibungen fortreißen lassen, durch welche sie recht unbequem und lächerlich werden können. Ein weiteres Eingehen auf dieses Thema würde aber die Grenzen dessen überschreiten, was wir uns in diesen Blättern zu behandeln vorgesetzt haben. Deshalb zum Schlusse nur noch einige Bemerkungen über den im geselligen Verkehr herrschenden Ton.

So verschlossen und unzugänglich der Engländer Unbekannten gegenüber erscheint, so einfach und zwanglos giebt er sich, sobald das Eis gebrochen ist und man auf dem Fuße gesellschaftlicher Gleichheit mit einander verkehrt. Auch Ausländer, die gut empfohlen sind und gute Manieren haben, finden nicht allzu schwer Eingang in die Familien. Die Anwendung von Titeln, welche das Amt und nicht die Geburt verliehen hat, ist in der Gesellschaft gänzlich unbekannt und nie geht eine solche Amtstitulatur des Mannes auf die Frau über. Offiziere werden wohl zuweilen als Oberst, Major oder Capitain bezeichnet, die Uniform tragen sie aber nur im Dienst. Man würde es für ein Zeichen schlechter Erziehung halten, wollte Jemand in rothen Rock, mit Epauletten und Stulpenstiefeln im Salon erscheinen. Selbst auf der Straße pflegen Offiziere, wenn sie nicht im Dienste sind, stets bürgerliche Kleidung zu tragen.

Die Verbeugungen sind nicht so tief und ceremoniös,

wie man dies in Deutschland findet, der Handkuß ist gar nicht gebräuchlich, wogegen die Sitte des Händeschüttelns allgemein und uns eigentlich erst von England gekommen ist. Bei Vorstellungen präsentirt man wie bei uns den Jüngeren dem Aelteren, den im Range niedriger Stehenden, dem Höherstehenden, den Herrn der Dame. Dagegen findet hinsichtlich des Grußes das umgekehrte Verhältniß statt. Die Respektsperson grüßt die andern, die Dame den Herrn zuerst und giebt damit die Erlaubniß, sie wieder zu begrüßen. Eine englische Dame verzeiht es nur einem Ausländer wenn er wagt, sie zuerst zu grüßen. Wieder ein Beweis, wie sehr alle Regeln der englischen Gesellschaft darauf hinzielen, die Frau als Königin hinzustellen.

Achtes Kapitel.

Beschäftigung, Erholungen, Spiele und öffentliche Vergnügungen.

„Der Athenienser fand seine Politik auf der Bühne, der Engländer findet seine Bühne in der Politik", sagt Bulwer. Je mehr man das öffentliche und häusliche Leben des Engländers kennen lernt und Gelegenheit hat, den hohen Einfluß, den die Politik auf alle Verhältnisse desselben ausübt, mit der Rolle, die sie in anderen Ländern spielt, zu vergleichen, um so mehr wird man die Wahrheit erkennen, welche in dieser Bemerkung des feinen Beobachters liegt. Der Engländer ist seit so langer Zeit an Self-Governement und alle für ihn daraus erwachsende Arbeit gewöhnt, daß nicht allein sein nationales, sondern auch sein häusliches Leben aufs engste damit verknüpft ist. Fragt man daher nach den Beschäftigungen, denen er sich, abgesehen von seiner eigentlichen Berufsarbeit, hingiebt, so wird in erster Linie die Politik genannt werden müssen.

Nach Lord Beaconsfield, der seine Landsleute doch auch so ziemlich kennt, sind die Engländer zwar keineswegs ein sehr erregbares Volk, aber einmal erregt, die enthusiastischste Nation unter der Sonne. Eine solche Erregung wird aber nur hervorgerufen, wenn irgend eine große Frage der äußeren oder inneren Politik die Gemüther in Bewegung setzt.

Die verschiedenen Klassen des englischen Volkes sind, sofern es sich um Vergnügungen handelt, mit geringen Ausnahmen streng von einander geschieden, sie vereinigen sich nur in der Arbeit, in der Philanthropie und in der Politik. Der freieste Verkehr zwischen den einzelnen Klassen herrscht aber sicher am Vorabend einer Wahl, bei der es sich um die Entscheidung einer großen, das ganze Land bewegenden Frage handelt.

Hat man es schon länger vorhergesehen, daß durch eine Neuwahl des Parlamentes ein Appell an das Land gerichtet werden soll, so bildet sich über das Reich ein Netz von Organisationen, die an allen Orten das Volk über die Sachlage belehren. Es werden Reden und Vorlesungen gehalten, Versammlungen veranstaltet, in welchen die Frage diskutirt wird und in denen man sich bemüht, die Ansichten, welche die einzelnen Wahlkörper darüber haben, kennen zu lernen. Die Tagesblätter und Wochenschriften werden nicht müde, die Angelegenheit von allen Seiten zu beleuchten, man spricht davon auf den Straßen, im Eisenbahnwagen und im Omnibus, am Familientische, am Kamin und in Gesellschaft. Je näher die Zeit der Entscheidung heranrückt, desto stärker wird der Enthusiasmus, desto eifriger sammelt man Stimmen dafür und dawider. Die Farben, durch welche die verschiedenen Parteien sich von einander unterscheiden, werden überall sichtbar. Lange ehe unter den Frauen an die jetzige Bewegung zur Erlangung des Stimmrechtes gedacht ward, legten sie und zwar nicht vereinzelt, ein großes Interesse für die Wahl an den Tag und der Einfluß, den sie zu Gunsten der einen oder der anderen Partei in die Wagschale werfen, darf gar nicht gering angeschlagen werden. Am Wahltage ruht in kleinen Städten und auf dem Lande jegliche Arbeit und auch in großen Städten stockt die Maschine, welche das Tagewerk sonst im Gange erhält. In athemloser Spannung erwartet man das Ergebniß der Wahl und die Entscheidung des Sieges für die eine oder die andere Partei.

Außer den Wahlen für das Parlament und der dadurch herbeizuführenden Entscheidungen über große nationale Fragen giebt es nun aber noch eine Menge anderer öffentlicher Angelegenheiten mehr lokaler Natur, die sämmtlich im hohen Grade die Aufmerksamkeit der betreffenden Städte oder Distrikte beschäftigen und beständig Veranlassung zum Nachdenken, zum Meinungsaustausch, und zur praktischen Thätigkeit geben.

Es kommt nicht selten vor, daß derselbe Mann Mitglied mehrerer Körperschaften für die Leitung lokaler Angelegenheiten ist und den dadurch an ihn gestellten Anforderungen alle seine Mußestunden zu widmen genöthigt wird. Mancher, der sich bereits vom Geschäft zurückgezogen hat, sieht seine ganze Zeit durch solche Aemter ausgefüllt, die selbstverständlich ohne jede pekuniaire Entschädigung verwaltet werden. Trotzdem macht sich nie ein Mangel an Kräften dafür fühlbar. Man betrachtet die Wirksamkeit für das Gemeinwohl dergestalt als eine Ehrenpflicht, daß man sich eifrig um die Uebernahme einer solchen bewirbt. Kaum ist ein neuer Zweig für eine öffentliche Thätigkeit geöffnet, so strömen ihm bereits freiwillige Arbeiter zu — Arbeiter im vollsten Sinne des Wortes, nicht Leute, denen es bloß darum zu thun ist, daß ihre Namen genannt werden. Auch Frauen werden jetzt und mit gutem Erfolge mit öffentlichen Aemtern betraut; sie sind Mitglieder der Schulaufsichtsbehörde, betheiligen sich an der Armen- und Waisenpflege u. s. w.

Als eine andere Beschäftigung der Engländer, die viel Zeit und Kraft in Anspruch nimmt, darf man das Abhalten von Meetings zu allen möglichen Zwecken bezeichnen, besonders seitdem man die Politik mit den Wissenschaften in Verbindung gebracht hat und eine beträchtliche Anzahl halb wissenschaftlicher und halb politischer Vereine entstanden sind. Philanthropie und Religion spielen eine so große Rolle, daß wir hier nur darauf hinweisen und beiden Gegenständen ein besonderes Kapitel widmen.

Die Beschäftigungen im häuslichen und gesellschaftlichen Leben mußten ebenfalls an verschiedenen Stellen schon berührt werden und sollen deshalb hier nur noch eine Ergänzung erfahren.

Der Engländer liest im Allgemeinen viel. Man hält

in jedem anständigen Hause auf eine gute Bibliothek, die man mit neuen Erscheinungen bereichert, und abonnirt auf Tagesblätter und Magazine. Die letzteren, sowie auch die Bücher sind verhältnißmäßig nicht theuer, die Anschaffung mithin auch weniger Bemittelten möglich. Außerdem giebt es aber an jedem nur einigermaßen bedeutenden Orte öffentliche Lesezimmer, welche Männern und Frauen unentgeltlich geöffnet und sehr reich mit Tagesblättern und Magazinen ausgestattet sind. Gewöhnlich sind sie auch noch mit einer Leihbibliothek verbunden, von welcher Bücher und Zeitschriften entnommen werden können, um sie zu Hause zu lesen. Reicht aber dies Alles nicht aus, so schafft Mudie Rath.

Mudie's library in London ist nämlich ein Institut, das sich zu einer wahrhaft nationalen Bedeutung emporgeschwungen hat und bei einer Schilderung des häuslichen Lebens der Engländer nicht vergessen werden darf. Im Jahre 1842 von dem Manne begründet, dessen Namen sie führt, wird sie jetzt von einer Gesellschaft geleitet und erstreckt ihren Einfluß über das ganze Land. Sie besitzt Abonnenten in der Stadt London, die kommen und persönlich den Umtausch ihrer Bücher bewirken, Abonnenten in den Vorstädten, bei deren Häusern der Wagen der Bibliothek wöchentlich ein Mal vorfährt, um die gelesenen Bücher abzuholen und neue zu bringen, und zwar werden in diesem Falle immer drei Bücher mit einem Male verabreicht. Sie hat Abonnenten in allen Provinzialstädten und auf dem Lande, denen so oft sie es verlangen, Bücherkisten

durch die Post zugesendet werden. Noch mehr, Mudie
versieht die Lese=Clubs und sogar viele Leihbibliotheken mit
vielgelesenen Büchern und vertauscht sie mit andern, wenn
sie die Runde bei den Abonnenten gemacht haben.

Die Zahl der Abonnenten in Mudie's Bibliothek
geht ins Ungeheure und umfaßt alle Klassen der Gesell=
schaft, vom Mitgliede der königlichen Familie bis zum in=
telligenten Arbeiter. Der Bedarf an Büchern ist in Folge
dessen außerordentlich groß und es kommt nicht selten vor,
daß Mudie's Bibliothek von einem populairen Buche
ganz Auflagen ankauft. Die Anzahl der Exemplare, die
Mudie von einem neu erschienenen Werke genommen, gilt
denn auch als Maaßstab für den Erfolg, den es gehabt
hat. Ist die Neu= oder Wißbegierde des Publikums an
irgend einer literarischen Erscheinung gesättigt, so werden
die überflüssig gewordenen Exemplare zu ermäßigten Prei=
sen an andere Leihbibliotheken oder auch an Privatleute
verkauft.

Was die häuslichen Beschäftigungen der englischen
Frauenwelt anbetrifft, so bekümmert sich die Hausfrau auch
in den höheren Mittelklassen recht eingehend um ihren
Haushalt; man musizirt, malt, zeichnet und giebt in letzterer
Zeit dieser Kunst eine vielfach praktische Anwendung. Viel=
fach setzen die Damen ihren Stolz darin, ihre Kleider und
ihren Kopfputz selbst anzufertigen. Das Institut des
„Damenschneiders" ist unbekannt, arbeitet man seine Kleider
nicht selbst, so läßt man sie entweder außer dem Hause
oder im Hause von Schneiderinnen verfertigen.

Tapisseriearbeiten, Häckel- und Phantasiearbeiten, Stickereien und Applikationsarbeiten sind je nach der herrschenden Mode bevorzugt, dagegen wird viel weniger gestrickt als in Deutschland und das Strümpfestricken ist eigentlich nur im Norden gebräuchlich; in den übrigen Theilen des Landes hat es nicht Wurzel zu fassen vermocht. Für englische Damen, die Deutschland besuchen, ist die automatische Fingerbewegung, mit welcher die deutsche Hausfrau, ohne darauf zu sehen, ihre Nadeln abstrickt, stets ein Gegenstand der Ver- und Bewunderung.

Als Beschäftigung und Unterhaltung der englischen Damen der vornehmen Klassen sei hier auch das sogenannte „shopping" erwähnt, d. h. sie besuchen die Modemagazine und verweilen stundenlang beim Betrachten der daselbst angelangten Neuheiten.

Da die Familienmitglieder fast jeden Abend zu einem geselligen Kreise versammelt sind, so ergiebt es sich ganz von selbst, daß man zur angenehmen Ausfüllung und Verkürzung dieser Mußestunden gern zu gesellschaftlichen Spielen greift und auch die Karten nicht verschmäht. Whist und Cribagge sind die beliebtesten Spiele, die man mit letzteren ausführt, theils zu einem sehr mäßigen Einsatz, theils „for love", wie sich der Engländer ausdrückt, oder „um die Ehre", wie wir sagen würden. Hohes Spiel und Hazardspiel wird in anständigen Häusern in England ebenso wenig geduldet wie in Deutschland, und ebenso wohl giebt es dort wie hier Leute, die der Spielwuth ergeben sind, und Orte und Gelegenheit, sie zu befriedigen.

Schach ist weit beliebter als in Deutschland und wird von Herrn und Damen sehr viel gespielt, ebenso Damen- und Brettspiel. Ein Billard und ein Billardzimmer findet man fast in jedem Hause, das etwas höhere Ansprüche an Comfort stellt, und wo man es nicht hat, da sucht man den Mangel durch ein bagatelle board, d. h. durch ein transportables Billard en miniature zu ersetzen. Das Dominospiel überläßt man den Kindern und sehr jungen Leuten, da man es der Aufmerksamkeit reiferer Personen nicht für würdig hält. In den Kreisen junger Leute beiderlei Geschlechtes übt man auch jene zahlreichen Rathspiele, Fragespiele, Schreibspiele u. s. w., die leider in Deutschland mehr und mehr verschwinden.

Wenden wir uns nun von den Beschäftigungen und Unterhaltungen innerhalb des Hauses zu denen, welche im Freien getrieben werden, so finden wir, der Vorliebe des Engländers für Bewegung in freier Luft und für körperliche Uebungen entsprechend, darin sowohl große Mannichfaltigkeit als auch Beschäftigung, und Spiel, Arbeit und Unterhaltung fließen dabei dergestalt zusammen, daß man außer Stande ist, sie gesondert zu behandeln.

Beginnen wir mit dem Gartenbau oder hier richtiger ausgedrückt der Gärtnerei, die eine allen Klassen gemeinsame Liebhaberei, man könnte beinahe sagen, Leidenschaft ist. Hochgeborene Damen besitzen häufig sehr bedeutende Kenntnisse in der Gartenbaukunst und verschmähen es nicht, dieselben in ganz praktischer Weise zu verwerthen. Sie behalten sich zu diesem Zwecke ein Stück Garten vor, das

sie eigenhändig bearbeiten und an dem der Gärtner nichts
thun darf, ohne dazu den ausdrücklichen Befehl erhalten
zu haben. Damen der Mittelklassen, die auf dem Lande
leben, übernehmen oft mit einer geringen Hilfe bei den
gröberen Arbeiten die ganze Besorgung des Gartens, halten
ihn in musterhafter Ordnung und sprechen oft gelehrt über
Mischung der Erdarten, Düngmittel u. s. w. Die Hütten
der Feldarbeiter haben fast immer kleine Gärten, die das Ent=
zücken der Besitzer bilden, welche ihnen gern jede Mußestunde
widmen; dafür sehen diese Gärten in ihrem buntfarbigen
Blumenschmucke aber auch wie Schmuckkästchen aus. Selbst
bei den in den Städten lebenden Armen ist die Passion
für Gärtnerei vorhanden und man sieht darin eins der
besten Mittel, das Volk zur Selbsterhebung zu ermuthigen.
Es werden zu diesem Zwecke Ausstellungen von im Zimmer
gezogenen Pflanzen arrangirt, Preise für die besten aus=
gesetzt und dieselben mit einer Feierlichkeit vertheilt, bei der
irgend eine hochgestellte Person, wie z. B. die Prinzessin
Louise, Marchioneß of Lorne, oder der Earl of Shaf=
tesbury anwesend ist.

Nicht so allgemein betrieben, aber vom allgemeinsten
Interesse begleitet, ist die Jagd, die am 1. August ihren
Anfang nimmt. Schon Wochen vorher beginnt die Frage
die öffentliche Meinung zu beschäftigen, welche Chancen für
diese oder jene Art von Wild in der bevorstehenden Jagd=
zeit zu erwarten sind. Am Tage der Eröffnung der Jagd
bringen die Zeitungen lange Leitartikel darüber und setzen
ihre Berichte über die Ergebnisse während der ganzen

Dauer derselben fort. Das erste Opfer des Jägers ist das Haselhuhn, ihm folgt das Rebhuhn, welches durch das Gesetz bis zum 1. September geschützt ist, während der Fasan dieses Schutzes bis zum 1. Oktober genießt.

Die Jäger gehen entweder allein oder auch zu zweien und dreien in Begleitung eines Wildhüters aus, man wandert meilenweit, um das Wild aufzusuchen und je größere Schwierigkeiten man dabei hat, um so größeren Reiz hat die Jagd. Jäger von altem Schrot und Korn sind deshalb auch wenig erbaut von der Ueberhandnahme der durch den Prinz Gemahl nach England gebrachten Mode der Treibjagd, weil sie behaupten, dieselbe beraube die Jagd ihres besten Reizes und lasse dem Wilde auch gar keine Chancen.

Die ebenfalls im August beginnende Jagd auf Hoch=
wild hat im Ganzen weniger Liebhaber als die Hühnerjagd, man erklärt Hirsche und Rehe für Thiere, die viel zu wenig Wildheit besitzen, um ein geeignetes und ebenbürtiges Ob=
jekt für eine richtige Jagd abzugeben. Mit weit günstigeren Augen sieht man die Hasenjagd an, die der 6. Okt. bringt. Sie wird zu Pferde ausgeführt. Der von zwei Hunden begleitete Jäger läßt dem aufgescheuchten Thiere einen klei=
nen Vorsprung und folgt ihm dann durch Feld und Wald.

Das große nationale Weidmannsvergnügen in England bringt aber erst der November mit der Fuchsjagd, welcher man während fünf Monaten obliegt. Meister Reinecke wäre wahrscheinlich in England längst ausgestorben, wenn er nicht lediglich zu Zwecken der Jagd sorgfältig gehegt würde; was sein Untergang ist, bildet mithin gleichzeitig seine Erhaltung.

Es giebt in England und Wales mindestens hundert Fuchsjagd Reviere, deren jedes circa 15000 Pfd. zu erhalten kostet, und es ist genau bestimmt, über welche Fläche Landes das einzelne Revier reicht. Der Herzog von Beaufort und Lord Berkley haben z. B. Gloucestershire zu Jagdzwecken zwischen sich getheilt; Einer respektirt den Jagdgrund des Andern und vermeidet sorgfältig mit seinem Rudel Fuchshunde auf fremdes Gebiet zu schweifen. Andere Jagd-Etablissements werden durch Subskription erhalten, jedes steht aber unter der Leitung eines Jagd-Meisters, der, sofern er nicht, wie in den vorgedachten Fällen, Derjenige ist, welcher das Etablissement auf eigene Kosten erhält, von den Subskribenten gewählt wird.

Auf jeden Fall ist der Jagd-Meister eine sehr wichtige Persönlichkeit, der zur Ausfüllung seines Postens einer großen Festigkeit, gepaart mit vielem Takte und persönlicher Liebenswürdigkeit bedarf. Es liegt ihm ob, Jäger, die durch zu großen Eifer die Jagd in Gefahr bringen könnten, auf ihren Plätzen festzuhalten, ohne sie zu verletzen, streitige Fragen zu entscheiden, die verschiedenen Anordnungen mit Promptheit und Bestimmtheit zu treffen.

An der Fuchsjagd kann sich Jeder betheiligen, wer Lust dazu hat, von der anderen Seite wird aber auch Jedermann davon in Anspruch genommen. Ein Grundbesitzer, welcher den Jägern die Erlaubniß, über sein Land zu reiten, verweigern wollte, brächte sich in den Ruf eines

Mannes, der nicht zu leben weiß, und den Aeckern der Pachter erwächst mancher nicht unbeträchtlicher Schaden dadurch. Sie klagen auch viel und laut darüber, im Grunde ihres Herzens sind sie aber leidenschaftliche Liebhaber der Fuchsjagd und würden wahrscheinlich noch viel stärker jammern, wenn sie abgeschafft werden sollte.

Eins der beliebtesten Schauspiele für die ganze Gegend ist das Sammeln und das Abreiten zur Fuchsjagd. Der Ort, die Stunde desselben, ist gewöhnlich lange vorher bekannt, und von allen Seiten strömen Zuschauer herbei. Der Jagdherr und die Jäger erscheinen in scharlachnen Röcken, die zusammengekoppelten Hunde schnüffeln mit den Nasen in die Luft, ungeduldig des Augenblickes harrend, wo sie losgelassen werden. Die Herren diskutiren eifrig die Chancen der bevorstehenden Jagd oder reiten an die eleganten Equipagen und unterhalten sich mit den darin befindlichen Damen, die ebenfalls herbeigekommen sind die Jagd mit anzusehen. Es fehlt auch nicht an Jägerinnen, die mit Kühnheit und Gewandtheit der Jagd folgen und nicht selten die Trophäe davon tragen.

Endlich giebt der Jagdmeister das Zeichen. Die Hunde werden losgelassen und vorwärts im rasenden Galopp sprengen die Jäger in den frischen Herbst= oder Wintermorgen hinein. Die Kutschen fahren nach Hause, die Zuschauer zerstreuen sich, für sie ist das Vergnügen vorüber, welches für die Jagdtheilnehmer nun erst eigentlich beginnt. Je nach der größeren oder geringeren List des Fuchses und Gewandtheit der Jäger währt die Jagd kürzere oder längere

Zeit, man liebt es aber gar nicht, wenn das Thier den Sieg allzu leicht macht. Derjenige, welcher zuerst herankommt, nachdem die Hunde über den armen keuchenden Fuchs hergefallen sind, erhält als Trophäe die Ruthe, wonach der Ehrgeiz sämmtlicher Jäger strebt. Kann man das nicht erreichen, so will man doch wenigstens bei dem „Tode" gegenwärtig gewesen, d. h. herangekommen sein, ehe die Hunde ihr Opfer todt gebissen haben. Der Fuchsjagd folgt häufig ein Banket.

Die gleiche Theilnahme Seitens der Presse und des Publikums wie die Jagd erfreuen sich die Pferderennen und das Wettrudern. Die ersteren beginnen im Frühling und währen bis tief in den Herbst hinein. Obgleich während der angegebenen Zeit über hundert solcher Rennen an den verschiedensten Punkten des Reiches stattfinden und alle die betreffende Umgegend in eine beinahe fieberhafte Aufregung versetzen, so ist und bleibt das berühmteste doch das in dem einige Meilen von London gelegenen Epsom abgehaltene, und unter den Renntagen kann wieder der des Derby-Rennens als der nationale Carneval bezeichnet werden. Es findet von London aus eine wahre Völkerwanderung dahin statt. An keinem Tage des Jahres sind die Straßen der Metropole so menschenleer wie während der Stunden, die zwischen der Ausfahrt zum Derby-Rennen am Morgen und der Rückkehr vom demselben am Abend liegen. Obgleich Epsom sich gut und schnell per Eisenbahn erreichen ließe, will es doch die Sitte, daß man am Derby-Tage zu Wagen dahin fährt, und so sieht man denn unter den langen Reihen von Fuhrwerken, welche sich dahin in Bewegung setzen, die lächerlichsten Contraste. Der eleganten Equipage des Earl mit den aristokratischen Damen im Fond fährt das bescheidene Cab mit der geputzten Frau des Shopkeepers vorauf, während ihm der von einem geduldigen Esel gezogene Karren des Hausirers folgt, der heute, ebenso wohl wie sein Herr und dessen Familie das Festgewand angelegt hat. Sämmtliche Pferdeköpfe, und die Eselsköpfe nicht ausgenommen, sind mit Bändern in der Farbe des Lieblingspferdes, das heute auf der Rennbahn erscheinen wird, geziert. Ein Hansom, das an diesem Tage in London zurückbleibt, gehört zu den Seltenheiten.

Wer nicht als Zuschauer beim Derby=Rennen gegenwärtig sein kann, der sucht sich wenigstens den Anblick der Ausfahrt dazu oder noch besser der Rückkehr davon zu verschaffen, welche in der That einer Maskarade gleicht. Man sieht falsche Nasen, theatralischen Aufputz, Puppen auf dem Hute, die Heimkehrenden sind in der ausgelassensten Laune und treiben allerlei Possen, und nur hin und wieder erinnert in der Menge ein betrübtes Gesicht mit auf den Boden haftenden Augen daran, daß dieses Vergnügen auch seine recht düstere Seite habe.

Die Renn=Etablissements sind sehr kostspielig zu erhalten. Die Pferde müssen in höchst luxuriöser Weise jedes in einem besonderen Stalle untergebracht werden, jedes hat zu seiner Bedienung eigens einen Groom und man sagt, seine Toilette erfordere so viele Finessen und Schönheitsmittel wie die einer eleganten Dame. Es fehlt ferner bei dem Zusammenströmen so vieler Menschen nicht an Ausschreitungen, die den Orten, wo die Rennen stattfinden, sehr unbequem und lästig werden, auch kommen Betrügereien und Schwindeleien aller Art dabei vor, so sehr auch der Jockey=Club, die eigentliche Gerichtsbarkeit der Pferderennen in England, es sich angelegen sein läßt, derartigem Unfuge mit fester Hand zu steuern. Die tiefste Schattenseite der Pferderennen liegt aber in der Gelegenheit, die dadurch geboten wird, der nationalen Leidenschaft des Wettens in einem Maße zu fröhnen, daß dabei Vermögen verloren und Existenzen zu Grunde gerichtet werden. Es fehlt aus diesen Gründen auch nicht an Widersachern der Pferderennen, jene befinden sich jedoch in der Minderzahl, und es ist mehr als zweifelhaft, ob mit ihrem Aufhören den Wetten ein Ende gemacht würde. Die Neigung dafür liegt zu tief im Charakter des Volkes begründet und hängt zu innig mit dem dasselbe beseelenden Geiste des Wettstreites auf den verschiedensten Gebieten des Wissens und Könnens, also mit seinen besten Eigenschaften, zusammen. Thatsache ist, daß in England nicht leicht ein Unternehmen, welcher Art es auch sei, im öffenlichen Leben oder in Privatkreisen vorkommt, auf dessen Resultate nicht etliche Wetten gemacht werden.

Was für die Rennen der Derby=Tag in Epsom, das ist für die Wettruderfahrten der große Kampf zwischen den Studenten der Universitäten Cambridge und Oxford, der im Frühling jedes Jahres auf der Themse etwas oberhalb Londons ausgefochten wird. Die jungen Leute üben sich schon lange vorher im Rudern und die Blätter bringen über jeden Betheiligten die genausten Einzelheiten; man weiß vorher, wie die Kämpfer heißen, wie alt, wie groß und wie schwer ein jeder ist, ja man bringt ihre Portraits. Von dem Momente an, wo die Uebungen auf der Themse beginnen, ziehen jeden Tag Schaaren hinaus, um sie mit anzusehen, die indeß nur einen kleinen Vortrab bilden zu der Menschenmenge, die sich am Morgen des Entscheidungstages zu Wagen, zu Pferde und zu Fuß hinauswälzt. Die Farbe, in welcher die Ruderer erscheinen, ist Blau, doch hat zur Unterscheidung Cambridge hellblau und Oxford dunkelblau gewählt, man könnte aber sagen, ganz London tauche sich in Blau; die Schaufenster dekoriren damit, man sieht blaue Bänder an den Menschen und Thieren. In Häusern, die eine gute Aussicht auf den Fluß gewähren, werden Fensterplätze zu ungeheuren Preisen vermiethet, die Elite der Gesellschaft ist versammelt, um das Schauspiel mit anzusehen, selbst die königliche Familie entsendet ihre Vertreter; das Volk schwärmt wie die Bienen um den Fluß, man wettet natürlich auf die Hellblauen oder auf die Dunkelblauen und selbst wer zu Hause bleibt, ist doch mit dem Gedanken an die Wettfahrt beschäftigt.

Der Beginn des Kampfes richtet sich nach dem Eintreten der Fluth und man könnte beinahe sagen, England halte während seiner Dauer den Athem an, mit solcher Spannung erwartet man überall die Kunde, wer diesmal den Sieg davon getragen. Nicht lange braucht man zu harren. Auf allen Telegraphenstationen sind Vorkehrungen getroffen, daß wenige Minuten, nachdem die Entscheidung gefallen, der Telegraph nach allen Himmelsrichtungen die Botschaft trage, ob diesmal die Hellblauen oder die Dunkelblauen zuerst das Ziel erreicht haben.

Außer dieser berühmtesten und volksthümlichsten Ruderfahrt hat man noch eine ganze Anzahl anderer zwischen einzelnen Instituten und Körperschaften, was bei einem Volke, wie die Engländer, denen das Wasser ein sehr befreundetes Element ist, nur natürlich erscheint. Weil auch wir uns einmal in diese Region begeben haben, sei sogleich noch der großen Liebhaberei und Geschicklichkeit gedacht, mit welcher sich der Engländer dem Schwimmen hingiebt, und der Ausdauer und Gedult, womit er dem Angeln obzuliegen vermag. Endlich gehört hierher noch das sogenannte Yachting, was freilich nur ein Vergnügen der höheren Klassen sein kann, deren Angehörige eigene Yachten besitzen, mit denen man während einiger Herbstwochen im Atlantischen oder im Mittelländischen Meere kreuzt.

Wetten zwischen Fußgängern kommen fast täglich vor und was das Boxen anbetrifft, so ist es zwar vom Gesetz verboten, hier aber ist, bei aller Gesetzlichkeit, die den Engländer sonst auszeichnet, die Gewohnheit doch stärker als das Gesetz. Die alte Sitte, seine Körperkraft und Gewandtheit zu bethätigen, wird sich sehr schwer ausrotten lassen und läßt sich weder durch Turn= noch durch Fechtübungen, so eifrig man ihnen obliegt, verdrängen.

Die hohe Aufmerksamkeit, welche man im Lande der Viehzucht und dem Ackerbau zuwendet, sowie die große

Vorliebe, mit der Gartenbau und Blumenzucht betrieben werden, geben Veranlassung zu zahlreichen landwirthschaftlichen und Gartenbau-Ausstellungen. Es giebt kaum eine Provinzialstadt, die nicht bemüht wäre, durch Veranstaltung von solchen Ausstellungen und der Vertheilung von Preisen dem Acker- und Gartenbau, sowie der Viehzucht einen Sporn zu geben, und mit dem besten Erfolg. Das Fleisch des englischen Mastviehs kann nur von denen geschätzt werden, die Gelegenheit hatten, es mit dem auf dem Kontinente zu vergleichen, und Früchte, wie man sie auf englischen Gartenbau-Ausstellungen sieht, findet man selbst in von der Natur reicher bedachten Ländern nur selten. — Mit den Ausstellungen sind gewöhnlich Festlichkeiten aller Art verbunden.

Es ist hier auch vielleicht der Ort, der von den englischen Damen häufig veranstalteten fancy-fairs zu gedenken, die als „Wohlthätigkeitsbazare" seit Jahren auch ihren Weg nach Deuschland gefunden haben.

Eine körperliche Uebung und gleichzeitig eine Unterhaltung, welche vorzugsweise Damen lieben, obgleich die Betheiligung der Herren daran nicht ausgeschlossen, ist das Bogenschießen, zu dem sich häufig Gesellschaften zusammenfinden, jedoch werden die bei solcher Gelegenheit ausgesetzten Preise immer nur den besten Schützinnen zu Theil.

Damit hätten wir denn den Uebergang gefunden zu den eigentlichen Spielen im Freien. Das große Nationalspiel der Engländer ist Cricket und die Zeit dafür Frühling und Sommer, vom Mai bis in den September hinein.

Auf einem ebenen Grasplatz sind an jedem Ende je drei Stäbe in den Boden gesteckt, um welche sich die Spieler, im Ganzen 22 Personen, dergestalt gruppiren, daß 11 die Angreifer und 11 die Vertheidiger bilden. Die Waffen, welcher man sich dabei bedient, sind harte Bälle und Knittel, und es handelt sich darum, daß die Angreifer die „wicket", d. h. die Stäbe ihrer Gegner niederzuschlagen suchen, während diese die größte Geschicklichkeit und Gewandtheit aufbieten müssen, um sie daran zu verhindern.

Man sagt, das Cricketspiel stamme aus dem 13. Jahrhundert, sei lange nur unter den niederen Klassen gebräuchlich gewesen, von diesen erst zu den höheren gekommen und fasse einzig und allein da Wurzel, wo die angelsächsische Race sich angesiedelt habe. Es giebt natürlich unzählige Cricket=Clubs und ebenso unzählige Wettspiele zwischen denselben, theils von verschiedenen in derselben Stadt befindlichen Clubs, theils zwischen den Clubs zweier Städte. 1861 gelangte sogar eine Aufforderung zu einem Wettspiel aus Australien nach England und in Folge dessen gingen in der That 11 Cricketspieler hinüber, die ihr australischen Gegner schlugen. Neuerdings sind 11 Australier nach England gekommen, welche versuchen wollen, die durch jene Niederlage empfangene Scharte wieder auszuwetzen.

Es dürfte schwer halten, ein Dorf in England zu finden, das nicht seinen Cricket=Club hätte, zu dem Arm und Reich gehören. Jeder Grasplatz in der Nähe einer größeren Stadt ist während der ganzen Sommerzeit von Cricket= spielern belebt und gewährt mit dem dicht daneben auf=

gerichteten weißen Zelt und den gewandten, kräftigen Gestalten darauf einen sehr heiteren Anblick. Die Cricketspieler haben ihre besondere Tracht, bestehend aus einer Flanell-Jacke und -Beinkleidern und starken Schuhen mit Spitzen aus weißem Leder. Die Farbe des Anzuges und der dazu gehörenden Mütze richtet sich nach den Gebräuchen des Clubs, dem man angehört, bildet mithin eine Art von Uniform.

Jede Beschreibung des Cricket ist indeß kaum annähernd im Stande einen Begriff zu geben, welches Interesse das von allen Ständen und allen Altersklassen, so lange die Kräfte dies nur irgend zulassen, geübte Spiel einflößt, und ebenso wenig davon, in welchem Maße es geeignet ist, Berechnung, Gewandtheit, Sicherheit des Blickes, Muth und Selbstbeherrschung zu entwickeln und die Muskeln zu stählen.

Football und Hockey sind ebenfalls beliebte Spiele, die jedoch mehr körperliche Kraft und weniger Geschicklichkeit erfordern als Cricket.

Croquet hat als ein Spiel für Damen schon lange seinen Weg nach Deutschland gefunden, während es in England etwas verdrängt ist von einem anderen Spiel, Lawn-Tenneis, das mit Bällen und Knütteln auf einem über einen Rasenplatz gespannten Netze gespielt wird.

Ein unter der englischen Schuljugend männlichen Geschlechts vielfach geübtes Bewegungsspiel nennt sich „Hunde und Hasen" und wird folgendermaßen ausgeführt. Ein oder zwei der Spielenden, welche die Hasen vorstellen, erhalten 20 Minuten Vorsprung und streuen im Laufen

Papierstücke aus, die sie in einem an einem Riemen über ihre Schulter hängenden Beutel mit sich tragen. Die anderen Knaben folgen ihnen als Hunde, die Richtung inne haltend, wo sie die Papiere fliegen sahen. Die Jagd dauert oft Stunden, geht über Berg und Thal, über Hecken und Gräben und trägt manchen Fall und manche Schramme ein.

Der Vollständigkeit halber sei endlich noch der Exercitien der Freiwilligen-Corps gedacht, denn verdankt diese Einrichtung auch den Befürchtungen vor einer französischen Invasion ihren Ursprung, so ist es doch bei allem Patriotismus der Engländer fraglich, ob sie so großen Anklang gefunden hätte, wie in der That der Fall ist, wenn dabei nicht gleichzeitig die Neigung für körperliche Uebungen ihre Rechnung gefunden hätte.

Auf dem Kontinente werden Spiele und Uebungen in der Art der vorstehend geschilderten vielfach an Sonntagnachmittagen veranstaltet; die Ruhe eines englischen Sonntags darf dadurch aber nicht entweiht werden und um dieser Gefahr zu entgehen und gleichzeitig für jene eine arbeits- und geschäftsfreie Zeit zu schaffen, ist in Folge lebhafter Agitation der halbe Sonnabend-Feiertag eingeführt worden. Sonnabend Mittag um zwei Uhr werden die Geschäfte und Werkstätten geschlossen, der Feiertag beginnt und die Straßen jeder größeren Stadt zeigen eine Physiognomie ähnlich der, wie man sie auf dem Kontinente an Sonntagsnachmittagen findet. Auf diese Weise erhält auch die Erholung und Erheiterung ihr Recht, deren man nach der Hast und Anstrengung der sechs Arbeitstage ebenso sehr bedarf, wie der Ruhe.

In den Städten, in welchen sich Theater befinden, ist der Besuch Seitens der arbeitenden Bevölkerung an den Sonnabend Abenden ebenfalls sehr stark. Man würde sich jedoch sehr irren, wenn man das Theater in England nach deutschem Maaßstabe messen und es für ein Bildungs= und Erziehungsmittel halten wollte. Die Bühne ist, namentlich in Provinzialstädten, nichts als die Stätte des platten, geistlosen und oft recht rohen Vergnügens. Eine solche Erscheinung muß im Vaterlande Shakespeares um so mehr Wunder nehmen als gerade er den mächtigsten Einfluß auf die Entwickelung des deutschen Theaters ausgeübt hat und es erscheint deshalb angezeigt, auf deren Gründe etwas näher einzugehen.

Der Aufschwung, den die Bühnendichtung und das Theater unter Elisabeth und Jakob I. genommen, ward in seiner Blüthe geknickt durch die gänzliche Unterdrückung des Schauspiels während der Herrschaft Cromwells und der Puritaner. Noch weit verderblicher als die Unterdrückung war aber die Art und Weise seiner Wiederbelebung unter der Restauration. Der leichtsinnige, genußsüchtige Karl II. erniedrigte mit seinen Günstlingen und Buhlerinnen das Theater dergestalt, daß der ernste Theil der Nation sich beschämt und entrüstet davon abwandte und nie zu ihm zurückzukehren vermochte.

Die den vertriebenen Stuarts folgenden Könige aus dem Hause Braunschweig=Lüneburg sorgten nicht durch die

Einrichung eines Hoftheaters in jener Weise für die dramatische Kunst, wie dies in allen Ländern und Ländchen Deutschlands durch jene Pflanzstätten und Schulen der deutschen Schauspielkunst geschehen ist. Man mag dies befremdend finden, muß doch aber annehmen, daß sie dabei im Ganzen in Uebereinstimmung mit der Nation gewesen sind. Wäre wirklich ein allgemeines, unabweisbares Bedürfniß nach guten Bühnenleistungen vorhanden gewesen, so hätte ein Volk, das in allen seinen Schöpfungen so wenig auf die Anregung von höchster Stelle wartet, sie aus eigener Initiative hervorgerufen; es wären ebenso gut auch später noch hervorragende dramatische Dichter aufgestanden, wie England in allen andern Dichtungsarten seitdem bedeutende Namen und bedeutende Leistungen zu verzeichnen hat. Wie die Verhältnisse jetzt liegen, ist, trotzdem es zu allen Zeiten bis auf die Gegenwart große englische Schauspieler gegeben hat, vom englischen Theater im deutschen Sinne des Wortes kaum zu reden, und was dabei noch irgend von Bedeutung ist, das conzentrirt sich einzig und allein auf London. Aber auch hier zehrt man von den Schätzen der Vergangenheit oder behilft sich mit französischen Stücken, die übersetzt und für die englische Bühne eingerichtet sind.

Eine englische Oper giebt es ebenso wenig, dagegen wird der italienischen Oper, welche während der Saison das Rendezvous der vornehmen Welt bildet, die größte Sorgfalt zugewendet. Die ersten Künstler und Künstlerinnen Europas werden zu einem Ensemble vereinigt, das nicht

leicht seines Gleichen findet und erhalten fabelhafte Hono=
rare. Die Folge davon ist, daß die Plätze in der italieni=
schen Oper einen Preis haben, der selbst für Viele, die nicht
gerade arm zu nennen sind, als unerschwinglich bezeichnet
werden muß. Ein Billet zu einem nur einigermaßen an=
ständigen Platze kostet etwa sieben Thaler, dazu kommt, daß
Damen und Herren nur im vollsten Ball= oder Gesell=
schaftsanzuge erscheinen können und daß die Vorstellungen
gewöhnlich bis zwölf oder ein Uhr Nachts dauern, es also
für die in den Vorstädten der Metropole lebenden Bewoh=
ner derselben sehr erschwert ist, nach Hause zu gelangen.

Auch bei den anderen Londoner Theatern sind die sehr
lange Dauer der Vorstellungen und die verhältnißmäßig
recht hohen Preise der Plätze Schattenseiten, die schwer ins
Gewicht fallen.

Kann man den Engländern eine hohe musikalische Be=
gabung nicht gerade nachrühmen und sind aus ihrer Mitte,
trotzdem man die Musik fast in jedem Hause übt und pflegt,
wenig wirkliche Künstler hervorgegangen, so haben sie doch
stets ein hohes Interesse für die Musik an den Tag gelegt,
fremden Komponisten, wie Virtuosen und Virtuosinnen,
Sängern und Sängerinnen, eine enthusiastische Aufnahme
bereitet und sie mit reichem klingenden Lohn entlassen.
Die vornehme Welt hält es für Ehrensache, ihre Gesellschaf=
ten durch die Musik= und Gesangs=Vorträge von Künstlern
und Künstlerinnen ersten Ranges verherrlichen zu lassen
und selbstverständlich wird ihr Beispiel in verkleinertem
Maaße in den Salons der Mittelklassen nachgeahmt. Eng=

lische Exclusivität wird sich aber dabei nur selten dazu ver=
stehen, den Künstler, den man zum Vortrage engagirt hat,
vor oder nach demselben als Gast zu betrachten.

Conzerte als Matinée oder Soirée von heimischen oder
fremden Künstlern veranstaltet, werden viel und gern be=
sucht und würden noch mehr in Aufnahme sein, wenn nicht
auch hier die Höhe des Eintrittspreises Viele zur Beschrän=
kung dieses Vergnügens zwänge. Man versucht gegenwärtig,
Conzerte zu billigen Eintrittspreisen einzuführen, was ge=
wiß überall eine sehr dankbare Aufnahme finden würde,
aber seine großen Schwierigkeiten hat, da die Honorare der
ausübenden Künstler zu hoch sind.

Dem streng kirchlichen Sinne des Volkes entsprechend,
hat man ein lebhaftes Interesse für Oratorien und wir
wissen wie sehr gefeiert deutsche Tonkünstler, welche diese
ernste Richtung besonders vertreten, wie z. B. Händel und
Mendelssohn, stets in England waren und noch sind.

In allen größeren Städten Englands werden jederzeit
Vorlesungen über Gegenstände aus allen möglichen Gebieten
des Wissens für Damen und Herren in großer Menge ver=
anstaltet, die Theilnahme daran hat jedoch in letzterer Zeit
abgenommen. Sie werden verdrängt durch die zahlreichen
Zeitschriften, welche Essays bringen, deren Lektüre man schon
aus dem Grunde vorzieht, weil man sie in seiner Häuslich=
keit genießen kann.

Selbst wenn man von öffentlichen Unterhaltungen und
Vergnügungen des englischen Volkes berichtet, kommt man
zuletzt doch wieder auf die Häuslichkeit zurück.

Neuntes Kapitel.

Der Sonntag.

Der Sonntag in England ist in so hohem Grade eine nationale Eigenthümlichkeit, daß wir seiner Beschreibung einen besonderen Abschnitt widmen müssen.

Während die englische Sonntagsfeier für die meisten Ausländer etwas Niederdrückendes hat, ja nicht selten sogar einen abschreckenden Eindruck macht, erfüllt sie das Herz des Engländers mit dem Gefühle des Friedens und der Ruhe. Wohl erheben sich viele und gewichtige Stimmen für eine Erleichterung mancher der strengsten Vorschriften, die für die englische Sonntagsfeier existiren; man schlägt vor, Gemäldegallerien und Museen zu öffnen und überhaupt in der Art und Weise den Sonntag zu verleben, dem individuellen Bedürfniß einen größeren Spielraum zu lassen. Dagegen wird jedoch eingewendet, daß damit nur der erste Schritt zur Einführug des kontinentalen Sonntages gethan sei. Eine solche Absicht einzugestehen, würde aber der kühnste Neuerer nicht wagen, und ließe man das gesammte Volk abstimmen, ob es den englischen Sonntag, so wie er ist, behalten oder dafür die Freuden und Vergnügungen des kontinentalen Sonntags eintauschen wollte, so würde sich gewiß eine überwältigende Majorität für die Beibehaltung der alten Sitte ergeben.

So bleiben denn vorläufig noch Museen, Gemäldegallerien und sonstige Sehenswürdigkeiten an Sonntagen ebenso streng geschlossen wie Theater, Conzertsäle und andere öffentliche Vergnügungslokale. Die sonst unaufhörlich dahinbrausenden Eisenbahnzüge sind, da man sie doch nicht ganz einzustellen vermag, auf das möglichst geringste Maaß beschränkt, die Postbüreaus bleiben den ganzen Tag geschlossen, in London findet gar keine Briefbestellung statt, an anderen Orten erfolgt sie einmal, am Morgen.

Während des Gottesdienstes darf in keinem Wirthshause oder Restaurant irgend welche Erfrischung verabreicht werden, außer an Reisende, die einen weiten Weg zurückgelegt haben und der Stärkung bedürftig sind. Gerade in diesem Punkte hat die neueste Gesetzgebung frühere Bestimmungen über die Sonntagsheiligung noch bedeutend verschärft.]

In den besseren Stadtgemeinden sieht man nirgend einen Laden geöffnet, dagegen wird in den ärmeren Vierteln der großen Städte diese Seite der Sonntagsfeier weniger streng beobachtet. Man kauft dort erst in den Morgenstunden für das Mittagsessen ein. Obgleich diese Einrichtung aufs Engste mit den Verhältnissen jener Armen, die aus der Hand in den Mund leben, zusammenhängen mag, sieht man doch mit einem wahren Abscheu auf die Orte, wo an Sonntagen gekauft und verkauft wird und führt ihre Existenz als Beweise dafür an, daß das Heidenthum aus dem christlichen England noch keineswegs verbannt sei.

In allen anständigen Familien werden sämmtliche Lebensmittel für den Sonntag am Sonnabend eingekauft, nur dem Milchmann ist es gestattet, mit seiner Waare in der Frühe des Morgens zu erscheinen. In vielen Häusern wird auch nicht gekocht, man begnügt sich mit kalter Küche, und selbst da, wo man weniger streng ist, nimmt man mit einfachen Speisen fürlieb, um Denjenigen, denen die Bereitung derselben obliegt, möglichst wenig Zeit von der Sonntagsruhe zu rauben.

An einem Sonntagmorgen erwacht man in der lärmvollsten Straße der lebhaftesten Stadt mit der Empfindung der tiefsten Ruhe, welche sich während des ganzen Tages erhält. Keinem Arbeiter würde es einfallen, gefertigte Arbeit an diesem Tage abliefern zu wollen. Kein Lastwagen rasselt durch die Straßen, es fahren nur Omnibus, Cabs und Equipagen und auch von letzteren beiden viel weniger als an anderen Tagen. In den ersten Morgenstunden sieht man sogar wenig Fußgänger, denn man bringt jene zu Hause in ernster Lektüre und Andachtsübungen zu.

Gegen neun Uhr wird es lebendiger, denn die Lehrer, Lehrerinnen und Schüler der Sonntagsschulen erscheinen, um die letzteren aufzusuchen, aber erst gegen halb elf Uhr füllen sich die Straßen. Die Glocken der Kirchen erheben ihre eherne Zunge und rufen, da viele derselben gehörig abgestimmt sind, in wahrhaft melodischer Weise die Andächtigen zu den Häusern des Herrn, in welchen der Gottesdienst meistens um elf Uhr beginnt. Es ist dies eine der seltenen Gelegenheiten, wo das Familienleben sich auf der Straße entfaltet. Die Häuser öffnen sich, auf jeder Schwelle sieht man Väter und Mütter mit ihren Kindern, die sich an sie schmiegen, stolz darauf, in Begleitung der Eltern den Kirchgang antreten zu dürfen.

Es ist in England Sitte, die Kinder zum Morgengottesdienst mitzunehmen, sobald man nur einigermaßen hoffen darf, sie daselbst still erhalten zu können, damit die Jugend der Gewohnheit des Kirchenbesuches für ihr ganzes Leben treu bleibe. Sind die Kleinen nicht im Stande, während der ganzen Dauer des Gottesdienstes sich wach zu erhalten, so schadet das nichts; man sieht in jeder Kirche die Köpfe schlummernder Kinder auf dem Schooße des Vaters oder der Mutter liegen; sie sind doch alsdann mit in dem Gotteshause gewesen und setzen auch bald eine Ehre darin, wenigstens etwas von der gehörten Predigt verstanden zu haben.

Man hat mehrfach Versuche gemacht, einen besonderen Kindergottesdienst einzuführen, der kürzer und dem jugendlichen Verständniß besser angepaßt sein sollte als der für die Erwachsenen, die Sache hat aber nicht viel Anklang gefunden. Ein besonderer Gottesdienst für die Eltern und einer für die Kinder würde sie von einander trennen und den Familienkreis stören; das aber mag man nicht, da am

Sonntage, wo der Vater zu Hause ist, kein Haupt seiner Lieben fehlen darf.

Der Gottesdienst dauert bis halb ein oder ein Uhr und während dieser Zeit herrscht wieder eine feierliche Stille auf den Straßen; nach seiner Beendigung ergießt sich der Strom der Kirchenbesucher von Neuem durch die Stadt oder das Dorf, um die Wohnungen zu erreichen, wo fast überall bald das Mittagsessen verzehrt wird. Man richtet es an Sonntagen ausnahmsweise zu einer frühen Stunde an, um den Dienstboten nach demselben eine möglichst lange Ruhezeit zu gönnen.

Die Zeit zwischen dem Mittagsessen und dem Thee wird von Denjenigen, die nicht in einer Sonntagsschule thätig sind, in stiller Beschaulichkeit, in Gesprächen oder auch mit Lesen zugebracht, und gegen halb sieben oder sieben Uhr begiebt man sich zum Abendgottesdienste, dem selbstverständlich nur die älteren Familienmitglieder beiwohnen. Auch die Mutter bleibt häufig bei den Kindern zu Hause und unterhält sie mit Erzählungen aus der Heiligen Schrift oder singt mit ihnen Hymnen. Unterhaltungs- oder gar Kartenspiele sind am Sonntage nicht gestattet, ja man erlaubt kaum kleinen Kindern mit ihren gewöhnlichen Spielsachen zu spielen. Sie vermissen das indeß nicht so sehr, da sich die Eltern an diesem Tage viel mit ihnen beschäftigen; der Reiz des Sonntags liegt für Erwachsene, wie für Kinder, eben darin, daß er sowohl in der Art, wie er eingetheilt, als wie er verlebt wird, so gänzlich verschieden von allen anderen Tagen ist.

Nach der Rückkehr der Familie aus der Kirche wird wiederum gelesen und der Abend gewöhnlich mit dem Singen geistlicher Lieder beschlossen.

Handarbeiten, welcher Art sie seien, werden Sonntags von keiner Dame vorgenommen, auch giebt man weder Gesellschaften, noch besucht man welche. Ein Ball am Sonntage wäre etwas Unerhörtes; das Aeußerste, was sich Familien, die nicht auf strenge Sonntagsfeier halten, erlauben, ist, daß sie ein warmes Mittagsmahl zu später Stunde einnehmen und Gäste dazu laden.

Den Dienstboten wird in der Regel gestattet, einmal am Tage den Gottesdienst zu besuchen. Wo zwei Dienstmädchen sind, geht eine des Morgens und die andere des Abends; in Häusern, wo man nur ein Mädchen hält, wohnt sie entweder dem Nachmittagsgottesdienst bei, der in verschiedenen Kirchen gehalten wird, oder die Hausfrau bleibt Abends zu Hause und giebt der Dienerin Gelegenheit, ihre Andacht in der Kirche zu verrichten.

So sehr man es sich angelegen sein läßt, die Sonntagsheiligung nach Außen ihrem ganzen Umfange nach aufrecht zu erhalten, so haben die letzten Jahre die Beobachtung der darauf bezüglichen Vorschriften innerhalb des Familienkreises doch schon etwas modifizirt, und manche aus der puritanischen Zeit stammenden Satzungen sind abgeschafft worden.

Früher durften nur Bücher streng religiösen Inhaltes gelesen, durften nur Choräle und Hymnen gespielt oder gesungen werden, drehte sich die Unterhaltung so viel wie nur irgend möglich um religiöse Dinge. In dieser Beziehung herrscht in den Familien, in denen der Sonntag sonst ganz streng gefeiert wurde, jetzt eine größere Freiheit. Trotzdem behält aber der englische Sonntag sein charakteristisches Gepräge als ein Tag der Ruhe, an welchem das Familienleben im engsten Kreise des Hauses seine schönsten Stunden feiert und die Gedanken sich vom Weltlichen aufwärts wenden zum Erhabenen und Göttlichen.

Es ist sehr fraglich, ob England, das während der ganzen Woche der Schauplatz der emsigsten, angestrengtesten Arbeit, einer nie rastenden Hast und Aufregung ist, die Ruhe entbehren könnte, die der Sonntag bringt; ob es für seine Bewohner, welche auch das Vergnügen wie eine Arbeit betreiben, möglich wäre, unmittelbar von der Arbeit zum Vergnügen und vom Vergnügen wieder zur Arbeit überzugehen. Jedenfalls ist es dem Nationalcharakter völlig angemessen, die durch den Sonntag gebotene Zeit zum behaglichen Ausruhen im Allerheiligsten der Familie zu verwenden, und man sündigt vielleicht nicht ungestraft gegen diese vererbte und überlieferte Eigenthümlichkeit. Es steht zu erwarten, daß noch manche Milderung der strengsten Vorschriften für die Sonntagsheiligung durch die Zeit gebracht werden wird, eine vollständige Aenderung wird aber schwerlich eintreten; wie dem aber auch sei, mit dem Aufhören der Sonntagsfeier würde dem englischen Familienleben jedenfalls einer seiner charakteristischsten Züge verloren gehen.

Zehntes Kapitel.

Feste.

Den Festen und insbesondere den Familienfesten legt man in England bei weitem nicht die Wichtigkeit bei wie in Deutschland. Dem Engländer ist jede Schaustellung von Gefühlen in tiefster Seele zuwider, und da bei Familienfesten eine solche unvermeidlich ist, so beschränkt er sie auf ein möglichst geringes Maaß und einen möglichst kleinen Kreis.

Weit seltener als in Deutschland ist die Taufe eines jüngst geborenen Kindes mit einer Festlichkeit verbunden, häufig werden selbst in gut situirten Familien die Taufzeugen nur ersucht, sich behufs Beiwohnung der heiligen Handlung nach der Kirche zu begeben. Ist damit noch eine Einladung verbunden, so verfügen sich je nach dem Wortlaut derselben, die Taufzeugen entweder unmittelbar aus der Kirche in das Haus der Eltern des Täuflings, wo ihnen ein kalter Imbiß vorgesetzt wird, oder sie zerstreuen sich und finden sich zu einer späteren Stunde daselbst zum Mittagsessen ein. Während der Mahlzeit wird der Täufling hereingebracht und man trinkt seine Gesundheit. Der Anstand erfordert, daß die Pathen und Pathinnen dem Kinde Geschenke machen, welche zumeist in Silberzeug bestehen.

Damit hören aber die Geschenke der Pathen als solche auf und es ist nicht Sitte, sie bei der Confirmation zu wiederholen, wie man überhaupt die bei dieser Gelegenheit in Deutschland üblichen Geschenke, Gratulationsbesuche und Blumenspenden nicht kennt. Das Alter für die Confirmation ist bei Knaben wie bei Mädchen in der Regel das fünfzehnte Jahr. Ihr voran geht ein vorbereitender Unterricht, der etwa acht Wochen dauert und in gemischten Klassen an Knaben und Mädchen ertheilt wird. Die Ceremonien selbst vollzieht der Bischof derjenigen Diözese, der das Kirchspiel, in welchem die Confirmation stattfindet, angehört.

Die Knaben erscheinen bei der Feierlichkeit in schwarzen Anzügen, die Mädchen tragen weiße Kleider, und Schleier oder Hauben auf dem Kopfe. Unglücklicherweise macht sich gegenwärtig mehr und mehr das Bestreben geltend, bei dieser Gelegenheit dem Anzuge eine große Wichtigkeit beizulegen, obgleich man doch weit entfernt ist, die Confirmation gewissermaßen als die Thür zu betrachten, durch welche man nur zu schreiten hat, um an den Lustbarkeiten und Genüssen der Erwachsenen theilnehmen zu dürfen. Der Confirmand und die Confirmandin kehren nach der Feierlichkeit in ihre Schule oder zu ihrem Unterricht zurück; die erste Kommunion verdankt ihre Wichtigkeit einzig und allein dem Umstande, daß sie die erste ist. Sie verleiht ein Bürgerrecht in der religiösen Gemeinschaft, welches man an und für sich für so bedeutend hält, daß es keiner weiteren Nebenumstände bedarf, um es aus dem Kreislauf des Alltäglichen feierlich hervorzuheben.

Mit noch viel weniger Ceremonien wird die Verlobung eines jungen Paares umgeben. Sie ist in solchem Grade eine Angelegenheit rein privater und persönlicher Natur, daß man kaum einen bestimmten Tag als den Verlobungstag bezeichnen kann. Je nachdem die Verhältnisse es mit sich bringen, betrachtet man denjenigen Tag als solchen, an dem die hochwichtige Frage gestellt und beantwortet ward, oder wo die Einwilligung der Eltern ertheilt wurde oder, wo sonst ein Umstand eintrat, welcher entscheidend einwirkte, daß das Band, welches die Herzen im Geheimen geschlossen, nun auch äußerlich als geknüpft anerkennt ward. Ist indeß die Verlobung eine wirkliche Thatsache geworden, so empfängt die Dame von dem Herrn einen Ring — gewöhnlich einen glatten Goldreif mit Diamanten besetzt — welchen sie an dem vierten Finger der linken Hand trägt, demselben, an welchen später der Trauring gesteckt wird. Das Geben und Empfangen dieses Ringes vollzieht sich aber ohne jede äußere Formalität und in einer Stille und Abgeschlossenheit, wie sie wahrhaft Liebende sich nicht süßer wünschen können.

Wenn wir den Ausdruck „Herr" und „Dame" soeben gebraucht haben, so geschah dies in einer Art von Verlegenheit um das passende Wort, denn die englische Sprache hat keinen Namen für „Verlobte," da die Bezeichnung

„bride" und „bridegroom" nur für den Hochzeitstag und die ersten Wochen nach der Hochzeit angewendet wird. Nur sehr vereinzelt kommt es vor, daß man Verlobte als „bride" und „bridegroom elect" bezeichnet und auch dann geschieht es nur in den letzten Wochen vor der Hochzeit. Die Ausdrücke „Lady love" und „Sweetheart" sind in ihrem Sinne sehr unbestimmt, da sie auch auf Personen angewendet werden, welche Neigung für einander zeigen, ohne verlobt zu sein, außerdem gelten sie aber auch als vulgair und werden in der besseren Gesellschaft vermieden.

Sobald eine Verlobung stattgefunden hat, wird die Thatsache allen Verwandten und nahen Freunden mitgetheilt, welche alsdann, wie in Deutschland, dem Brautpaare und den Eltern entweder persönlich oder brieflich gratuliren. Von einer Anzeige in den Zeitungen, von Gratulationsvisiten, die mit irgend welcher Form und Ceremonie empfangen und durch das Brautpaar erwidert werden, und von Festen, die man ihm zu Ehren veranstaltet, weiß man aber nichts.

Da die Verlobten nicht in einem so bestimmten, anerkannten Verhältniß zu einander stehen, wie in Deutschland, so unterliegt ihr Verkehr einer viel größeren Beschränkung als dort und man würde in Gesellschaft jede vertrauliche Annäherung zwischen ihnen als eine Unschicklichkeit betrachten, eine Umarmung oder einen Kuß als eine Verletzung des guten Tones unwillig rügen.

Uebrigens fehlt es in England nicht an Stimmen, welche die kontinentale Sitte der öffentlichen Erklärung der Verlöbnisse als gut und nachahmungswerth preisen. Viel=

leicht würden sich dadurch in der That die Fälle vermindern, wo gebrochene Verlöbnisse Anlaß zu Processen geben, deren Urtheilsspruch doch nur darauf hinauslaufen kann, daß für verrathene Treue und verletzte Gefühle Geld als Heilung dienen soll. Ob aber das Uebel selbst dadurch aufgehoben würde, ist sehr zu bezweifeln.

In England herrscht bekanntlich gesetzlich die fakultative Civilehe, d. h. Ehen können ebensowohl rechtskräftig auf der Registratur, wie in der Kirche geschlossen werden. Da wir es hier mit Festen zu thun haben und jede andere Trauung als die kirchliche von keinerlei weiterer Feierlichkeit begleitet zu werden pflegt, so kann selbstverständlich nur von einer solchen hier die Rede sein.

Früher wurden Hochzeiten mit großer Pracht gefeiert, die Neuzeit hat in dieser Beziehung eine entschieden einfachere Richtung eingeschlagen. Einen Polterabend mit Tanz, Aufführungen u. dergl. kennt man nicht, wohl aber geben die Eltern der Braut zuweilen am Abend vor der Hochzeit ein dinner, zu welchem sich die Eingeladenen versammeln, nachdem im engsten Familienkreise die Heirathsbestimmungen notariell festgesetzt sind.

Der Anzug der Braut am Hochzeitstage besteht aus einem weißen Kleide nebst Schleier, ein Kranz von Orangeblüthen, Myrthen und Jasmin schmückt ihr Haupt. Die Brautjungfern versammeln sich im Hochzeitshause, von wo aus sie zur Kirche fahren, um daselbst in der Vorhalle die Braut zu erwarten. Diese erscheint am Arme ihres Vaters oder Desjenigen, der Vaterstelle bei ihr vertritt und sie,

wie der Ausdruck lautet, „hinweggiebt". Die Brautjunfern
bilden von beiden Seiten Spalier, um sie hindurchzulassen
und folgen ihr dann paarweise die Kirche hinauf bis zum
Altare, wo der Bräutigam mit seinem „groomsman" oder
„best man" ihrer bereits wartet. Die übrigen geladenen
Gäste haben sich schon vorher in der Kirche versammelt
und die geeigneten Plätze eingenommen, um die Ceremonie
mit ansehen zu können, welche sofort nach der Ankunft der
Braut ihren Anfang nimmt. Nach Beendigung der Trauung
begiebt sich das Brautpaar in die Sakristei, wo die Namen
des jungen Ehepaares, sowie die der Zeugen und das Da=
tum der Trauung in die Register eingetragen werden, dann
verläßt die Hochzeitsgesellschaft die Kirche, wobei der junge
Gatte seiner Neuvermählten den Arm reicht und jede Braut=
jungfer von einem Herrn geführt wird.

Früher war es allgemein Sitte, daß sämmtliche Hoch=
zeitsgäste dem Brautpaare schon in der Kirche ihre Glück=
wünsche darbrachten, gegenwärtig zieht man vor, dies erst
im Hause der Braueltern zu thun, wohin man sich begiebt,
um eine kalte Mahlzeit, das sogenannte „Hochzeitsfrühstück",
einzunehmen. Das Hauptstück bei diesem Hochzeitsmahl
bildet der „Hochzeitskuchen", der in der Mitte der Tafel
vor dem Brautpaare steht. Als ganz spezifisch englische
Sitte darf der Hochzeitskuchen eine besonders eingehende
Beschreibung beanspruchen. Auf dem Lande ist gewöhnlich
das ganze Haus in einen Blumengarten verwandelt, auch
bestreuen junge Mädchen dem Brautpaare den Weg mit
Blumen. Kann man sich in der Stadt einen solchen Blu=

menluxus auch nicht gestatten, so dürfen die holden Kinder Floras doch weder auf der Tafel, noch im Saale fehlen.

Je nach dem Wohlstande und dem Geschmacke der Leute mag die Größe und die äußere Verzierung des Kuchens verschieden sein, in der Zusammensetzung findet indeß wenig Unterschied statt. Den eigentlichen Kern bildet eine Masse von Rosinen, Korinthen, überzuckerten Früchten, verschiedenen Gewürzen, Zucker, Butter und Eiern, welche Ingredienzien durch möglichst geringe Zuthat feinen Mehls zu einem Teige verbunden sind. Hierüber liegt eine etwa zolldicke dem Marzipan ähnliche Schicht und darüber wieder ein ebenso dicker Zuckerguß, aus welchem sich in der Mitte die Verzierung erhebt. Dieselbe erscheint zuweilen als eine Cupidos-Laube mit Nischen, in denen sich kleine pausbäckige Liebesgötter schaukeln, zuweilen als Hymens-Tempel oder auch als eine Vase, in welcher sich ein Bouquet von Myrthen und Orangenblüthen mit silbernen Blättern befindet.

Nachdem die eigentliche Mahlzeit vorüber ist, ergreifen Braut und Bräutigam gemeinschaftlich ein Messer und stoßen es mit vereinten Kräften in den Kuchen, der alsdann durch einen Diener vom Tische genommen, in kleine Stücke zerlegt und herumgereicht wird. Zu dem Hochzeitskuchen wird Wein getrunken und dabei die Gesundheit des jungen Paares ausgebracht; der anwesende Geistliche fordert gewöhnlich dazu durch eine Ansprache auf. Manche Gäste nehmen auch Stücke vom Hochzeitskuchen mit nach Hause, ganz besonders sind aber die Brautjungfern dazu berechtigt, für welche er noch eine besondere magische Wirkung haben soll. Ein Stück davon durch den Trauring der Braut gezogen und dann unter das Kopfkissen gelegt, bewirkt, daß der Zukünftige im Traume erscheint, und die Braut ermangelt nicht, ihren Freundinnen zu dieser unschuldigen Geisterbeschwörung durch die Zauberkraft ihres Ringes zu verhelfen. Auswärts wohnenden Verwandten, die nicht bei der Hochzeit anwesend sein konnten, schickt man Stücke des Hochzeitskuchens durch die Post zu.

Dem Toaste des Geistlichen folgen noch manche andere, doch ist das „Redenhalten in Privatkreisen" jetzt glücklicherweise außer Mode gekommen, so daß man nicht mehr nöthig hat, zwei bis drei Stunden eine Reihenfolge von Gemeinplätzen und Plattheiten über sich ergehen zu lassen.

Die Braut giebt gewöhnlich das Zeichen zum Aufheben der Tafel, indem sie sich entfernt, um den Brautanzug mit den Reisekleidern zu vertauschen. Die Gäste bleiben aber noch bei einander und versammeln sich in der Regel im Augenblick der Abfahrt vor der Hausthür, um den Neuvermählten glückliche Reise zu wünschen und ihnen nach altem Brauche einen Pantoffel nachzuwerfen und sie mit Reiskörnern zu bestreuen, als Symbole des Glückes und des Wohlstandes.

Nach der Abreise des jungen Paares zerstreut sich in der Regel die Hochzeitsgesellschaft, um sich erst später zu dem Dinner oder der Abendgesellschaft, die gewöhnlich von den Brauteltern noch gegeben werden, wieder zusammen=

zufinden, es kommt indeß auch vor, daß man bis dahin sogleich zusammenbleibt.

Die Hochzeitsgeschenke, welche man in den letzten Tagen vor der Hochzeit zu senden pflegt, werden gewöhnlich in einem Nebenzimmer zur Besichtigung aufgestellt. Sie nehmen indeß mehr und mehr so sehr den Charakter des Praktischen an und scheinen so ausschließlich in der Absicht gewählt, dem Bräutigam die Last der häuslichen Einrichtung abzunehmen, daß Umfang und Beschaffenheit sie bald nicht mehr zur Schaustellung geeignet machen dürften. Ein Armband und eine Chatelaine sind Gegenstände, welche man der Bewunderung darbieten kann, ob das Gleiche mit einem Stuhle oder gar mit einer Bettstelle der Fall wäre, dürfte doch noch die Frage sein.

Wir kommen jetzt zu jenem Tage, ohne welchen man alle übrigen Festlichkeiten nicht begehen kann, nämlich zu dem Geburtstage, und würden ihm aus diesem Grunde den Vorrang gelassen haben, wenn er in England nur entfernt die Wichtigkeit hätte, die man ihm in Deutschland beilegt. Dies ist jedoch durchaus nicht der Fall. Die Feier des Festes bleibt auf die nächsten Familienangehörigen beschränkt. Es wird kein Geburtstagstisch mit Blumen Kuchen und Lichtern arrangirt, sondern das „Geburtstagskind" — um einen deutschen Ausdruck zu gebrauchen, für den die englische Sprache keine deckende Bezeichnung hat — empfängt, wenn es in das Frühstückszimmer tritt, von allen Familiengliedern in kurzen Worten Wünsche für eine recht glückliche Wiederkehr dieses Tages und findet alsdann auf seinem Platze am Frühstückstische sämmtliche ihm bestimmte Geschenke in weißes Papier eingeschlagen. Der Engländer denkt mehr daran, die Freude durch Verstecken des Geschenkes und die darauf folgende Ueberraschung durch dasselbe zu erhöhen, als daß es ihm darum zu thun wäre, durch das Arrangement desselben einen großen Effekt zu erzielen.

Nachdem diese Art der Geburtstagsgratulation beendet, ist die Feier des Tages überhaupt vorüber. Nur für Kinder giebt es wohl noch eine besondere Festlichkeit, wie einen Geburtstagskuchen, eine Landpartie oder eine Kindergesellschaft, jedoch ist auch diese Sitte selbst in den gut situirten Familien nicht als allgemein feststehend zu bezeichnen. Wirklich festlich begangen wird der Geburtstag nur ein Mal im Leben, nämlich in dem Jahre, wo mit ihm die Mündigkeit eintritt, gleichzeitig hört er aber auch von diesem Zeitpunkte an gänzlich auf, als ein hervorstechender Tag im Kreislauf der Monate betrachtet zu werden. Erwachsene werden in vielen Fällen nicht durch die leiseste Anspielung daran erinnert, daß der Tag wiedergekehrt ist, an welchem ihre Augen sich zuerst dem Lichte des Daseins geöffnet haben, und man würde höchlich verwundert sein, wenn Glückwunschbriefe einliefen und wenn Bekannte und Freunde sich um die Visitenstunde mit Blumensträußen einstellten. Von der andern Seite würde man es als einen Zwang empfinden, Buch über die Geburtstage der Personen seines Umgangskreises führen und die von ihnen empfangene Aufmerksamkeit mit gleicher Münze erwidern zu müssen.

Die anmuthige deutsche Sitte, sich bei den mannich=

fachsten Anlässen durch Blumensträuße ein äußeres Zeichen
der Achtung, Liebe und Freundschaft darzubringen, ist über=
haupt in England so gut wie unbekannt. Man hegt und
pflegt die Blumen mit großer Sorgfalt und Liebe in Gär=
ten und in Zimmern, man versteht sich im Allgemeinen
sehr gut auf ihre Behandlung, man bedient sich ihrer, wie
bereits erwähnt, bei Hochzeiten und andern festlichen Ge=
legenheiten reichlich zur Ausschmückung von Zimmern und
Tafeln, aber als ein Mittel zur Kundgebung freundschaft=
licher Gesinnungen werden sie nicht benutzt. In Folge
dessen findet man auch in den größten Städten Englands
verhältnißmäßig nur wenige Blumenhandlungen. Während
man in Berlin kaum eine Straße entlang gehen kann, ohne
auf mehrere derartige Geschäfte in geringer Entfernung von
einander zu stoßen, giebt es z. B. in Oxford=Street und Regent=
Street, zwei der bedeutendsten und vornehmsten Straßen
Londons, nicht einen einzigen Laden, in dem man ein
Bouquet oder einen Kranz kaufen könnte. Dagegen werden
einzelne Blumen, wie Rosen, Veilchen, Maiblumen u. s. w.
zur beliebigen Verwendung in den Straßen von Blumen=
mädchen feilgeboten. Der englische Utilitarismus würde es
verschmähen, Geld zu opfern, um jene armen auf Draht
gezogenen Blüthen zu kaufen, welche nur ein kurzes Schein=
leben führen und kein wahres Vergnügen gewähren können,
und so dürfte das „Bouquetschenken" keine von den Sitten
sein, die Aussicht haben, vom Kontinent nach England ver=
pflanzt zu werden.

Ein gleiches Prognosticon läßt sich dem Geschenkgeben

überhaupt stellen. Der englischen Natur ist es durchaus
kein Bedürfniß, zu bestimmten Zeiten als Zeichen der Ach=
tung und Liebe Geschenke auszutauschen; es ist für sie
wieder zu viel Schaustellung von Gefühl dabei, auch hat
man zu wenig Sinn für Tand und Spielerei. Der prak=
tische common sense des Engländers würde ihn außerdem
leicht verleiten, z. B. in dem sentimentalen Austausch von
Geschenken zur Weihnachtszeit eine versteckte Form des
Tauschhandels zu sehen. Man zieht es vor, seine Gefühle
zu verbergen und dieselben nur wo es nothwendig, in
dauernder, praktischer Weise zu bethätigen. Zweifellos ver=
liert der Engländer dadurch viel von der Anmuth des
Lebens und erscheint den Angehörigen anderer Nationen
steif und kalt; es ist aber nun einmal so John Bulls
Natur, die ihre Vorzüge ebenso gut hat wie ihre Nachtheile,
und brummt er auch gelegentlich darüber, daß er nicht
ganz so sei, wie er sein sollte, so nimmt man einander doch
wie man nun eben ist, und fühlt sich zufrieden dabei.

Geht aus dem Vorhergesagten hervor, daß Weih=
nachten in England nicht ein solches Fest der Geschenke ist,
wie in Deutschland, so ist es doch nichtsdestoweniger ein Fest
des allgemeinen Frohsinns, das man lange ersehnt und für
das man die umfassendsten Vorbereitungen trifft. In den
Städten schmücken sich etwa vierzehn Tage vor dem Feste
die Läden, wo Colonialwaaren feilgeboten werden, mit
Walddisteln, welche rothe Beeren tragen, oder mit Stech=
palmen (Holly) und dunklem Immergrün. Kränze aus
Letzterem umrahmen die Fenster; Zweige und Reiser zieren

die ausgestellten Voräthe von Rosinen, Mandeln, Gewürz und Citronen; kurz von sämmtlichen Zuthaten zum Weihnachtspudding. Die Schlächter statten ihre Läden nicht minder verführerisch aus und lassen es sich angelegen sein, Alt-England mit dem vorzüglichsten Roastbeef zu verproviantiren. Die Obsthändler verwandeln ihre Verkaufsstellen mit Hilfe von Stechpalmen, Mistelzweig und Lorbeer in Lauben, durch welche Früchte schimmern; die Geflügelhändler putzen die ihre Läden zierenden Preisputen, Hühner und Gänse, welche die Bewunderung der Vorübergehenden schon durch ihre Größe und Schwere erregen, zum Ueberfluß noch mit einer Menge von bunten Bändern aus. Der Vorrath an Eßwaaren erscheint unerschöpflich, denn trotzdem sich alle Speisekammern füllen, trotzdem die guten Sachen in Kisten verpackt über das ganze Land verschickt werden, bemerkt man in den Läden doch nie eine Abnahme davon.

Je näher das Fest heranrückt, eine um so regere Geschäftigkeit entfaltet sich in jedem englischen Haushalte. Selbst Hände, welche zu anderen Zeiten sich von jeder Thätigkeit in der Küche fern halten, verschmähen es nicht, sich an der Bereitung des Puddings zu betheiligen. Da werden Rosinen ausgekernt, Mandeln gestoßen, die Eier geschlagen, da schneidet man das Fett, stößt das Gewürz, zerkrümelt das Brod, und wie die andern Vorbereitungen alle heißen mögen. Die ganze Familie ist versammelt, um dem großem Momente beizuwohnen, wo sämmtliche Ingredienzen zu einer Masse geballt und dem Ofen anvertraut werden. Auch die Zubereitung der Fleischpasteten erfordert viel

Arbeit. Obgleich sie aber auf der Weihnachtstafel nicht fehlen dürfen und man sogar glaubt, es bringe Glück, ein Stück davon zu verzehren, erregt ihre Zusammensetzung doch nicht das Interesse wie die des Puddings.

Von den vielen eigenthümlichen heiteren und sinnigen Gebräuchen, mit denen man sonst den Christabend feierte, hat sich fast nichts mehr erhalten. Als W. Irving sie beschrieb, waren sie bereits das Echo der Vergangenheit und starben nach dieser Wiederbelebung dahin oder finden sich nur noch in entlegenen Gegenden. Dort wird in dem alten Herrenhause allerdings noch der Yule boy verbrannt, dort macht noch der Humpen oder Liebesbecher die Runde. Dort spielt man noch snap dragon, indem man in verdunkeltem Zimmer Rosinen mit Brandy übergießt, letzteren anzündet und seine Kunst dadurch beweist, daß man die Rosinen herausholt, ohne sich zu verbrennen. Dort fischt man noch nach Glück in einer mit Sägespänen angefüllten Schale, in welche man verschiedene symbolische Gegenstände, wie z. B Trauringe gelegt hat.

Im Allgemeinen wird aber der Christabend nur dazu benutzt, das Haus für Weihnachten festlich zu schmücken. Man bekränzt die Bilder mit Stechpalmen und Lorbeer. Aus allen Ecken und Winkeln schauen die weißen Beeren des Mistelstrauches hervor, ein Busch davon hängt von der Decke herab, man ist unermüdlich immer neue Verschönerungen anzubringen, und da sich an diesem Geschäfte vorzugsweise die Jugend beiderlei Geschlechtes betheiligt, so herrscht dabei die größte Fröhlichkeit. Auch die Kirchen und ganz besonders die ritualistischen erhalten einen sehr sorgfältig ausgeführten Weihnachtsschmuck, der viel Zeit erfordert. Guirlanden ziehen sich rings umher und umschlingen die Säulen, auf der Kanzel stellt man aus dunklen Blättern und rothen Beeren kunstvoll die Buchstaben zu einem frommen Spruch zusammen; der Abendmahlstisch ist mit Büschen und Zweigen in sinnigster Weise verziert.

Am Weihnachtsmorgen begrüßt man sich mit „Wünsche fröhliche Weihnachten." Nach dem Frühstück kommt der Kirchgang. Der Gottesdienst währt von 11 bis 1 oder $^1/_2$ 2 Uhr. Das Mittagsessen wird zu einer früheren Stunde als sonst üblich ist, eingenommen, damit auch die Kinder daran theilnehmen können, denn das Weihnachtsmahl ist ein Familienfest, bei dem kein Glied der Familie fehlen soll, zu dem man aber auch nur in Ausnahmefällen Fremde zuläßt. Es beweist immer einen hohen Grad von Herzensgüte und Menschenliebe, wenn man sich bei dieser Gelegenheit Einsamer, Verlassener erinnert und sie das Fest mitfeiern läßt. Puten, Gänse, Roastbeef, Fleischpasteten und Pudding sind die herkömmlichen Gerichte. Der letztere wird mit Stechpalmen geschmückt und am Rande mit brennendem Brandy umgeben auf die Tafel gebracht und übt eine so große Anziehungskraft aus, daß alle übrigen Speisen dagegen in den Schatten treten.

In den Weihnachtsgesellschaften herrscht eine große Heiterkeit und ein möglichst zwangloser Ton, immerhin geht diese Zwanglosigkeit nicht so weit, wie man, verleitet durch englische Schriftsteller, wie z. B. Dickens, im Auslande

annimmt. In keiner nur einigermaßen anständigen Familie
ist es erlaubt, unter dem Mistelzweige zu küssen. Ein Herr,
der eine ihm nur oberflächlich bekannte Dame unter den
Mistelzweig führen und das Recht des alten Herkommens
in Anspruch nehmen wollte, würde sehr übel angesehen wer=
den. Nur auf fröhliche Knaben und Mädchen oder auf
nahe Verwandte und alte Freunde erstreckt sich die Freiheit
des mystischen Strauches. Anders steht freilich die Sache
in den Gesindestuben und in den Bauernhäusern und Hütten.
Hier hat der Zweig noch die ganze ihm vor alten Zeiten
eigene Macht bewahrt und beschützt tolles Gekreisch und
schallendes Küssen, aber nirgend anders. Der sittsame Eng=
länder läßt sich auch durch den Anblick des Mistelzweiges
nicht zur Verletzung des Dekorums fortreißen.

In den letzten Jahren sind unter dem Einfluß der
königlichen Familie Weihnachtsbäume in England eingeführt
worden, die man mit kleinen Geschenken behängt; sie dienen
aber einfach als Mittel zur Belustigung der Kinder und
bestrahlen nicht wie in Deutschland, eine Weihnachtsbe=
scherung, von der in England nun einmal keine Rede ist.
Höchstens bekommen ganz kleine Kinder von Eltern und
lieben Freunden ihrem Alter angemessene Gaben. Dagegen
hat sich der Gebrauch, einander Weihnachtskarten zuzuschicken,
schnell eingebürgert. Ebenso läßt man den Tag nach Weih=
nachten — unsern zweiten Feiertag, den man in England
nicht kirchlich feiert — nicht vorübergehen, ohne gewissen
Klassen der Bevölkerung Geschenke zu verabreichen.

Es ist dies der sogenannte Boxing=Day; die Gaben,

welche vertheilt werden, nennt man Christmas Boxes, weil man, wie es heißt, dieselben früher in Schachteln (Boxes) zu legen pflegte. Die Sitte existirt nicht mehr, die Bezeichnung ist aber geblieben und wird auf das Geschenk übertragen, das durchgängig in Geld besteht. Es ist kein Zwang, nicht einmal Sitte, daß Herrschaften ihren Dienstboten Weihnachten oder am Boxing=Day Geschenke geben, dagegen nimmt man an, daß Gäste, die öfter in das Haus kommen, sich der Zeit erinnern und den Leuten Christmas=Boxes geben. Ebenso machen Schornsteinfeger, Postboten u. s. w. den Hausbesitzern das Vergnügen, sie um ein Geschenk anzusprechen, wie überhaupt aus den niedereren Klassen Jeder erwartet, von denjenigen Personen, denen er unregelmäßig oder indirekt Dienste leistet, am Boxing=Day beschenkt zu werden.

Am Abend des Boxing=Day besteht das größte Vergnügen darin, in die Theater zu gehen, welche sämmtlich an diesem Abend die Saison durch eine Pantomime eröffnen. Auch die Elite der Gesellschaft verschmäht es nicht, in ihren Logen, getrennt von den übrigen Theaterbesuchern, an dem Vergnügen theilzunehmen. Das Interesse für die Pantomimen ist so rege, daß die Zeitungen am andern Tage mit der Beschreibung derselben viele Spalten ihrer Blätter füllen, und im Leben eines Kindes ist es ein großes Ereigniß, wenn es am Boxing=Day mit in das Theater genommen ist. Außer durch diese gemeinsame Theaterfreude und die Geldspenden, die sie zu leisten haben, betheiligen sich aber die höheren Stände nicht an der Feier des Boxing=Day, vielmehr gilt derselbe als Winterfest der niederen

Klassen. In den letzten Jahren ist er durch Parlaments=
beschluß zu einem nationalen Feiertage erhoben worden.
Gleichwie am Ostermontage, Pfingstmontage und dem ersten
Montag im August müssen an diesem Tage Banken und
Werkstätten geschlossen werden, und die Arbeiter machen sich
an eine andere Form der Arbeit, nämlich an die des Ver=
gnügens.

Der Ausdruck „Arbeit" ist in der That nicht übertrieben.
Der Engländer besitzt nicht die Fähigkeit, sich mit der sorg=
losen Freude des Franzosen oder dem ruhigen Gleichmuthe des
Deutschen dem Vergnügen zu überlassen. Er geht daran
mit einer festen John Bull=Entschlossenheit und will in
der ihm gewährten Zeit so viel wie möglich fertig bringen.
Das süße Nichtsthun eines französischen Festes, die stille
Behaglichkeit eines deutschen Kaffeegartens sind ihm unbe=
kannt, auch an den Festtagen muß er etwas „vorgenom=
men", etwas „gethan" haben, um sie sich ordentlich „werth"
zu machen und die Nachtruhe zu verdienen. Fröhlichkeit
ist wohl vorhanden, aber kein Aufathmen, kein behagliches
Schlendern, sondern eine eifrige, ruhelose Geschäftigkeit.
Man hastet und stößt sich, man nimmt sich beim eiligen
Lauf nicht Zeit zum Lachen. Muß man doch im Crystal
Palace oder in Brighton Alles sehen und genießen, was
irgend vorhanden ist, sonst hat man seine Schuldigkeit
nicht gethan.

Gehörte es aber selbst nicht zum Feiertage, daß man
„etwas gethan habe", so gehört das Trinken auf alle Fälle
dazu. Nicht das langsame Schlürfen von Bier zur Tabacks=

pfeife oder Cigarre, dem sich der Deutsche neben seiner besseren Hälfte, umgeben von seinen Kindern, in einem Bier= und Kaffeegarten hinzugeben liebt, sondern das gierige Hinunterstürzen von Gin und Whisky in überfüllten Lokalen. Die Folge davon ist, daß man, die traurige Wahrheit muß eingestanden werden, nach einem solchen Feiertage in den Straßen den widrigen Anblick zahlloser Betrunkener hat, die halb sinnlos nach Hause taumeln oder ganz sinnlos zusammengesunken sind.

Eine andere bemerkenswerthe Thatsache ist, daß Feiertags=Vergnügungen in England gänzlich auf die Arbeiter und die niedere Schicht der Mittelklassen beschränkt bleiben, während Alles, was im Range etwas höher steht, sich geflissentlich davon fern hält und wenn es irgend zu vermeiden ist, das Haus nicht verläßt. Auch die Dienerschaft im Hause fährt an solchen Tagen ruhig in ihrer Arbeit fort und geht nur selten und ausnahmsweise aus.

Sylvester und Neujahr werden in England wenig gefeiert, dagegen sind sie bei den Schotten von Bedeutung; die heiteren Neujahrsgebräuche Schottlands sind aber ebenso ausgestorben oder sterben aus wie die Weihnachtsgebräuche Englands. Wie England seinen Weihnachts=Pudding, so hat Schottland seinen Neujahrs=Kuchen, und daß der für den Neujahrstag besonders reichhaltig zusammengesetzt ist, darf als selbstverständlich gelten im Lande der Kuchen, wie der Engländer Schottland wegen seiner Erfindungsgabe im Bereiche der Süßigkeiten zu nennen pflegt.

Es ist nichts Ungewöhnliches, daß man in England am Sylvesterabend Gesellschaften giebt, in denen man bis nach Mitternacht zusammen bleibt. Sobald es zwölf schlägt, stürzt Alles an die Thür, um das neue Jahr hereinzulassen. Andere besuchen einen der zahlreichen Gottesdienste, welche in den Kirchen von 11—12 Uhr stattfinden, doch ist dies bei Vielen weniger der Ausfluß einer religiösen Gesinnung als Modesache. Nachdem man den größten Theil dieser Watch-Night-Services, wie sie genannt werden, in üblicher Weise mit Gebet zugebracht hat, tritt wenige Minuten vor der Jahreswende eine feierliche Stille ein, die anhält, bis der zwölfte Glockenschlag verklungen ist. Dann wird eine freudige Hymne angestimmt und mit dem Wunsche „Glückliches Neujahr" geht die Versammlung auseinander.

„Twelfth Night", der zwölfte Abend nach Weihnachten (Dreikönigsabend), beschließt die Weihnachtsfestlichkeiten in England. Man ladet Verwandte, Freunde und Nachbarn ein und ist fröhlich mit einander. Das Hauptstück bei dieser Lustbarkeit ist ein großer Kuchen mit einem Zuckerguß und mit Sinnbildern und Figuren aus Confekt verziert. In diesem Kuchen ist eine Bohne und eine Erbse eingebacken und diejenigen Personen, denen das Stück, in dem sie verborgen sind, zufällt, werden Könige oder Königinnen des Abends, denen dann durch Ziehen von Karten der Hofstaat gewählt wird, welcher den Dienst bei ihnen zu versehen hat.

Die übrigen hohen kirchlichen Feste sind durch keine

spezifisch nationalen Gebräuche gekennzeichnet, dagegen weist
der englische Kalender ein in Deutschland ganz unbekanntes
Fest, den Valentinstag, auf. Derselbe fällt auf den 14. Fe=
bruar und ist Cupidos besonderes Eigenthum, denn an diesem
Tage regnet es förmlich Liebesbriefe. Schon lange vorher
bieten Papier= und Parfümerie=Läden das Ausgesuchteste dar,
damit man seinen Gefühlen den zartesten und duftigsten
Ausdruck geben könne, doch schwingt auch auf diesem Ge=
biete die Mode ihr allgewaltiges Scepter. Früher bestand
der „Valentin" aus gepreßtem und versilbertem Carton=
Papier, das in Form eines Rahmens ein Stück weißen
Atlas, mit symbolischen Blumen und einem Motto verziert,
umgab. Das Ganze war von Parfüm durchzogen und
bildete häufig ein Riechkissen. Selbstverständlich war das
Geschenk je nach dem Preise mehr oder weniger fein und
vollendet. In neuerer Zeit hat die Industrie mit Geschmack
und Erfindungsgabe die mannichfachsten praktischen und
zierlichen Gegenstände zu Valentinsgeschenken hervorgebracht.
Arbeitskörbchen in Form von Cupido=Lauben, Bouquets
mit Fächern, Blumenkörbe mit Flacons, Alles mit zarten
Mottos versehen, um die Gefühle des Gebers kundzuthun.

„Valentine" werden anonym verschickt und man
giebt sich oft unglaubliche Mühe, um die Identität des
Absenders zu verbergen. Die Handschrift wird verstellt
oder die Adresse durch eine Vertrauensperson geschrieben,
auch trifft man Vorkehrungen, daß der Poststempel nicht
auf die richtige Spur leite. Schon am Nachmittage vor

dem ereignißvollen Tage ist das Generalpostamt der Schauplatz einer fieberhaften Thätigkeit, das Sortiren und Ordnen der Briefe und Packete will gar kein Ende nehmen. Die überbürdeten Postboten verspäten sich auf ihrem Rundgange oft ein bis zwei Stunden. Darob große Erregung in jeder Familie. Papa grollt, daß seine Briefe zu lange ausbleiben, Mama sucht von der einen Seite den Zorn des Gatten, von der andern die Ungeduld der Töchter zu beschwichtigen, wird aber zuletzt von der letztern angesteckt und lauscht gleich den jungen Mädchen mit angehaltenem Athem auf das wohlbekannte Klopfen des Postboten. Endlich ertönt es, man stürzt hinaus, um für sein Warten reichlich belohnt oder auch arg enttäuscht zu werden. Ein junges Mädchen muß indeß sehr wenig anziehend sein, wenn es ganz leer ausgehen, ja selbst nur wenig Packete erhalten sollte. Mit Jubel werden sie empfangen, es geht an ein Oeffnen, Errathen und Vergleichen und oft ist man mit der ersten Sendung nicht fertig, so erscheint schon eine zweite, denn nicht nur am Morgen, sondern während des ganzen Tages treffen die „Valentine" ein, und die „Valentinen" werden nicht müde, sie mit der gleichen freudigen Erregung entgegen zu nehmen.

Zum Schlusse sei noch der May-Day (Maitag) erwähnt, der früher in England als großes Fest gefeiert wurde, jetzt aber in Vergessenheit gerathen ist. Auf jedem Dorfplatz wurde ein Maibaum gesetzt, um den Jünglinge und Mädchen tanzten, von welchen letzteren eine zur Maikönigin erwählt ward. Den ganzen Tag brachte man mit allerlei Festlichkeiten zu. Merkwürdigerweise hat sich die alte Sitte in London am längsten erhalten und zwar durch die Schornsteinfeger, welche sich am Maitage verkleideten und in einem mit Blumen geschmückten Korbbauer einen tanzenden Mann, Jack im Grün genannt, herumführten. Ist übrigens der alte Gebrauch ausgestorben, so kann er doch niemals ganz in Vergessenheit gerathen, denn Tennyson hat ihn durch eins seiner schönsten Gedichte: „die Maikönigin", verherrlicht.

Elftes Kapitel.

Leichenbegängnisse und Trauer.

Es ist eine eigenthümliche und charakteristische Erscheinung, daß der Engländer, der so sehr darauf bedacht ist, sich mit seinen Freuden und Vergnügungen in das Innerste seines Hauses zurückzuziehen, bei den traurigsten Vorfällen im Leben, dem Tode nahestehender, geliebter Menschen, durch Schaugepränge die öffentliche Aufmerksamkeit auf seinen Schmerz lenkt. Gehört auch mancher Gebrauch, den wir im Nachstehenden zu schildern unternehmen, vielleicht schon der Vergessenheit an und wird auch lebhaft agitirt, um eine größere Einfachheit bei den Leichenbegängnissen herbeizuführen, so muß es doch gesagt sein, daß gerade in dieser Beziehung alle Reformbestrebungen einen hartnäckigen Widerstand in dem zähen Festhalten der Bevölkerung am Althergebrachten finden.

Unmittelbar nach dem Tode eines Familiengliedes erlassen die Angehörigen die Anzeige davon in den Zeitungen;

dieselbe trägt aber einen streng geschäftsmäßigen Charakter, hält sich genau an das Faktum und ist auch von Niemand unterzeichnet. Jede Kundgebung des Schmerzes, jeder Gefühlsausdruck, wie er bei Todesanzeigen in deutschen Blättern so häufig vorkommt, würde als vulgair und unstatthaft erscheinen. „Am 8. d. M. starb in Great Russel Street John Brown Esqu., 50 Jahre alt", ist die lakonische Form der Anzeigen. Es mag hierbei bemerkt werden, daß Heiraths= und Geburtsanzeigen ganz die entsprechende knappe Fassung haben.

Nur wenn der Verstorbene eine Persönlichkeit ist, welche durch ihre Stellung der Oeffentlichkeit angehört hat, wird der Tag und die Stunde der Beerdigung durch die Zeitungen angezeigt; in allen anderen Fällen ergehen die Einladungen zum Beiwohnen der Feierlichkeit lediglich auf privatem Wege. Die Vorbereitungen, welche ein Leichenbegängniß erfordert, sind so mannichfacher Art, daß es nicht als unangemessen erscheint, zwischen dem Tode und dem Begräbniß eine Woche vergehen zu lassen, ein Gebrauch, der auch dadurch begünstigt wird, daß den meisten Familien in England ein Haus zur Verfügung steht und sie mithin weder durch die Raumverhältnisse, noch durch die Rücksicht auf die Mitbewohner zu einer Beschleunigung der Beerdigung bestimmt werden.

Während der Tage, welche zwischen dem Tode und dem Leichenbegängnisse liegen, bleiben die Läden sämmtlicher nach der Straße hinausgehender Fenster des Trauerhauses verschlossen, und die Etikette gestattet keinem Familien=

gliede, sich außerhalb desselben zu zeigen. Die eingeladenen Gäste versammeln sich zu der ihnen angegebenen Zeit im Trauerhause, wo ihnen durch den Leichenbesorger schwarze Flöre, Hutbänder und Handschuhe überreicht werden. Die Hausthür wird von zwei in der düstersten Tracht gekleideten Männern mit Leichenstäben in den Händen — mutes, stumme Diener, genannt — bewacht. Die Wagen, der Leichenwagen an der Spitze, fahren vor. Letzterer, sowie Pferde und Kutscher sind ins tiefste Schwarz gehüllt; ist jedoch die verstorbene Person noch jung gewesen, so werden weiße Hutbänder getragen. Bei besonders prunkvollen Leichenbegängnissen wird der Leichenwagen auch noch mit schwarzen Federn geschmückt, was den ernsten Eindruck bedeutender erhöht als man denken sollte.

Auf dem Kirchhof wird der Leichenconduct von dem Geistlichen erwartet, welcher dem Sarge nach der auf dem Kirchhofe befindlichen Kapelle vorangeht, während die nächsten Angehörigen dicht dahinter folgen. Ein Theil des Gottesdienstes wird in der Kapelle abgehalten, der zweite am Grabe, wohin sich der Zug in derselben Ordnung, wie zur Kapelle, begiebt. Nach Beendigung der Trauerfeierlichkeiten zerstreut sich das Leichengefolge. Die Familienmitglieder begeben sich zuweilen ins Trauerhaus, um dort gemeinschaftlich ein Frühstück einzunehmen, für Fernerstehende ist es aber nicht Sitte, die Familie dahin zu begleiten. In jüngster Zeit kommt es vielfach vor, daß auch Damen sich dem Leichenzuge anschließen, während dies in früherer Zeit durch die Sitte streng verboten war.

Was wir bereits an einer anderen Stelle über den Gegensatz der englischen zu der deutschen Sitte gesagt haben, seiner Theilnahme nicht durch Blumenspenden Ausdruck zu geben, gilt auch im Bezug auf Begräbnisse. Bis vor Kurzem wußte man in England nichts von dem Gebrauche, Kränze, Sträuße und Guirlanden in das Trauerhaus zu senden und zu tragen, nichts von dem Bemühen, der düsteren Pracht, mit welcher die Bestattung umgeben wird, durch einen reichen Blumenschmuck ein weicheres, lieblicheres Kolorit zu geben. Erst in neuester Zeit taucht die Sitte auf. Auch die Kirchhöfe erhalten nicht durch Kränze und blühende Blumen, die beständig erneut werden, ein so mild heiteres Ansehen, wie man es auf dem Kontinente gewohnt ist, obwohl durch das Beispiel der königlichen Familie in letzterer Zeit auch in dieser Beziehung manche Neuerungen eingeführt worden sind. Die Gräber werden in gutem Stande gehalten, mit Rasen oder Epheu belegt, auch mit Blumen bepflanzt, Kränze und Sträuße legt man aber nur selten darauf nieder.

Viel strenger und umfassender als in anderen Ländern sind in England die Vorschriften in Bezug auf die Trauer und man unterwirft sich denselben mit peinlicher Gewissenhaftigkeit. Man trauert um Verwandte in viel entfernteren Graden als dies z. B. in Deutschland üblich ist und trägt in Fällen naher Verwandtschaft die Trauerkleider anderthalb Jahre, zwei Jahre, ja noch darüber hinaus.

Die Anzüge der Damen sind aus schwerem schwarzen Wollenstoff gefertigt und reichlich mit Crêpe garnirt. Bei

Wittwen tritt dazu die weiße Wittwenhaube. Die Herren tragen außer der schwarzen Kleidung beflorte Hüte. Ein Wittwer wird außerdem durch weiße Kragen und Manschetten aus einem nur zu diesem Zwecke in Anwendung kommenden Stoff gefertigt, gekennzeichnet. Auch Scharlach, wird als Farbe der Trauer angesehen und getragen, doch betrachtet man dies schon seit längerer Zeit nicht mehr als Beweis eines guten Geschmackes. Die Taschentücher, die Visitenkarten, die Briefbogen und Couverts sind mit schwarzem Rande versehen, der schmäler wird, je mehr die Trauerzeit sich ihrem Ende naht, wie alsdann auch leichtere Stoffe für den Anzug gewählt werden und man das Schwarz allmählich mit Weiß und Grau schattirt. Als Schmuck werden Ketten, Brochen, Ohrringe u. s. w. aus echtem oder imitirten Jet getragen.

Ebenso wie für Vereinfachung der Begräbnißfeierlichkeiten macht sich auch eine lebhafte Agitation für eine Verkürzung der Trauerzeit und eine Vereinfachung der Trauerkleidung im Volke und ganz besonder in der Presse bemerkbar, und wenn auch bei dem starren Festhalten am Herkommen, das den Engländer charakterisirt, nicht so bald auf einen schnellen und weitreichenden Erfolg dieser Bestrebungen gehofft werden darf, so ist doch mit Gewißheit anzunehmen, daß sie sich langsam aber stetig Bahn brechen werden.

Einer anderen Agitation betreffs der Begräbnißangelegenheiten, die sogar im Sommer 1877 das Parlament beschäftigt hat, muß hier noch als besonders charakteristisch für englische Verhältnisse gedacht werden, nämlich der sogenannten Kirchhofsfrage.

Die Kirchhöfe mit „geweihtem Boden," d. h. mit solchem Boden, auf welchem ein besonderer sie zu ihrem Zwecke weihender Gottesdienst durch den Bischof der Diözese verrichtet worden ist, sind nämlich nebst der dazu gehörigen Kapelle Eigenthum der Kirche Englands, und nur in Uebereinstimmung mit dem Ritus derselben kann dort Gottesdienst abgehalten werden. In allen größeren Städten enthalten die Kirchhöfe nun außer diesem geweihten noch ein ausreichendes Stück ungeweihten Bodens, der sammt einer Kapelle den verschiedenen Sekten der Nonconformisten, von den Römisch-Katholischen bis zu den Säkularisten, zur Bestattung ihrer Todten und Ausübung der verschiedenen Formen ihres Gottesdienstes überlassen ist; jedoch haben die Römisch-Katholischen meist noch einen besonderen Raum, den sie für sich weihen. Wo diese Einrichtungen durchgeführt werden können, liegt selten oder nie Anlaß zur Klage vor, anders verhält sich die Sache aber in kleineren Städten und auf dem Lande, wo man nur einen Todtenacker und eine Kapelle hat und auch der Unterschied zwischen geweihtem und ungeweihtem Boden nicht besteht. Dort beansprucht die Kirche die unumschränkte Herrschaft, dort kann der Geistliche im Falle eine Person ungetauft gestorben ist, das Begräbniß verweigern, er kann Einspruch gegen den Wortlaut der Grabschriften erheben, kurz es giebt eine ganze Reihe von Anlässen zu Streitigkeiten und Belästigungen der unerquicklichsten Art, die sich in Folge der ritualistischen Richtung, die in den letzten Jahren in einem großen Theile der englischen Kirche Platz gegriffen hat, beträchtlich vermehrt haben. Aus diesem Grunde ist Seitens der Nonconformisten, denen sich auch Kirchenmänner aus innerster Ueberzeugung angeschlossen haben, die lebhafteste Bewegung dafür im Gange, auf dem Wege der Gesetzgebung sämmtliche Begräbnißplätze dem Einfluß der staatskirchlichen Geistlichkeit zu entziehen. Man sieht also, daß die Bestattung Verstorbener und die Trauer um dieselben gerade in diesem Augenblicke in lebhafter Weise von den verschiedensten Gesichtspunkten aus behandelt wird.

Zum Schluß noch ein Wort über das Verfahren bei Todesfällen, welche zu der Vermuthung Anlaß geben, als seien sie nicht auf natürlichem Wege erfolgt. Während bei einem natürlichen Todesfalle der Arzt einen Todtenschein ausstellt, hat er einen solchen im entgegengesetzten Falle zu verweigern und es muß Anzeige bei dem Koroner des Bezirks, in welchem der Tod erfolgt ist, gemacht werden, d. h. bei demjenigen Beamten, dem die Pflicht und Befugniß zusteht, eine Jury zusammenzurufen und mit derselben die sogenannte Todtenschau abzuhalten. Bei diesem Verfahren wird mit Zuziehung von Aerzten eine genaue Besichtigung der Leiche vorgenommen, ein Verhör mit den zu der Sache in irgend welcher Beziehung stehenden Personen angestellt und je nach dem Befinden auf Tod durch Unglücksfall oder auf Tod durch böswillige Hand erkannt, in welchem letzteren Falle Verdächtige verhaftet und den Gerichten übergeben werden können.

Zwölftes Kapitel.

Kirchliches.

In keinem Lande Europas ist das nationale Fühlen und Denken so vollständig vom Kirchlichen durchdrungen wie in England. In allen Zweigen des öffentlichen Lebens, wie im Häuslichen und in der Geselligkeit macht es seinen Einfluß in so mächtiger und bestimmender Weise geltend, daß man wohl sagen darf, man lerne den Engländer nicht auf der Straße, nicht im geschäftlichen Verkehr, nicht bei seinen Vergnügungen kennen, sondern lediglich in seinem Hause und in seiner Kirche. Ja noch mehr, das kirchliche Leben bietet nicht nur einen unerschöpflichen Stoff für Unterhaltung, Bewegung und Thätigkeit in der Häuslichkeit und Gesellschaft, es dient sogar vielfach zur Anknüpfung freundschaftlichen Verkehrs.

Die regelmäßigen sonntäglichen Kirchenbesuche vermitteln die Bekanntschaft zwischen Nachbarn, die einander sonst fremd geblieben wären, sich aber nun durch ein gemein=

schaftliches Band umschlungen fühlen, sich Eins wissen in vielen gemeinschaftlichen Interessen. Namentlich bei dem Zustande der Gährung, in welchem die kirchlichen Verhältnisse sich gegenwärtig in England befinden, hat man unzählige Berührungspunkte mit Denjenigen, von denen man annehmen darf, daß man mit ihnen auf dem gleichen Boden der religiösen Ueberzeugung stehe, da man sich jeden Sonntag in demselben Gotteshause sieht. Findet in einer Gemeinde gar Wochen-Gottesdienst statt, so ist das nachbarliche Gefühl meist ein noch viel ausgeprägteres, der nachbarliche Verkehr ein noch viel regerer.

Jede Kirche oder Kapelle, gleichviel ob sie der Kirche von England oder irgend einer der zahlreichen Sekten der Nonconformisten angehöre, ist der Mittelpunkt einer Organisation für Missions- und Wohlthätigkeitszwecke, und man betrachtet es als selbstverständlich, daß alle Angehörige der Gemeinde sich je nach ihren Kräften dabei betheiligen.

Den jüngeren Gemeindemitgliedern liegt vornehmlich der Unterricht an den Sonntagsschulen ob. Kirchliche Vereine lassen sich das leibliche und geistige Wohl der Armen angelegen sein und suchen sie in ihren Wohnungen auf, um zu erfahren, wo es ihnen fehle. Man vertheilt Lebensmittel, fertigt Kleider für die Bedürftigen, sorgt für die Kranken, versieht die Sterbenden mit geistlichem Zuspruch und hilft den Todten zu einem christlichen Begräbniß.

Außerordentlich zahlreich sind die Vereine für Haus-Mission und es fließen ihnen ebenso reiche Gaben zu, wie sich ihnen viele und aufopfernde Kräfte zur Verfügung stellen. Jede der bedeutendsten Religionsgenossenschaften hat auch ihre eigene Missionsgesellschaft zur Verbreitung des Christenthums unter den Juden und Heiden, deren Thätigkeit die ganze Erde wie mit einem Netze umspannt, und sich im civilisirten Europa sogar nicht immer in ganz angenehmer Weise fühlbar macht. Im Jahre 1876 gab England allein für Missionszwecke im Auslande £ 1,048,472 aus und dabei sind die Ausgaben der englischen Bibelgesellschaft noch gar nicht mitgerechnet, die bekanntlich alljährlich Bibeln und Neue Testamente in den verschiedensten Sprachen in hunderttausenden von Exemplaren über den Erdkreis verbreitet.

Christliche Jünglings- sowohl wie Jungfrauenvereine zur gegenseitigen Vervollkommnung halten, gewöhnlich unter dem Vorsitze des Geistlichen, allwöchentlich Versammlungen ab, in denen religiöse und belehrende, zuweilen auch unterhaltende Schriften und Bücher vorgelesen werden, über deren Inhalt man alsdann diskutirt. Vielfach wird in diesen Vereinen auch Unterricht ertheilt, so daß sie als eine Art von Fortbildungsanstalten betrachtet werden können.

In neuerer Zeit sind die Kirchen und Kapellen in ihrer Wirksamkeit sogar noch um einen Schritt weiter gegangen und haben für ihre Gemeindemitglieder eine Art geselliger Zusammenkünfte arrangirt. Im Lokale der Sonntagsschulen finden nämlich allwöchentlich Versammlungen statt, an denen sich die Gemeindemitglieder je nach ihrer Befähigung ausübend oder zuhörend betheiligen. Es wird aus den Schriften der besten englischen Prosaiker und

Poeten vorgelesen, es wird deklamirt, gesungen und Instrumentalmusik zu Gehör gebracht. Diese Unterhaltungsabende führen den Namen „Penny-Readings", weil der dafür erhobene Eintrittspreis in Rücksicht auf die ärmeren Klassen, die man dabei zuläßt, auf einen Penny gestellt worden war. Da die Einrichtung sehr schnell bei den Vornehmeren und Begüterten Aufnahme gefunden hat, so ist es als angemessen erachtet worden, im Interesse der Kirchen-Einkünfte den ursprünglichen sehr bescheidenen Satz etwas zu erhöhen; der Preis ist und bleibt aber immer noch ein geringfügiger und wird für Diejenigen, denen mehr zu zahlen schwer fallen würde, überall auf einen Penny ermäßigt.

So viel man aber auch über kirchliche Organisationen, kirchliches Fühlen, Denken und Thun in England reden und schreiben möchte, unvollkommen und zum Theil unverständlich müßte jede Schilderung bleiben, wenn man nicht zuvor einen, wenn auch nur flüchtigen Blick in die Vergangenheit werfen wollte, um sich die Ursachen klar zu machen, aus welchen sich die gegenwärtigen Zustände entwickelten und von denen sie zum größten Theile noch bis auf den heutigen Tag beeinflußt werden. Aus diesem Grunde möchten wir uns gestatten, eine kurze historische Schilderung der kirchlichen Entwickelung in England von den Zeiten der Reformation bis auf die Gegenwart zu geben.

König Heinrich der Achte hatte mit dem Papste gebrochen, weil dieser seine Scheidung von Katharina von Aragonien nicht gutheißen wollte, er vermochte sich aber auch nicht der deutschen oder schweizer Reformation zuzuwenden und stiftete deshalb eine eigene englische Nationalkirche, als deren Haupt er sich selbst erklärte. Im Jahre 1534 unterwarf sich der Klerus in aller Form der Autorität des Königs, so daß von diesem Jahre an die Entstehung der englischen Nationalkirche datirt.

Nach dem Tode Heinrichs, der ganz kurzen Regierung seines Sohnes Eduard VI. und der Episode der unglücklichen Johanna Grey, die den Herrschertraum weniger Stunden auf dem Schaffot mit dem Leben bezahlte, kehrte für England noch ein Mal die Herrschaft der katholischen Kirche zurück. Heinrichs Tochter von seiner ersten spanischen Gemahlin, Maria, welche die Geschichte die katholische und auch die blutige nennt, die Gemahlin des unerbittlichen Verfolgers aller Ketzer, Philipp II. von Spanien, stand diesem in ihrem blinden Eifer für die Wiederherstellung des Katholizismus nicht nach. Das englische Volk sollte dem Joch des Papstthums, das es abgeschüttelt hatte, wieder den Nacken beugen, und jeder Widerstand gegen die gewaltsame Gegen-Reformation der Königin rief die grausamsten Verfolgungen hervor. Allüberall rauchten die Scheiterhaufen. Während der fünf Jahre ihrer Regierung starben dreihundert Märtyrer ihrer Ueberzeugung den Flammentod und noch viel mehr wurden durch Schwert und Beil und Strang hingerichtet.

Es ist sehr zweifelhaft, ob es der Königin bei einem längeren Leben und fortgesetzter Strenge und Grausamkeit in ihren Maßregeln gelungen sein würde, England zum

Katholizismus zurückzubringen, da sie nach einer fünfjährigen Regierung starb; denn als Anna Boleyn's protestantische Tochter Elisabeth den Thron Englands bestieg, ließ ihre Herrschaft in religiöser Beziehung keine Spuren zurück, so sehr auch Land und Volk darunter gelitten hatten, mit so unauslöschlich blutigen Zügen auch diese kurze Spanne Zeit den Jahrbüchern der Geschichte eingezeichnet worden ist.

Unter Elisabeth wurde Alles ganz ruhig auf den alten Fuß zurückgebracht, und traten jetzt Verfolgungen ein, so galten sie den Katholiken, die man mehrfacher Mordanschläge auf das Leben der Königin beschuldigte. Philipp II. sandte seine Armada zu ihrer Vernichtung aus und Maria Stuart erklärte sich für die rechtmäßige Königin Englands, da Elisabeth die Ketzerin, die Heinrich der Achte selbst nicht als Tochter anerkennen gewollt, keinerlei begründete Ansprüche auf den Thron besitze. Aber siegreich ging die Königin aus allen diesen Angriffen hervor, und mit ihr die englische Nationalkirche. Das Parlament bestätigte unter ihrer Regierung von Neuem die Suprematie des Monarchen als Haupt der Kirche und stellte den Gebrauch des Book of Common Prayer (Allgemeines Gebetbuch) wieder her, das unter Eduard VI. redigirt worden war. Ebenso wurden von den unter diesem Könige sanktionirten 42 Glaubensartikeln 39 als Ausdruck des nationalen Glaubensbekenntnisses anerkannt.

Dieses Book of Common Prayer ist bis auf den heutigen Tag für den Gottesdienst der englischen Kirche im vollen Ansehen und im alleinigen Gebrauche geblieben. Ebenso hält sie an den 39 Artikeln als Bekenntniß ihres Glaubens fest.

Obgleich nun aber die Verfassung der englischen Kirche darauf bedacht gewesen war, den verschiedensten Ansichten einen Spielraum zu gewähren und es Allen möglich zu machen, sich der kirchlichen Gemeinschaft anzuschließen, obgleich man in diesem Bestreben so weit gegangen war, daß der Calvinismus der Artikel beinahe dem Arminianismus der Liturgie widerspricht, gab es doch sehr bald eine große Anzahl von Leuten, welche weder das Book of Common Prayer als die alleinige Richtschnur für ihre Gottesverehrung anerkennen, noch ihren Glauben unbedingt nach den Vorschriften der 39 Artikel formen wollten. Eine lebhafte und tiefgehende Unzufriedenheit machte sich geltend gegen die Parlamentsakte von 1559, welche nicht allein die Kirche von England in der geschilderten Weise herstellte, sondern sie auch mit dem Schutze des Strafgesetzes umgab.

Schon seit den Zeiten Wycliff's im 14. Jahrhundert war im Lande der Geist der freien Forschung erwacht und es hatte sich allmählich von Rom abgewendet, noch weit eher als der Machtspruch eines Königs die völlige Trennung davon aussprach. Nun dies aber geschehen war, nun so große Veränderungen Platz gegriffen hatten, glaubten Viele, daß es ihr gutes Recht sei, auf dem betretenen Wege auch weiter zu gehen. Man wollte nicht ein Joch abgeworfen haben, um es mit einem anderen zu vertauschen, man war nicht gesonnen, sein Gewissen an eine Art von Gängelband nehmen zu lassen', mochte dasselbe auch noch so lose und bequem angelegt sein.

In Folge dessen waren Viele entschlossen, den Strafen zu trotzen, mit welchen das Gesetz jede Abweichung von dem der Nation vorgeschriebenen Glauben bedrohte, und bald wurden sie ungeachtet, möglicherweise sogar wegen der Verfolgungen mit denen man sie bedrohte, eine Macht im Lande.

Zuerst entbrannte der Streit über die Frage, ob episcopale, d. h. bischöfliche, oder presbyterianische Kirchenverfassung (Leitung durch Repräsentanten) vorzuziehen sei, bald machten sich aber weit tiefer gehende und einschneidende Unterschiede geltend.

Noch während Elisabeths Regierung traten die Indepedenten oder Brownisten, wie sie anfänglich nach ihrem ersten Führer, Robert Brown, genannt wurden, auf. Sie erklärten, sowohl die episcopale, wie die presbyterianische Kirchenverfassung sei zu verwerfen. Jede Kirche müsse unabhängig sein und ihre eigene Leitung haben, jeder Geistliche sei der wahre Bischof der Kirche, an der er wirke, und der Gemeinde, welche er erbaue.

Eine andere Sekte, denn so kann man diese sich absondernden Religionsgenossenschaften bereits nennen, die Baptisten, stimmten in dem Verlangen nach der Unabhängigkeit der Kirche mit den Independenten überein, wichen aber von ihnen, ebenso wie von der Nationalkirche, in Fragen ab, die sich auf das Sakrament der Taufe beziehen.

Der Kampf wegen des Kirchenregimentes zog sich durch die Regierungen Elisabeth's, Jakob's I. und Karl's I. Während der Republik und unter der Herrschaft Cromwell's fanden diese Ansichten über das Kirchenregiment dann endlich einen nationalen Ausdruck, denn die englische Kirche ward zu einem nach den Forderungen der Independenten modifizirten Presbyterium umgestaltet.

Um dieselbe Zeit war eine andere durch George Fox gestiftete Sekte, die Quäker, auf den Schauplatz getreten. Sie war noch weit einfacher in ihren Ansichten über den Ritualismus und bildete ein strenges Gesetz für Einfachheit und Gradheit in Lebensweise und Wandel in sich aus. Doch war es mehr der jungfräuliche Boden Amerikas, wohin diese Religionsgenossenschaft auswanderte, auf welchem sie die größere Ausbreitung und Bedeutung gewinnen sollte, obgleich sie in England keineswegs verschwunden ist.

Die Restauration des Königthums mit Karl II. brachte auch die Wiederherstellung der Episcopalkirche als Nationalkirche von England, und diese Stellung ist ihr seitdem verblieben. Die Nonconformisten — unter diesem Gesammtnamen begreift man sämmtliche protestantische Sekten, welche der englischen Staats-Kirche nicht angehören — erlitten nun wieder die gleichen Verfolgungen und Zurücksetzungen wie die Katholiken, von denen trotz aller gegen sie erlassenen Gesetze eine Anzahl im Lande geblieben waren; die Rückkehr der Stuarts durfte sie doch sogar wieder mit Hoffnungen erfüllen.

Mehrere auf einander folgende Parlamentsakte schlossen die Nonconformisten von allen Staatsanstellungen, vom Civildienst, von Munizipalämtern und vom Kommando im Heere und in der Flotte aus, auch wurde ihnen die freie Religionsübung versagt. Während der ganzen Regierungszeit Karls des Zweiten wurden sie mit der größten Strenge behandelt und damals war es auch, wo die „Mayflower," das vielgenannte und besungene Schiff, die Pilgrimväter nach Amerika hinübertrug, wo sie durch ihren Fleiß und ihre Sittenstrenge blühende Kolonien gründeten und noch heute der beste Kern der Bevölkerung von Neu-England und Massachusetts sind. Die von jenen Auswanderern abstammenden Familien bilden im republikanischem Amerika, z. B. in Boston, den Adel und sind auf ihre Herkunft so stolz, wie nur irgend ein deutscher Edelmann auf seinen Stammbaum.

Unter der Regierung Jakobs des Zweiten fand in der Stimmung der Nation gegen die Nonconformisten zu Gunsten der letzteren ein Umschlag statt. Der König, welcher, wie man wußte, sehr starke katholische Neigungen hatte, die dann auch ihn und seine Familie für immer um den Thron bringen sollten, wollte vermöge einer ungesetzmäßigen Ausdehnung seiner Prärogative den Katholiken Duldung angedeihen lassen und diesen Akt auch auf die Nonconformisten ausdehnen. Die Letzteren schlugen aber die Annahme dieser königlichen Gunstbezeigung aus. Sie wollten nicht von einem Schritt Vortheil ziehen, in dem sie einen Versuch zur Herstellung des Romanismus im Lande witterten;

denn in welchem Gegensatze sie sich auch zur englischen Kirche befinden mochten, in ihrem Abscheu gegen das Papstthum waren sie mit ihr einig.

Diese That der Selbstverleugnung um der nationalen Wohlfahrt willen, ward den Nonconformisten nicht vergessen; sie verschaffte ihnen nach der Revolution von 1688—89 die Toleranz-Akte, durch welche ihnen freie Religionsübung zugestanden ward. Es war dies der erste Schritt zur Zurückerstattung derjenigen Rechte, die man ihnen wegen ihrer abweichenden religiösen Ansichten genommen hatte. Im Laufe der Jahre fiel dann eine Schranke nach der anderen, bis vollständige Religionsfreiheit für jede Art von Glaubensbekenntniß im ganzen Lande hergestellt war. Und nun mußte man sich nach einem neuen Felde für den religiösen Conflikt umsehen, welches man denn auch bald genug gefunden hatte.

Bald waren die Nonconformisten nicht mehr zufrieden mit der religiösen Freiheit, sondern erhoben auch die Forderung nach religiöser Gleichheit. Nach ihnen soll keine Religionsgenossenschaft die Suprematie über die andere haben und keine soll unter der Staatsgewalt stehen und den Gesetzen des Parlaments unterworfen sein. Ihre fortgesetzten, wohl organisirten Bestrebungen sind auf eine gänzliche Abschaffung der Nationalkirche gerichtet, wie dies in Irland bereits geschehen ist. Und da gegenwärtig von verschiedenen Parteien innerhalb der Kirche selbst, wenn auch aus anderen Gründen, der gleiche Wunsch gehegt wird, so dürfte die englische Kirche ihre Stellung als Nationalkirche nicht allzu lange mehr behaupten, wenn sie auch in ihrer

Eigenschaft als große, einflußreiche Körperschaft stets eine starke Macht im Lande besitzen und behaupten wird.

Um diese Verhältnisse richtig verstehen zu können, wird es nun nothwendig sein, sich zuvörderst mit der gegenwärtigen innern Lage der Kirche von England etwas vertrauter zu machen.

Das Haupt der Kirche von England ist, wie bereits erwähnt, der Souverain des Reiches, ihre ersten Würdenträger bestehen aus zwei Erzbischöfen und acht und zwanzig Bischöfen; die beiden Erzbischöfe und vier und zwanzig Bischöfe haben Sitze im Hause der Lords. Dem Namen nach liegt die Leitung der Kirche in den Händen dieser Würdenträger, in Wahrheit hat aber das Parlament die Regierungsgewalt. Dasselbe votirt von Zeit zu Zeit Gesetze zur Regelung der kirchlichen Angelegenheiten und setzt zu diesem Zwecke auch besondere Gerichtshöfe ein. Der Convocation der Bischöfe steht dabei weit mehr eine berathende als eine entscheidende Stimme zu.

Den Vortritt unter den geistlichen Würdenträgern hat der Erzbischof von Canterbury, welcher Primas von ganz England heißt, während der Erzbischof von York nur den Titel Primas von England führt. Zwischen Beiden ist das Land in zwei Theile getheilt und zerfällt dann wiederum in acht und zwanzig bischöfliche Diözesen, von welchen jede einzelne mehrere Kirchspiele umfaßt.

Das Recht der Ernennung der Erzbischöfe und Bischöfe steht der Krone zu, auch verleiht sie einer Anzahl von Geistlichen in den einzelnen Kirchspielen ihre seelsorgerischen

Aemter; außerdem liegt diese Befugniß aber noch in vielen anderen Händen. Einige Pfarrstellen werden durch die hohe Geistlichkeit besetzt, andere durch die Universitäten Cambridge und Oxford und eine große Anzahl durch Privatpersonen, meist Angehörige des Adels oder der Gentry.

Der Gemeinde steht keinerlei Einwirkung auf die Wahl ihres Seelsorgers zu, auch vermag sie sich seiner nicht zu entäußern. Ist er einmal ernannt, so bleibt er zeitlebens in seinem Amte, falls er nicht selbst darauf verzichtet, oder sich durch einen anstößigen Lebenswandel oder durch Lehren, die allzu auffällig vom Glauben der englischen Kirche abweichen, unmöglich macht. Aber selbst in solchen Fällen stößt die Entfernung eines Pfarrers aus seinem Amte auf beinahe unüberwindliche Schwierigkeiten.

Da so viele Pfründen durch Patrone vergeben werden, so ist eine sehr natürliche Folge davon, daß diejenigen Candidaten, welche die einflußreichsten Gönner und die beste Fürsprache haben, am schnellsten befördert werden und die einträglichsten Stellen erhalten. Ebenso natürlich ist es, daß der Adel und die Gentry diejenigen Pfarrstellen, deren Besetzung ihnen zusteht, als eine ihnen zukommende Versorgung für jüngere Söhne betrachtet. Hat man eine gute Pfründe in der Familie, so ist es selbstverständlich, daß sich ein Sohn der Kirche widmet und daß die Stelle diesem zufällt. Daraus ergiebt sich dann nun eine sehr enge Verbindung der Geistlichkeit mit den höchsten Klassen, ja jene wird gewissermaßen als diesen zugehörig betrachtet, — so weit es sich um die gut dotirten Bischöfe und Geistlichen handelt.

Ein unverheiratheter Geistlicher übt beiläufig gesagt auf die englischen jungen Damen im Allgemeinen eine ebenso große Anziehungskraft aus, wie der unverheirathete Offizier auf die Deutschen. „Punch" läßt faßt keine Nummer erscheinen, ohne sich über diese Schwäche weidlich lustig zu machen und ist darin viel ungalanter und unbarmherziger als seine deutschen Anverwandten, Kladderadatsch, Wespen u. s. w., welche auf die deutsche Neigung für das bunte Tuch nur sehr selten anspielen. Der Vergleich läßt sich übrigens noch weiter führen. Die ganze englische Gesellschaft hat für das geistliche Element und den schwarzen Rock dieselbe Vorliebe, die man in der deutschen für das militairische Element und die Uniform findet.

Der Durchschnittsertrag einer englischen Pfründe soll sich auf 300 £ belaufen, es ist aber ein großer Unterschied zwischen Pfründe und Pfründe. Es giebt Geistliche, die bei einem Einkommen von £ 100 mit ihrer Familie am Hungertuche nagen und andere, welche verschwenderisch von dem sich auf £ 1000 oder £ 2000 belaufenden Ertrag ihrer Pfründe leben. Der arme Curate, der keine eigene Pfründe besitzt, sondern vom Geistlichen des Kirchspiels angenommen und bezahlt wird, um ihm in seinem Amte beizustehen, erhält gewöhnlich noch weniger als der am schlechtesten dotirte Pfarrer und doch fällt ihm meistens der größeste Theil der Arbeit zu, ja es kommt vor, daß er den Inhaber der Stelle beinahe gänzlich zu vertreten hat.

Das Vermögen der englischen Kirche läßt sich nicht genau angeben, indeß darf ihr aus verschiedenen Quellen

fließendes Einkommen jährlich auf £ 8 bis 10 Millionen
geschätzt werden. Der größte Theil davon entstammt aus
den Erträgen von Stiftungen, die zum Besten der Kirche
in der Vergangenheit gemacht sind und auch in der Gegen=
wart noch reichlich fließen; eine nicht ganz unbeträchtliche
Summe ergeben aber auch die Sammlungen, welche jahraus,
jahrein unter den verschiedensten Formen beim Volke veran=
staltet werden, sowie die den Geistlichen bei Taufen, Trau=
ungen und Begräbnissen zukommenden Gebühren. Früher
wurde jeder Haushalt, gleichviel ob er sich zur englischen
Kirche hielt oder nicht, abgeschätzt und zu einer Steuer für
dieselbe herangezogen. Die Nonconformisten sträubten sich
aber gegen die Zumuthung, Beiträge für eine Kirche zu
zahlen, deren Satzungen sie nicht anerkennen, und sie haben
es wirklich durchgesetzt, daß sie von der unbilligen Ver=
pflichtung befreit worden sind.

Die englische Kirche hat sich gegenwärtig in drei große
Theile gespalten: High-Church, Low-Church und Broad-
Church. Um es so gelinde wie möglich auszudrücken, kann
man wohl sagen, daß die drei Parteien gegenseitig wenig
Sympathien für einander haben; man würde der Wahrheit
aber auch nicht zu nahe treten, wenn man eingeständе, daß
sie weit eher das Gegentheil für einander empfinden.

Die High=Church=Partei nähert sich in ihrem Ritual
mehr und mehr der römischen Kirche, mit welcher sie ganz
entschieden liebäugelt. Aus ihren Reihen gehen dann auch
die meisten Uebertritte zum Katholizismus hervor, welche
England in den letzteren Jahren zu verzeichnen gehabt hat.

Sie legt das größeste Gewicht auf die Sakramente und die priesterliche Autorität, auch hat sie neben anderen Lehrsätzen der katholischen Kirche die Beichte eingeführt. Die reichen Gewänder ihrer Geistlichen, der bei ihrem Gottesdienste entfaltete Pomp, die Menge ihrer Fast- und Festtage und deren strikte Beobachtung haben der High-Church sehr viele Anhänger aus den höheren Klassen zugeführt, deren Geschmack jene Aeußerlichkeiten zusagen und welche in den vielen Ceremonien eine willkommene Abwechslung finden. Das Parlament ist kürzlich von den anderen kirchlichen Parteien angegangen worden, dem katholisirenden Treiben der High-Church Einhalt zu thun und hat auch wirklich ein Gesetz angenommen, durch welches einige, wie man sagt, papistische Mißbräuche verboten worden sind.

Bei aller englischen Gesetzlichkeit sind Diejenigen, welche es angeht, aber entschlossen, sich an das Verbot nicht zu kehren, wahrscheinlich stützen auch sie sich dabei auf das Bibelwort, man müsse Gott mehr gehorchen als den Menschen. Da ihnen aber die Staatsgewalt doch sehr lästig wird, so rufen sie laut nach Befreiung davon, d. h. mit anderen Worten, sie arbeiten mit an der Abschaffung der Nationalkirche.

Es muß den Anhängern der High-Church nachgerühmt werden, daß sie eine Religionsgenossenschaft bilden, der es mit ihrem Bekenntniß heiliger Ernst ist, welche die aufrichtigste Hingebung für ihre Kirche besitzt und keine Mühe, keine Anstrengung scheut, um ihr zu dienen. Es gehen von ihr

viele Werke der Barmherzigkeit und christlichen Nächsten=
liebe aus; trotz aller Bemühungen, in die Massen des
Volkes zu bringen, gelingt dies aber nur zum kleinsten
Theil. Die niederen Klassen, sofern sie nicht einer der non=
conformistischen Sekten angehören, halten sich meistens zur
Low-Church.

Diese Richtung, welche der hochkirchlichen sehr schroff
gegenüber steht, hält streng an den Lehrsätzen fest: vom
Glauben als Mittel zur Seligkeit, von der vollständigen
Inspiration der Bibel u. s. w. Sie legt dagegen verhält=
nißmäßig geringen Werth auf die Sakramente und die
priesterliche Autorität und hält den Gottesdienst so einfach
als dies mit den Vorschriften des Common Book of Prayer
nur irgend zu vereinbaren ist.

Die Low-Church muß als der conservative Theil der
englischen Kirche bezeichnet werden und war auch bis vor
Kurzem ängstlich darauf bedacht, sie in ihrer Stellung als
Nationalkirche zu erhalten. Ihr großes Entsetzen über die
Fortschritte, welche die Ritualisten der Hochkirche gemacht
haben, und ihre Empörung darüber, daß die Fonds ihrer
geliebten Nationalkirche benutzt werden sollen, um zur Ver=
breitung verderbenbringender papistischer Irrlehren und
Mißbräuche beizutragen, hat auch sie jetzt dazu gebracht,
eine Trennung der Kirche vom Staate zu verlangen.

Die Broad-Church kann innerhalb der englischen
Kirche als die Partei des Fortschrittes bezeichnet werden
und hat, so weit ein solcher Vergleich sich überhaupt ziehen
läßt, Aehnlichkeit mit unserem Protestantenverein. Ihr ge=

hören die Männer der Wissenschaft, die vorgeschrittenen Denker der Nation an. Sie legt den Lehrsätzen und dem Ritual kein allzu großes Gewicht bei, verschmäht dasselbe aber auch nicht, sondern bedient sich seiner in mäßiger Weise, um dem ästhetischen Geschmack zu genügen. Hauptsächlich kommt es ihr aber auf ein thätiges Leben, einen reinen, unsträflichen Wandel an; die Glaubenssätze läßt sie gern so viel wie irgend thunlich auf sich beruhen, damit sie sich den Anforderungen der Zeit und dem individuellen Bedürfniß möglichst anzupassen vermögen.

Die Anhänger der Broad-Church zeichnen sich vor den Angehörigen der beiden andern Parteien vortheilhaft durch das Bestreben aus, friedlich und freundlich mit diesen zu leben. Sie halten an der Ueberzeugung fest, die Verfassung der Kirche ruhe auf hinreichend breiter Basis, um Raum für die verschiedenen Formen des Gottesdienstes zu gewähren; aus diesem Grunde halten sie auch an der Episcopal-Kirche als Staatskirche fest und würden den Versuchen, sie ihres nationalen Charakters zu entkleiden, den ernstesten und lebhaftesten Widerstand entgegensetzen. Es giebt sogar Mitglieder, welche sich mit dem Gedanken tragen, die Nationalkirche derartig umzugestalten, daß es den Nonconformisten möglich werde, ihre besondere Existenz aufzugeben und sich der englischen Kirche anzuschließen; es ist aber ebenso wenig Wahrscheinlichkeit dafür vorhanden, daß dieser Plan sich verwirkliche, wie man Aussicht hat, die kirchlichen Parteien in Deutschland sich vereinigen zu sehen.

Von den englischen Bischöfen gehören einige der High-

Church, andere der Low-Church und noch andere der Broad-Church an, und da sie beinahe sämmtlich Sitz und Stimme im Oberhause haben, so besitzt daselbst jede Partei ihre Vertreter. Man sollte nun zwar annehmen, daß die Stellung als Parlamentsmitglied den einseitigen Partei= eifer in kirchlichen Dingen zügele und auch einen Bischof nur auf das Wohl des Ganzen bedacht machen sollte; diese Voraussetzung ist jedoch nur zutreffend in Bezug auf die evangelischen oder Broad=Kirchlichen Bischöfe, denen der beiden andern kirchlichen Richtungen kann eine gleiche Un= parteilichkeit nur selten nachgerühmt werden.

Ganz abgesehen von den Streitigkeiten, welche zwischen den Nonconformisten und der Kirche von England ent= stehen, giebt es mithin innerhalb der letzten schon viele Ele= mente des Zwiespaltes. Und da es nun fast keinen Eng= länder und keine Engländerin giebt, welche sich für kirch= liche Angelegenheiten nicht auf's lebhafteste interessiren, da Arm und Reich, Hoch und Niedrig, Jung und Alt für die eine oder andere Richtung Partei nehmen, so bewegen diese Fragen Land, Volk und Gesellschaft in einem Grade, von dem man sich in Deutschland gar keine Vorstellung zu geben vermag, und bilden besonders auch für das häus= liche Leben einen Mittelpunkt, um den sich zum großen Theil die Gespräche drehen, auf welchen sich allseitig die Thätigkeit und die Aufmerksamkeit richtet.

Jeder neue Versuch der Hochkirchlichen, ihr Ritual zu erweitern, ruft einen Sturm von Seiten der Low-Church hervor. Die Königin, die bischöflichen Versammlungen, das Parlament werden mit Petitionen überschwemmt und beschworen, ihre Autorität zu gebrauchen, um diesem Unfug Einhalt zu thun. Wochen und Monate lang wogt die Empörung durch die Häuser, die Städte und die Kirchen, und während auf diese Weise die Mitglieder der Kirche von England selbst unaufhörlich an deren Stellung als Nationalkirche rütteln, thun die Nonconformisten ihr Bestes, deren Fall zu beschleunigen. Und sie sind jetzt eine Macht geworden, mit welcher jeder Staatsmann rechnen muß.

Die Zahl der Sekten, welche in England unter dem Namen der Nonconformisten leben, beläuft sich auf vierzig bis fünfzig und es wäre ebenso unmöglich, sie einzeln aufzuführen, wie eine Schilderung ihrer Eigenthümlichkeit und unterscheidenden Merkmale zu geben. Der Presbyterianer, Independenten, Quaker und Baptisten ist bereits gedacht worden. Eine zahl- und einflußreiche Religionsgesellschaft sind ferner die Unitarier; am stärksten dürften aber die Methodisten oder Wesleyaner im Lande verbreitet sein. Ihre Entstehung und Ausbreitung ist von einer so wesentlichen Bedeutung für das gesammte kirchliche Leben Englands gewesen, daß ihr Auftreten in der ersten Hälfte des achtzenten Jahrhunderts als ein bemerkenswerther Abschnitt in dessen Geschichte bezeichnet werden muß.

Die Bewegung der Reformation war vorüber, die englische Kirche sah sich im unantastbaren, durch das Gesetz gesicherten Besitz ihrer Stellung, ihre Hirten machten es sich daher möglichst bequem und man versank in eine Art von Apathie. Da traten drei Männer, selbst Geistliche der englischen Kirche, auf, und rüttelten sie aus ihrem Schlummer empor. Die Brüder Charles und John Wesley und George Whitefield gingen aus und predigten unter freiem Himmel den Armen und Unwissenden und riefen durch ihren Eifer die methodistischen Revivals hervor. Die Kirche stieß sie aus, weil sie behauptete, sie hätten die Befugnisse ihres Amtes weit überschritten, der Arm der weltlichen Gerechtigkeit belegte sie mit Strafen; um desto größer ward ihre Inbrunst, um desto schneller wuchs die Zahl ihrer Anhänger. Zwar trennten auch sie sich, indem Whitefield sich mehr dem Calvinismus zuneigte, und die Brüder Wesley arminianische Ansichten annahmen; ihr Einfluß blieb jedoch vereint und erwies sich so wirksam und nachhaltig, daß seitdem das religiöse Leben Englands im vollsten Flusse geblieben ist und auch die Kirche, welche sie ausgestoßen, sich an ihrem Feuer und ihrer Thätigkeit ein lebendiges Beispiel genommen hat.

Whitefield stiftete keine besondere Sekte, die Brüder Wesley sind aber die Begründer der nach ihnen genannten Wesleyaner oder Methodisten geworden.

Anfänglich hatten die Wesleyaner ihre Anhänger zum größten Theil in den niederen Klassen und es galt überhaupt für weit aristokratischer, sich zur Nationalkirche als zu irgend einer Sekte der Nonconformisten zu halten. Die Prediger der letzteren hatten auch selten eine gelehrte Bildung; wen der Geist dazu trieb und erleuchtete, wer Hingebung genug besaß, sich dem Amte eines Seelenhirten zu widmen, ohne auf irdischen Lohn für seine Bemühungen

Anspruch zu machen, wer die sich um ihn schaarende Gemeinde durch seinen Eifer, seine Schriftkenntniß und den Bilderreichthum seiner Sprache mit fortzureißen vermochte, zu dem blickte man voll Glauben und Vertrauen als zu einem erwählten Rüstzeuge des Herrn auf. Viele dieser Prediger betrieben neben ihrem Seelsorgeramte noch ein bürgerliches Gewerbe, das sie nährte, und wußten das Wort des Herrn: „Gebet dem Kaiser, was des Kaisers ist, und Gott, was Gottes ist", in ihrem Leben und Wirken zum Ausdruck zu bringen.

Das Alles ist jetzt vollständig anders geworden. Die Nonconformisten sind nicht nur an Zahl beträchtlich gewachsen, sie besitzen auch viele Mitglieder aus den reichen und gebildeten Klassen der Gesellschaft, sie gebieten über bedeutende pekuniaire Mittel und haben mächtige und einflußreiche Organisationen. Die Zeit, wo ihnen ihr Glaube irgend eine Beeinträchtigung ihrer bürgerlichen Stellung eintrug, ist längst vorüber, im Gegentheil, sie üben ein starkes Gewicht aus auf alle politischen und sozialen Fragen, die das Land bewegen. Sind die einzelnen Sekten auch von einander getrennt und arbeitet jede für sich, so lange es ihre speziellen Angelegenheiten betrifft, so stehen sie doch vereint und geschlossen da, sobald es sich um große Fragen handelt, welche das allgemeine Interesse berühren. Ihre Prediger sind jetzt nicht mehr ungelehrte Leute. Zahlreiche Colleges sind für die Ausbildung ihrer Geistlichen entstanden, welche an der Universität London die theologischen Grade erwerben und auch Cambridge und Oxford

beziehen, seitdem diese Universitäten nicht länger ausschließ=
lich von der englischen Kirche für sich in Anspruch genom=
men werden dürfen.

Nächst der St. Paulskirche und der Westminster=Abtei
ist das größeste Gotteshaus in ganz London das Taber=
nakel der Baptisten, wo der hochberühmte Geistliche dieser
Sekte, Charles Haddon Spurgeon, predigt. Die Ka=
pelle ward mit einem Kostenaufwande von £ 30000 er=
baut, welche Summe gänzlich durch freiwillige Beiträge
zusammengebracht wurde, und im Jahre 1861 eröffnet.
Obgleich sie 7000 Personen faßt, ist sie doch jeden Morgen
und jeden Abend gefüllt und es kommt nicht selten vor,
daß Hunderte und selbst Tausende an ihren Thüren um=
kehren müssen, weil für sie kein Platz mehr vorhanden ist.

Die Gotteshäuser der englischen Nationalkirche werden
Kirchen genannt, die der Nonconformisten Kapellen. Die
Ersteren stammen zum Theil noch aus der vorprotestan=
tischen Zeit, sind häufig im gothischen Styl erbaut und je
nach der kirchlichen Partei, der sie angehören, im Innern
mehr oder minder ausgeschmückt.

Der Schmuck der Gotteshäuser hat überhaupt Anlaß
zu lebhaften Streitigkeiten in England gegeben. Der kunst=
liebende Theil der Nation giebt etwas darauf und ist be=
müht, das Innere der Stätten der Gottesverehrung in
einer künstlerisch würdigen, von geläutertem Geschmack zeu=
genden Weise auszustatten, während eine andere Partei
diese Richtung als eine bedenkliche Hinneigung zu Rom
anklagt und verketzert. Die einfachen Communionstische

sind von der hochkirchlichen Partei zum großen Aergerniß
der andern nach und nach in Hochaltäre verwandelt worden,
die sich wenig mehr von denen in katholischen Kirchen
unterscheiden; über jenen sieht man jetzt öfter Gemälde,
welche die Kreuzigung darstellen. Die Hochkirche läßt es
sich überdies angelegen sein, durch Aufstellung von Cruci=
fixen in den Kirchen das Volk an deren Anblick als an
einen nothwendigen Bestandtheil der Gottesverehrung zu
gewöhnen; es gelingt ihr jedoch nicht; sie findet nicht allein
Widerstand in den Gemüthern, sondern auch beim Gesetz,
welches die Entfernung der Crucifixe aus den Kirchen ver=
ordnet hat.

Während der Herrschaft der Puritaner, deren Eifer für
eine Vereinfachung der Gottesverehrung in Bilderstürmerei
ausartete, wurde viel kostbarer Kirchenschmuck vernichtet,
und merkwürdigerweise richtete sich die Zerstörungswuth am
meisten gegen die gemalten Kirchenfenster, welche einfachen
Glasscheiben Platz machen mußten. Die wiederum in
ihrer Herrschaft befestigte englische Kirche ersetzte diese
Fenster später wohl durch solche von buntem Glase mit
verschiedenen Mustern, man beschränkte sich aber dabei
auf die Arabeske und hütete sich, Figuren anzubringen.
Aber auch diese Grenze ist bereits überschritten und man
sieht jetzt schon zuweilen die Gestalten von Heiligen und
Aposteln auf den hohen Fenstern, durch deren farbiges
Glas das Licht gedämpft auf die Andächtigen fällt.

Außer dem erwähnten Altar in der Hochkirche oder
dem Communiontisch in den Gotteshäusern der Low-Church

und Broad-Church befindet sich darin das Pult, an welchem der Geistliche die Gebete liest, die Kanzel, von der herab er predigt, der Taufstein und die Kirchenstühle für die Gemeinde.

Die Kapellen der Nonconformisten waren früher von der einfachsten, anspruchlosesten Bauart und glichen häufig weit eher einer Scheune als einem Gebäude, in welchem sich eine Gemeinde zur Anbetung des Höchsten versammelt. Man hielt es für eine Sünde und für ein Liebäugeln mit Rom, den Gottesdienst in einem Raume abzuhalten, der mehr aufzuweisen hatte, als die kahlen vier Wände und die absolut unentbehrlichen Bänke, Pulte und Tische. In der letzteren Zeit ist das aber auch vollständig anders geworden und es giebt eine Anzahl von Kapellen, die in ihrer Bauart und innerer Ausschmückung schwer von den Kirchen der Nationalkirche zu unterscheiden sein dürften. Mit dem größeren Schmuck des Gotteshauses hat allmählich auch der Gottesdienst einen prunkvolleren Charakter angenommen und man legt namentlich hohen Werth auf einen gut geschulten, künstlerisch ausgeführten Gesang mit Musikbegleitung. Der in allen Schichten der Gesellschaft erwachte Sinn für das Schöne muß bei einem Volke, dessen Leben und Sein so eng mit dem Kirchlichen verknüpft ist, nothwendigerweise auf diesem Gebiete eine Bethätigung suchen.

Der Gottesdienst der englischen Kirche besteht aus Predigt, Gesang mit Orgelbegleitung und dem Ablesen vieler Gebete aus dem Book of Common Prayer; bei den Nonconformisten richtet

sich das Ritual nach den Vorschriften der verschiedenen
Sekten, ist aber im Allgemeinen sehr einfach. In allen
Kirchen und Kapellen wird jeden Sonntag zwei oder drei
Mal, außerdem an den Festtagen, und in vielen auch wäh=
rend der Woche ein oder mehrere Male am Abend Gottes=
dienst gehalten. Die Hochkirche feiert noch einige Festtage
mehr und spendet jeden Sonntag das heilige Abendmahl,
an dem regelmäßig fast alle Anwesende theilnehmen. In
den Kirchen der beiden anderen Parteien und in den Ka=
pellen der Nonconformisten ist jeden Monat Communion
und zwar ebenfalls meistens für alle Anwesenden.

Die Geistlichen der englischen Kirche tragen während
sie die Gebete am Pulte vorlesen ein weißes weites Ge=
wand, surplice genannt. Die Prediger der High-Church
betrachten dasselbe als Zeichen ihrer priesterlichen Autorität,
und da sie dieselbe ihrer Gemeinde allezeit gern ins Ge=
dächtniß rufen, so besteigen sie damit auch die Kanzel. Ihre
der Low-Church anhängenden Amtsbrüder ziehen sich da=
gegen, nachdem sie die Gebete verlesen, in die Sakristei
zurück und vertauschen das surplice mit einem schwarzen
Talar. Wie die Broad-Church überall die Stellung der
Mittelpartei einnimmt, so thut sie es auch in der Kleidungs=
frage; manche ihrer Geistlichen predigen im weißen, manche
im schwarzen Gewande.

Bis vor etwa zwanzig Jahre war es allgemeine Sitte,
daß der Prediger im schwarzen Chorrock auf der Kanzel
stand, und es erhob sich gegen die Einführung der Neue=
rung, im surplice zu predigen, anfänglich nicht nur allge=

meiner Widerspruch), sondern sogar offene Empörung; die Hochkirche hat aber durch ihre Beharrlichkeit so vollständig den Sieg davon getragen, daß jetzt das weiße Gewand auf der Kanzel keinerlei Anstoß mehr erregt.

Die Geistlichen der Hochkirche betreten in ihren weißen Gewändern, begleitet von den ebenfalls weißgekleideten Chorsängern vor Beginn des Gottesdienstes in Prozession die Kirche und auch die Broad-Church hat zum größeren Theile sich diesen Gebrauch angeeignet; dagegen verwirft die Low-Church einen solchen Aufzug. Der Geistliche geht dort allein und unauffällig in das Gotteshaus, und die Chorsänger, welche einfache schwarze Anzüge tragen, verfügen sich sofort auf die Gallerie, von der herab sie den Kirchengesang intoniren.

Bei den Nonconformisten herrscht, was die priesterliche Kleidung anbetrifft, eine so große Einfachheit, daß die Geistlichen mancher Sekten Gebet und Predigt in ihrem gewöhnlichen bürgerlichen Anzuge verrichten. Bei anderen tragen sie den schwarzen Chorrock, den sie vor dem Beginn des Gottesdienstes anlegen und während dessen ganzer Dauer anbehalten.

Im bürgerlichen Leben unterscheiden sich die englischen Geistlichen nicht allzu auffällig durch ihre Kleidung. Ihre Röcke sind allerdings immer von schwarzer Farbe und etwas länger und weiter als sie sonst gebräuchlich, auch tragen sie stets weiße Kravatten. Der Bischof und der Erzbischof hingegen sind auch auf der Straße und in Gesellschaft durch einen besonderen Anzug ausgezeichnet, denn sie tragen kurze Beinkleider mit Knieschnallen, schwarzseidene Strümpfe, Schuhe und einen ganz eigenthümlich geformten Hut.

Was die häusliche Gottesverehrung in England anbetrifft, so ist es sehr gebräuchlich, daß vor dem Mittagsessen ein Gebet gesprochen wird, entweder durch den Hausherrn oder durch eins von den Kindern. In streng religiösen Familien findet diese Andachtsübung sogar vor jeder Mahlzeit statt, auch wird nach Beendigung derselben noch ein Dankgebet gesprochen.

Eine gemeinschaftliche Andacht vereinigt in sehr vielen Familien mindestens einmal des Tages sämmtliche Mitglieder; in manchen Häusern versammelt man sich auch zwei Mal, Morgens und Abends dazu. In anderen ist es freilich wieder gar nicht Sitte, Morgen-, Mittags- oder Abendgebete zu halten, denn man kann durchaus nicht behaupten, daß man es bei diesen häuslichen Andachtsübungen mit einem so allgemein verbreiteten und als unerläßlich betrachteten Gebrauch zu thun hätte, daß sich ihm nicht leicht ein Haushalt entziehen dürfte, wie dies z. B. mit dem sonntäglichen Kirchenbesuche der Fall ist. Jedenfalls kann man aber sagen, daß die Sitte weit allgemeiner ist als in Deutschland.

Zum Schlusse noch einige Worte über die beiden religiösen Genossenschaften, welche in England neben den Anhängern der Nationalkirche und den Nonconformisten leben — Katholiken oder, um genau zu sein, Mitglieder der römisch katholischen Kirche, und Juden.

Länger noch, als die Nonconformisten haben die Katholiken unter dem Drucke der religiösen Unduldsamkeit in England zu leiden gehabt. Gegenwärtieg sind sie jedoch vollständig gleichgestellt und haben ihren eigenen Erzbischof, welcher von Westminster heißt; der zeitige Inhaber dieser Würde, der Erzbischof Manning hat sogar vom Papste den Purpur des Kardinals erhalten und nimmt in Rom, das England keineswegs ganz aus dem Auge gelassen hat, eine um so einflußreichere Stellung ein, als ein Theil des britischen Reiches, Irland, fast durchweg katholisch ist.

Auch die Juden Englands besitzen ihren Großrabbiner, der einem hohen Geistlichen der englischen Kirche im Range gleichsteht, sowie eine wohlgegliederte, völlig unabhängige kirchliche Organisation und zahlreiche Synagogen in London und in anderen Städten des Reiches. Sie sind vielleicht diejenigen Bewohner Englands, welche am längsten unter dem Glaubensdrucke geschmachtet haben, jetzt sind sie aber vollkommen gleichgestellt. Eine Anzahl von Sitzen im Parlament sind von Abgeordneten jüdischen Glaubens eingenommen, das einflußreiche Amt des Lord-Mayor von London ist schon in den Händen eines Bekenners des jüdischen Glaubens gewesen; hervorragende Vertreter dieser Nation haben schon das Schwert der Monarchin auf ihren Schultern gefühlt und sich als Sir Moses Montefiore oder als Sir Harry Worms u. s. w. von ihren Knieen erhoben. In neuester Zeit ist durch die Verbindung einer Tochter des Hauses Rothschild mit dem Earl von Roseberry sogar eine Verschwägerung der christlichen und jüdischen Aristokratie eingetreten.

Der Staatsmann, der gegenwärtig an der Spitze der englischen Kabinets steht und einen so entscheidenden Einfluß auf die Geschicke Europas ausübt, D'Israeli, Lord Beaconsfield, führt seinen Ursprung auf die Bekenner des alten Testamentes zurück; die Handelsfürsten des Landes zählen ebenfalls Angehörige des Judenthums in ihren Reihen. Dennoch ist die Zahl der Juden im Verhältniß zur Bevölkerung keineswegs so groß wie in Deutschland.

Das in England in allen Kreisen herrschende starke religiöse Gefühl hat sich auch auf die Juden übertragen und macht sie viel strenger in der Beobachtung der Vorschriften ihrer Religion als in anderen Ländern Europas. Für die orthodoxen Juden wird aber jeder näherer gesellschaftlicher Verkehr mit Andersgläubigen beinahe zur Unmöglichkeit, und so hält sich denn auch der englische Jude in einer viel größeren Entfernung von seinem christlichen Mitbürger als es der deutsche thut. Aber wohlverstanden, der Jude hält sich fern vom Christen, weil durch das starre Ceremonialgesetz, dem er sich unterwirft, eine Schranke zwischen beiden aufgerichtet wird; der Christ würde keinen Anstand nehmen, mit einem Juden zu verkehren, dessen gesellschaftliche Stellung der seinigen entspricht.

Dreizehntes Kapitel.

Humanitätsbestrebungen, Wohlthätigkeits-Vereine.

„Ich trete nur noch einem einzigen Verein bei, falls ein solcher sich bilden sollte, nämlich einem Verein gegen die Vereine," ist eine Aeußerung, die man in Deutschland nicht selten hört. Sie mag übertrieben und karrikirt sein, trotzdem ist sie bezeichnend für die enorme Ausdehnung, welche während der letzten fünf und zwanzig Jahre das Vereinsleben bei uns und namentlich in unseren Großstädten genommen hat. Und dennoch liegt es im Vergleich zu England noch in der Kindheit.

Ganz in demselben Maaße wie die kirchlichen Angelegenheiten vom unmittelbarsten und bestimmendsten Einflusse auf das häusliche Leben sind, ebenso stehen auch die Bestrebungen auf dem Felde der Philanthropie und Wohlthätigkeit in der engsten Verbindung damit; ja das Kirchliche und das Philanthropische fließen in vielen Fällen dergestalt in einander, daß es kaum möglich ist, beide Themata abgesondert zu behandeln, und doch beansprucht wiederum jedes für sich einen breiten Raum und ein ausführliches Eingehen.

Wohlthätigkeit ist stets eine Tugend des Engländers gewesen, aber erst seit dem Ende des vorigen und dem Anfange dieses Jahrhunderts hat dieselbe den werkthätigen Charakter angenommen, den sie jetzt besitzt und ist so allumfassend geworden, daß es gegenwärtig in England nur sehr wenige Familien der höheren und der mittleren Klassen giebt, deren Angehörige nicht auf der einen oder anderen Weise ihren thätigen Antheil an den menschenfreundlichen Bestrebungen der Jetztzeit nähmen. Weit entfernt, die mehr und mehr sich ausbreitende Thätigkeit derartigen Zwecken dienender Vereine und Gesellschaften zu bemängeln und zu bespötteln, macht sich in der Nation immer stärker die Anschauung geltend, daß es Pflicht jedes Einzelnen sei, so viel nur in seinen Kräften stehe, Bestrebungen seinen Beistand zu leisten, die in ihren Endzielen stets nur darauf hinauslaufen können, die Wohlfahrt Aller zu befördern.

Außer den mit der Kirche in Verbindung stehenden Vereinen giebt es eine unzählige Menge anderer zu allen nur möglichen und denkbaren, zuweilen auch undenkbaren, wohlthätigen und humanen Zwecken. In London allein zählt man über 900 davon. Es dürfte schwer halten, eine Nothwendigkeit in diesem Erdenleben aufzufinden, für deren Befriedigung Sorge zu tragen, nicht ein Verein sich zur Aufgabe gestellt hätte, oder auch ein Leid, ein Elend zu ersinnen, dem nicht ein Verein Linderung zu schaffen bereit wäre.

Es giebt Vereine, welche Kranken, Armen und Gebrechlichen Heimstätten bereiten; Vereine für Taubstumme und für Blinde; Vereine zur Aufhilfe kleiner Gewerbtreibender durch unverzinsliche Darlehen; Vereine zur Vertheilung von Lebensmitteln, zur Beschaffung von Kleidungsstücken, zur Vermittlung von Arbeit; Vereine zur Verbesserung des Gefängnißwesens, wofür John Howard, Elisabeth Fry, Miß Carpenter und Andere, die ihr Leben diesem menschenfreundlichen Werke widmeten, Unschätzbares geleistet haben. Es giebt Vereine zur Ueberwachung und Unterbringung entlassener Sträflinge; Vereine zur sittlichen Erhebung und Erziehung gefallener Frauen; Vereine zur Unterstützung hilfsbedürftiger Ausländer; Vereine, welche sich die Aufgabe gestellt haben, jungen Leuten beiderlei Geschlechtes, die frühzeitig das Elternhaus verlassen müssen, um ihren Lebensunterhalt zu erwerben, nicht nur Schutz und Förderung angedeihen zu lassen, sondern ihnen auch Stätten zu bereiten, wo sie nach des Tages Arbeit angemessene Erholung und Unterhaltung finden.

Einen sehr großen Raum nehmen die Vereine für Gesundheits- und Krankenpflege ein, deren schon an einer anderen Stelle gedacht ist. Es giebt Hospitäler für Wöchnerinnen und Säuglinge, für alle Arten von Krankheiten und für Leute aller Gesellschaftsklassen, darunter auch ein großes deutsches Hospital. Mehrere Anstalten nehmen nur hilfsbedürftige Reconvalescenten auf, um ihnen durch gute Nahrung und Pflege einen freundlichen und wohlthätigen Uebergang vom Krankenlager zur Wiederaufnahme der Arbeit und des Kampfes um's Dasein zu vermitteln. Manche der in dieser Richtung wirkenden Vereine haben Niederlassungen an der See oder auf dem Lande, damit die Einwirkung der guten Luft der sonstigen Pflege zu Hilfe komme.

Die meisten Hospitäler beziehen reiche Einkünfte durch Stiftungen, auch sind ihnen durch Subscription beträchtliche Jahresbeiträge zugesichert; dessenungeachtet suchen sie sich noch außerordentliche Einnahmen zu verschaffen. So findet alljährlich ein sogenannter Hospital=Sonntag und ein Hospital=Sonnabend statt. Am Ersteren werden in den verschiedenen Kirchen nach einer darauf bezüglichen Predigt Sammlungen für sämmtliche Hospitäler der Stadt veranstaltet; damit aber auch Diejenigen, welche die Kirchen an jenem Tage nicht besucht haben, oder sie überhaupt nicht besuchen, ihr Scherflein dazu beitragen, weiß man sie auf eine andere Weise zur Beisteuer heranzuziehen, nämlich durch den **Hospital=Sonnabend**. An diesem Tage stehen Damen von Rang und Ansehen an allen Plätzen und belebten Durchgängen der Stadt, um für die Hospitäler zu sammeln. Unvermeidlich harren sie in jedem Wetter vom Morgen bis Abend auf ihrem Posten aus, unverdrossen reichen sie jedem Vorübergehenden die silberne Sammelbüchse dar, und es läßt sich wohl denken, daß Fromme, wie Nichtfromme, Gerechte, wie Ungerechte, Freigebige, wie Geizige einem solchen Anrufe nicht zu widerstehen vermögen, daß sich, wenn nicht immer die Herzen, so doch die Portemonnaies öffnen, was hier die Hauptsache ist, und die Sammlerinnen mit reicher Ernte heimkehren.

Unzählig sind die Vereine, welche sich die Erziehung und Rettung armer Kinder, wie die Erziehung und Ausbildung für einen bestimmten Beruf zur Aufgabe gemacht haben. In London allein giebt es gegen 50 Waisenanstalten, die elternlose oder auch nur vaterlose Kinder aufnehmen und sie mit Berücksichtigung des Ranges, dem sie durch ihre Geburt angehören, erziehen. Seit man zu der Erkenntniß gekommen ist, daß die strenge Gleichförmigkeit und Regelmäßigkeit, die in großen Waisenhäusern zur Aufrechthaltung der Ordnung unerläßlich ist, auf die Kinder keine gute Wirkung hat und sie in Maschinen verwandelt, die für das Leben in der Welt wenig tauglich sind, ist man in den neueren Waisenhäusern zu einem anderen System übergegangen. Es wird nicht ein großes Gebäude aufgeführt, sondern ein Complex kleiner Häuser, in denen je eine kleine Anzahl von Kindern unter der Aufsicht einer sogenannten Mutter oder Matrone zusammenwohnt und eine Familie bildet.

Die gleichen Wahrnehmungen haben die Berliner Waisenverwaltung zur Einführung der Kostpflege veranlaßt, d. h. zur Unterbringung der ihrer Obhut anheimgegebenen Waisen in Familien, die sich gegen eine Geldentschädigung dazu bereit finden. Das englische System dürfte jedenfalls seine Vorzüge vor dem deutschen haben, nur möchte seine Durchführung einen Kostenaufwand erheischen, den eben nur die reiche Dotirung englischer Wohlthätigkeitsanstalten zu erbringen vermag.

Für Unterricht und Erziehung der verwahrlosten Kinder der Straße sorgen, wie bereits erwähnt, die Vereine der ragged-schools und es ist hier der Ort einer Stadt zu gedenken, welche durch die Wirksamkeit zweier, um die Hebung des Volkswohls in England hochverdienter Menschen berühmt ist. In Bristol, ihrer Geburtsstadt und ihrem Wohnorte, schuf Miß Carpenter die Schulen und Heimstätten für verwahrloste Knaben und Mädchen; von hier aus verwirklichte sie ihre großen Pläne für die Verbesserung des Gefängnißwesens, von hier aus unternahm sie die Reisen nach Indien, hier legte sie, von dort zurückgekehrt, die gesammelten Erfahrungen in hochbeachtenswerthen Schriften nieder.

In Bristol befindet sich ferner die große Erziehungsanstalt, die von Mr. Müller, von Geburt ein Deutscher, eingerichtet und geleitet wird. Tausende von Kindern werden dort alljährlich gekleidet, verpflegt, unterrichtet, und die Mittel dazu fließen einzig und allein aus freiwilligen Gaben, welche das Publikum jahraus jahrein ohne besondere Aufforderung in die Hände Dessen gelangen läßt, den es als den besten Verwalter und Verwender der anvertrauten Summen kennen gelernt hat.

Andere Vereine lassen sich die Ausbildung von Lehrern und Lehrerinnen für den Unterricht in den Schulen für Söhne und Töchter der Mittelklassen angelegen sein; noch andere sorgen dafür, Kindern von Eltern dieser Stände, welche nicht in der Lage sind, ihnen eine angemessene Ausbildung zu geben, freien Unterricht zu verschaffen. Wieder andere Gesellschaften bieten einheimischen und auswärtigen Erzieherinnen Zufluchtsstätten für die Zeit, wo sie außer Stellung sind und vermitteln ihnen passendes Unterkommen.

In London, Manchester, Liverpool u. s. w. existiren Vereine zur Förderung der Erwerbsfähigkeit des weiblichen Geschlechtes mit Handelsschulen, Anstalten zur Ausbildung in verschiedenen Zweigen gewerblicher Thätigkeit und mit Büreaus für die Vermittlung zwischen Arbeitgebern und Arbeitnehmerinnen; wie es denn die Aufgabe zahlreicher Vereine ist, Arbeitslosen zu einer für sie passenden Thätigkeit zu verhelfen.

Eine Gesellschaft beschäftigt sich, ähnlich wie unser Invalidendank, mit der Vermittlung von Arbeit für Invaliden der Armee und der Flotte; andere erziehen Mädchen zu passenden Dienstboten; wieder andere etabliren Knaben als Schuhwichser und liefern ihnen die dazu nöthigen Bürsten und sonstiges Material, oder sie sind ihnen behilflich, Beschäftigung als Straßenfeger vor den Hausthüren und dergleichen mehr zu erlangen.

Bei dem regen Verkehr, der zwischen England und den überseeischen Ländern besteht, ist es ganz natürlich, daß sich die Vereinsthätigkeit im großen Umfange der Auswanderung zuwendet. Eine ganze Anzahl von Gesellschaften sorgt für den Schutz und die Beförderung der Auswanderer nach Amerika und Australien, und läßt es sich besonders angelegen sein, Frauen der verschiedensten Stände und Berufsarten, welche jenseits des Oceans ein Arbeitsfeld suchen, unter ihre Obhut zu nehmen. Durch Miß Rye und andere Mitstrebende ist auch die Auswanderung heimathloser Kinder nach Kanada und Australien bewirkt worden. Die kleinen Vagabonden, denn das sind sie zum großen Theil, erhalten zuerst in Rettungshäusern in England die erste Erziehung, werden nach der Ueberfahrt in Kanada oder Australien in ähnliche Anstalten untergebracht und kommen von dort in die Häuser von Landbauern. Diese können sehr gut Hände gebrauchen und melden sich zahlreich zur Aufnahme der jungen Auswanderer So finden letztere zum allergrößten Theil auf dem neuen Boden die Gesundheit des Leibes und der Seele wieder, die sie in der Heimath verloren hatten oder zu verlieren in Gefahr standen, und werden brauchbare Mitglieder der menschlichen Gesellschaft.

Eine andere Art von Vereinen, welche in enger Beziehung zu Englands Seefahrt, wie zu der Vorliebe seiner Bewohner für das Rudern und Segeln stehen, sind die Vereine zur Rettung Schiffbrüchiger, denen sich Gesellschaften zu Förderung aller anderen Arten von Lebensrettung anschließen. Für die Beförderung des Schönheitssinnes sorgt unter andern die sogenannte „Blumenmission". Sie fordert die Reichen und Wohlhabenden auf, aus ihren Gärten und Treibhäusern Blumen und Pflanzen zu senden und hält die auf dem Lande wohnenden Armen an, solche auf den Feldern und Wiesen zu sammeln, damit sie die dumpfen, rauchigen Wohnungen der Armen in der Stadt verschönen und einen Hauch des Frühlings und der Freude über die Krankenbetten in den Hospitälern verbreiten. Die kürzlich begründete Kyrle-society geht noch einen Schritt weiter, und erbittet die Einsendung von Muscheln und anderen einfachen Zierrathen zur Ausschmückung der Wohnungen der Armen.

Ja, die Vereinsthätigkeit erstreckt sich nicht nur auf die Menschen, sondern wendet ihre Aufmerksamkeit auch den unvernünftigen Geschöpfen zu. Es existiren nicht bloß mehrere Thierschutzvereine, es giebt auch eine Anzahl „homes" für Hunde und Katzen, und die Vivisection wird in der lebhaftesten Weise durch Vereine, Schriften und öffentliche Vorträge bekämpft.

Es ist, wie gesagt, unmöglich, nur annähernd ein erschöpfendes Bild der englischen Vereinsthätigkeit zu geben, auch muß darauf hingewiesen werden, daß nur von Wohlthätigkeits- und Humanitäts-Vereinen und -Gesellschaften hier die Rede sein kann; denn wollte man die wissenschaftlichen Vereine und Gesellschaften, wie z. B. den Verein zur Förderung der Sozialwissenschaften, in Betracht ziehen oder gar sich mit denen beschäftigen, die ganz oder nebenbei Spekulationszwecke verfolgen, so würde man sich ins Grenzenlose zu verlieren haben. Dennoch wird gerade von den letzteren noch des Weiteren die Rede sein müssen, und es darf nicht unerwähnt bleiben, daß der Verein für Förderung der Sozialwissenschaften, der alljährlich in einer anderen Stadt Englands seine Versammlungen hält, ähnlich wie unser „Central-Verein für die arbeitenden Klassen" die Anregung zur Begründung anderer praktisch wirkender Vereine gegeben hat und giebt, und daß die Fragen, die in seinem Schooße behandelt werden, von der größten Tragweite für das ganze Land sind.

Alle die erwähnten und noch eine Anzahl anderer Vereine sammeln fortdauernd Geld zur Förderung ihrer

Zwecke und erhalten es auch im reichen Maße. Trotz des gegenwärtig auf Handel und Industrie lastenden Druckes, trotzdem die Hungersnoth in Indien über eine halbe Million Pfund absorbirt hat, sind den Wohlthätigkeitsanstalten, die Büreaus in Londen haben, im letzten Jahre doch £ 4,651,132 zugeflossen. Manche, besonders die älteren Vereine und Wohlthätigkeitsanstalten, sind ungeheuer reich durch Stiftungen längst verstorbener Personen, die zuweilen in ihren Vermächtnissen so eng begrenzte Bestimmungen gezogen haben, daß die Erträge aus den inzwischen bedeutend im Werthe gestiegenen Stiftungs=Objecten gar nicht zur Verwendung kommen können. Um Zahlen anzuführen, so haben das Bartholomäus=, St. Thomas= und Guy's Hospital in London jedes ein jährliches Einkommen von £ 40000, die aus Stiftungen fließen. Die größeren Gilden Londons besitzen ebenfalls zahlreiche Fonds für Schulen, Armenhäuser, Versorgungsanstalten und Pensionen aller Art. So groß sind die Summen, welche alljährlich aus den vorhandenen Stiftungen in ganz England fließen, daß eine besondere Behörde unter dem Titel der Charity=Commission besteht, welche über die richtige Verwendung der Gelder zu wachen hat und bei der Klagen über eine etwaige ungerechte Vertheilung derselben oder sonstigen damit getriebenen Mißbrauch angebracht werden müssen. Daß die Posten der Mitglieder dieser Kommission keine Sinecuren sind, wird man sich leicht vorstellen können; es erwächst ihnen eine oft kaum zu bewältigende Arbeitslast.

Die Aufnahme in jene wohlthätigen Anstalten, sowie

die Verleihung der lebenslänglichen Pensionen oder zeitweiligen Unterstützungen aus den Erträgen der Stiftungskapitalien erfolgt durch das Kuratorium der betreffenden Stiftung, und zwar erhält derjenige Bewerber den Vorzug, dem die meisten Stimmen zufallen. Dadurch wird die Bewerbung um eine solche Vergünstigung oft ebenso zeitraubend wie kostspielig. Hunderte von Briefen oder gedruckten Petitionen müssen versendet, unzählige Wege gemacht werden, und da oft gerade die Aermsten und Hilfsbedürftigsten nicht im Stande sind, die dafür erforderliche Zeit und Arbeit daran zu wenden und das dazu nöthige Geld herbeizuschaffen, so kömmt es nicht selten vor, daß nicht ihnen, sondern den rührigsten und geschicktesten unter den Bittstellern der Sieg zu Theil wird.

Höchst eigenthümlich ist es, daß die Bewerber die Entscheidung ihres Gesuches an dem Orte, wo die Sitzung des Kuratoriums stattfindet, abwarten. Es ist ihnen daselbst irgend ein Zimmer eingeräumt, wo Jeder seinen ihm angewiesenen Stand hat und wo er in athemloser Spannung dem Resultate der Abstimmung lauscht, das ja noch im letzten Augenblicke durch eine sich ihm zuwendende Stimme zu seinem Gunsten ausfallen kann.

Mit freudestrahlendem, triumphirendem Gesichte, umgeben von glückwünschenden Freunden verlassen den Schauplatz stundenlangen Harrens Diejenigen, welchen die Abstimmung die Erfüllung ihrer Wünsche gebracht hat; trübselig, mit niedergeschlagenen Blicken, nicht selten mit dem

Ausdruck einer tiefen Bitterkeit und mit leisen Worten des Zornes und der Unzufriedenheit auf den Lippen, schleichen sich Diejenigen davon, die auf eine neue Wahl vertröstet sind.

Man empfindet allgemein die Uebel, welche in diesem System der Verleihung jener Unterstützungen liegen, und mehrere der neu begründeten Asyle haben sich Mühe gegeben, sich davon zu befreien. Es ist jedoch sehr schwierig, eine Methode aufzufinden, welche die alten Mängel vermeidet, ohne dafür in andere ebenso große oder vielleicht noch größere zu verfallen. Die besten Menschen bleiben immer Menschen, sind in ihrem Urtheile zu bestimmen, unterliegen dem Irrthum, lassen sich durch den Schein täuschen und können sich von persönlichen Sympathien und Antipathien nicht ganz frei halten. Man wird sich ferner in England ebenso wenig des Unfugs erwehren können, der mit der Vettern- und Basenschaft getrieben wird, wie in Deutschland. So wird es hier wie dort sich wohl niemals vermeiden lassen, daß Derjenige, der die beste Fürsprache zu gewinnen und tüchtig von Pontius zu Pilatus zu laufen versteht, den Sieg davon trägt über den bescheidenen, feinfühligen Bewerber, der durch die Erfahrungen, die er beim ersten mißlungenen Versuche gemacht hat, für alle Zeiten von einer Wiederholung abgeschreckt wird und lieber Mangel und Noth erträgt, als sich auf einen Wettlauf nach einem Ziele einzulassen, das zu erreichen ihm das Geschick fehlt.

Das gilt indeß, wie gesagt, nur von besonders fein=

fühlenden, empfindlichen Leuten, der große Haufe findet in
Deutschland seine Rechnung und noch in viel höherem
Maaße in England, wo zu den ungeheuren Summen,
welche die Wohlthätigkeit der Vergangenheit angehäuft,
noch die nicht minder großen Summen treten, mit denen
die Wohltätigkeit der Gegenwart der herrschenden Noth
abzuhelfen sucht. Diese Geldmittel sind in der That so be=
deutend, daß manche wahrhafte Volksfreunde allen Ernstes die
großartige Entwickelung, welche die Wohlthätigkeit in der
Neuzeit gewonnen hat, beklagen und die im englischen
Charakter liegende Freigebigkeit beschuldigen, dem Paupe=
rismus und der Bettelei Vorschub zu leisten und ein Hin=
derniß zu sein, daß sich in den niederen Klassen jenes
Gefühl der Selbstachtung entwickele, welches absolut nöthig
ist, wenn sie sich mit nachhaltigem Erfolge aus ihrer Ver=
kommenheit erheben sollen.

So paradox diese Behauptung im ersten Augenblick
klingen mag, hat die Polizei doch Beweise erbracht, die sie
vollständig begründen. Bei einer Haussuchung, die in einer
Höhle des Lasters und des Verbrechens vorgenommen wer=
den mußte, fand man ein genaues Verzeichniß nicht nur
aller Wohlthätigkeitsanstalten Londons, bei denen Unter=
stützungen zu erlangen war, sondern auch einen Nachweis,
wie man es überall anzufangen habe, um am leichtesten
und sichersten zum Ziele zu gelangen. Eine zweite Liste
war noch viel interessanter, denn sie enthielt die Namen
wohlbekannter Privatpersonen nach dem Grade ihrer Frei=
gebigkeit klassifizirt. Diejenigen, von denen am leichtesten

unter irgend einem Vorwande Geld zu erlangen war, hatten wie ein Ehrendiplom bei ihrem Namen die Bezeichnung „soft tommy", ein Ausdruck englischen slang's, der sich nur mit dem Berliner slang, „Potsdamer", übersetzen läßt, und da auch dieses Wort nicht allgemein verständlich sein dürfte, so sei die weitere Erklärung „gutmüthiger Narr mit aufgeknöpften Taschen" hinzugefügt.

Die auf diese Weise gemachten Erfahrungen sind nicht spurlos vorüber gegangen und man ist gegenwärtig mehr und mehr darauf bedacht, den Armen, so weit sich dies nur irgend thun läßt, keine direkten Geldunterstützungen mehr zu geben, sondern Anstalten und Einrichtungen zu treffen, die dem Wohle jener dienen, ohne daß sie das Gepräge der Unterstützung tragen. Eine Anzahl dieser Institute muß sich selbst erhalten; bei einigen andern ist man sogar noch weiter gegangen und sucht gleichzeitig einen geschäftlichen und philanthropischen Erfolg zu erzielen.

Schon an einer anderen Stelle sind die Bestrebungen zur Herstellung besserer Wohnungen für die ärmeren Klassen erwähnt worden, welche durch die Verbindung von Spekulation und Menschenfreundlichkeit ein so sehr gutes Resultat geliefert haben; in gleicher Weise haben gegenwärtig die zahlreich vorhandenen Mäßigkeitsvereine einen mächtigen Bundesgenossen erhalten in der „Coffee Public House Association" (Verein zur Einrichtung von Kaffeehäusern). Wie sein Name sagt, ist er in der Absicht gegründet worden, im ganzen Königreiche Kaffeehäuser zu eröffnen, welche den Leuten dieselbe Unterhaltung bieten, die sie in den

Bier- und Branntweinschenken finden; es sollen ihnen aber keine berauschenden Getränke verabreicht werden. Der Verein macht mit seinen Etablissements gute Geschäfte, Privatunternehmer sind mit gleich gutem Erfolge seinem Beispeil gefolgt, und so steht zu hoffen, daß mehr und mehr Kaffeehäuser entstehen und den Bier- und Branntweinhäusern eine für die Mäßigkeit und Sittlichkeit der niederen Klassen recht ersprießliche Concurrenz machen werden.

Das Bestreben der Neuzeit ist ferner darauf gerichtet, die Leute zu ermuthigen, sich zum Zwecke der Selbsthilfe für alle Fälle zu verbinden, weil nur in der Vereinigung die Kraft ruht, und z. B. Kranken- und Sterbekassen, sowie Versicherungen aller Art einzurichten. Ebenso versucht man alles Mögliche, um sie daran zu gewöhnen, Ersparnisse zu machen.

Die Regierung hat zu diesem wohlthätigen Vorhaben ihre Mitwirkung geliehen und die Post-Sparbank eröffnet, in welche Ersparnisse von einem Schilling an gegen eine Verzinsung von zwei und ein halb Prozent niedergelegt werden können. Alle Postbüreaus im Lande haben die Verpflichtung, solche Einzahlungen anzunehmen und auch wieder auszuzahlen. Ein Schilling, der bei einem Postbüreau im Süden niedergelegt ist, kann gegen Vorzeigung des darüber empfangenen Scheins im äußersten Norden wieder in Empfang genommen werden.

Da indeß bei den niedrigsten Volksschichten ein Schilling eine Summe ist, die nur sehr allmählich zusammengebracht werden kann und es der Selbstbeherrschung und

Widerstandsfähigkeit dieser Leute zu viel zumuthen hieße, von ihnen zu verlangen, sie sollten Penny für Penny zurücklegen, bis der Schilling voll sei, so ist man ihnen durch Einrichtung der National=Penny=Bank zu Hilfe gekommen, die ebenfalls Büreaus im ganzen Lande besitzt und Einlagen von einem Penny an, ebenfalls zu $2^1/_2$ Prozent Zinsen, und unter denselben Bedingungen wie die Post=Sparbank annimmt.

Die meisten der größeren Gesellschaften und Vereine, welche in London ihren Sitz haben oder über das ganze Land verbreitet sind, halten alljährlich im Mai in der Metropole ihre Generalversammlung ab, wo über die Leistungen des abgelaufenen Jahres und über die Verwendung der Gelder Bericht erstattet wird und sich außerdem Redner über verschiedene Themata vernehmen lassen. Besonders sind es auch die Missionsgesellschaften, die auf diese Weise Rechenschaft über ihre Erfolge ablegen, und aus allen Theilen des Landes strömen Fromme und Weltkinder herbei, um über den Fortgang des Werkes unterrichtet zu werden, das ihnen am Herzen liegt. Exeter=Hall, einer der größten Säle in ganz London, am Strande gelegen, ist eigens zur Aufnahme dieser Versammlungen erbaut worden. Der weite Raum faßt 3000 Personen, und es finden von der letzten Woche des April bis zur ersten Woche des Juni täglich zwei Mal Sitzungen darin statt. Dennoch reicht er für das Bedürfniß noch lange nicht aus und es müssen noch andere Lokalitäten zu Hilfe genommen werden.

Für die Bewohner von London ist es ein gewohnter Anblick, im Monat Mai jeden Morgen von früher Stunde und jeden Abend von fünf Uhr an, Exeter-Hall von einer großen Menschenmenge belagern zu sehen, die oft stundenlang harrt, bis die Thüren geöffnet werden, um dann hineinzuströmen und sich gute Plätze zu sichern. Je näher die Zeit heranrückt, welche für den Beginn der Versammlungen festgesetzt ist, desto mehr füllt sich die Halle, das Publikum vertreibt sich häufig die Zeit mit dem Absingen von Hymnen und harrt ruhig und geduldig bis die bestimmte Stunde schlägt, wohl auch noch einige Minuten darüber aber nicht länger. Die englische Maxime „time is monnay" verleugnet sich auch hier nicht. Zögern die Redner, auf der Platform zu erscheinen, so macht sich die Ungeduld in allerlei Zeichen und Ausrufen Luft.

Den Vorsitz in den Versammlungen führt sehr häufig der Earl von Shaftesbury, der den Beinamen „Fürst der Philanthropie" verdiente. Für ihn kann man den Mai schwerlich einen Wonnemond nennen, denn der Earl ist während desselben von den verschiedenen Vereinen, denen er präsidirt, dergestalt in Anspruch genommen, daß er vom Morgen bis zum Abend schwerer zu arbeiten hat, als der ärmste Tagelöhner auf seinen Besitzungen.

Die Dauer jeder Vereinsversammlung ist auf etwa $2^1/_2$ bis $3^1/_2$ Stunden berechnet. Nachdem der Bericht vorgelesen ist, werden noch mehrere Ansprachen gehalten. In den Missionsgesellschaften sind besonders die Schilderungen der eigenen Erlebnisse der Missionare von hohem Interesse für die Zuhörer. Mit gespannter Aufmerksamkeit folgen sie dem Vortrage; der Beifall giebt sich durch Händeklatschen und ein dann und wann dazwischen geworfenes: „Hört! hört!" kund; man verschont den Redner aber auch nicht mit Zeichen des Mißfallens, wenn er die Geduld seines Auditoriums durch lange, uninteressante Erzählungen auf eine allzu harte Probe stellt: „Time! Time!" ertönt es dann von allen Seiten, und ein immer stärker werdendes Gemurmel zeigt deutlich an, daß man nicht die Absicht habe, länger zuzuhören.

Im Mai halten auch die bedeutenderen Sekten der Nonconformisten in London ihre Hauptversammlungen ab, um ihre Interessen zu berathen und Beschlüsse für das nächste Jahr zu fassen. Die Hauptstadt des Landes ist somit auch das Herz seines kirchlichen Lebens und seiner philanthropischen Bestrebungen, obgleich Vereine mehr lokaler Natur auch in anderen größeren und mittleren Städten ihre Versammlungen anberaumen. Wo sie aber auch stattfinden, sie dienen stets dazu, die Angehörigen der verschiedenen Klassen in eine Berührung mit einander zu bringen, welcher geeignet ist, sie einen wohlthuenden Einfluß auf einander ausüben zu lassen.

In diesem Verkehr der sonst so streng von einander geschiedenen Stände liegt überhaupt eine hohe Bedeutung des Vereinslebens in England. Die Arbeiter am gemeinsamen Werke treten einander näher, es stellt sich aber auch anderseits ein mehr als äußerliches Band zwischen den Gebenden und den Empfangenden, den Erziehern und den zu

Erziehenden her. Die Thätigkeit auf dem Gebiete der Humanität überträgt das Leben der Familie auf das der Nation und bringt Bewegung und lebhafte Theilnahme für das Allgemeine in das streng umfriedete Heiligthum des Hauses. Vater, Mutter oder erwachsene Kinder, wer sich an dem Liebeswerke betheiligt, trägt den Geist des Familienlebens hinaus in die Welt und bringt dafür eine Fülle von Anschauungen, von Erfahrungen und ernsten Fragen mit, die am „Kamin" besprochen, erwogen und erörtert werden und fort und fort wirkend dazu dienen, das geistige und Gemüthsleben in beständiger Anregung zu erhalten.

Vierzehntes Kapitel.

Dienstboten.

Das soziale Problem des Zeitalters „Dienstbotenfrage" genannt, steht in England nicht minder auf der Tagesordnung, wie in allen andern Ländern Europas und in Amerika, ja man möchte beinahe behaupten, daß es dort am brennendsten sei. Ueberall hört man Seufzen und Klagen über Ansprüche der Leute, die man vor etlichen Jahren noch in's Fabelreich verwiesen hätte, und die man in den meisten Fällen doch bewilligen muß, weil die Zahl der Dienstboten in auffälligem Maaße abgenommen hat. Der Grund davon liegt bei den weiblichen Personen in dem höheren Lohn und der größeren Freiheit, die ihnen die Thätigkeit in Geschäften und Fabriken gewährt; bei den Männern und zum Theil auch bei den Frauen, in dem Umstande, daß das Auswandern im hohen Grade erleichtert ist. Zu diesen äußeren Gründen tritt alsdann noch ein innerer, nämlich das Zunehmen des republikanischen und demokratischen

Geistes trotz allen Festhaltens an alten Formen. Da sich diese Gesinnung aber weniger im Zerstören als im Aufrichten kundgiebt, da sie sich weniger in dem Bestreben äußert, Andere ihrer Macht und Vorrechte zu berauben, als in dem, dieselben auch für sich zu gewinnen, so kann man sie im Grunde nicht tadeln, darf im Gegentheil Gutes für die Nation daraus erwarten, wenn auch mancherlei Unbequemlichkeiten, wie eben die Dienstbotennoth, daraus entstehen.

Das Uebel wird, wie dies in der Natur der Sache liegt, am meisten von den Mittelständen empfunden. Die höheren Klassen werden weniger davon berührt, denn sie sind in der Lage, durch höhere Bezahlung und manche zu gewährende Vortheile Personen, die gute Dienste leisten, an sich zu ziehen und festzuhalten, trotzdem just in diesen Kreisen auf die pünktlichste Pflichterfüllung noch mit der ganzen Strenge gesehen wird, welche schon oft die Verwunderung und auch die Mißbilligung Fremder erregt hat.

Ebenso war der englische Adel von jeher verschrieen wegen der großen Menge von Dienstboten, die er hält, und nicht ganz mit Unrecht ist ihm vorgeworfen worden, durch sein Beispiel diese Mode im Lande verbreitet zu haben. In der That hat sich dieselbe unterstützt durch die Zunahme des Wohlstandes und des Luxus dergestalt eingebürgert, daß man im Durchschnitt die Zahl der Dienstboten in jedem Londoner Haushalt auf drei angeben kann. Allerdings soll in neuester Zeit darin wieder ein Rückschlag eingetreten sein. Nach einem Berichte der Times hätte man im letzten Jahre in den vereinigten Königreichen vierzigtausend männ=

liche Dienstboten weniger gehalten, als im vorhergegangenen, weil neuerdings eine Abgabe für jeden männlichen Dienstboten gezahlt werden muß. Der Grund dieser Erscheinung darf aber wohl noch mehr in den ungünstigen Zeitverhältnissen gesucht werden, da auch die Zahl der weiblichen Dienstboten, für die keine Abgabe gezahlt zu werden braucht, in manchem Haushalte beschränkt worden ist. Trotzdem ist das Angebot der Domestiken dadurch nicht größer und sind ihre Anforderungen nicht bescheidener geworden. Denjenigen, welche keine Stellungen erlangen können oder besser keine solche Stellungen, wie sie haben wollen, bleiben immer noch Amerika und die Colonien mit den verlockend hohen Löhnen und den nicht minder verlockenden Aussichten auf eine vortheilhafte Heirath für die Frauen, auf unberechenbare Glücksfälle für die Männer, mit einem Worte: auf wunderbare Möglichkeiten, die sich der englische Unternehmungsgeist gar zu gern vorspiegelt. — Sie gehen dorthin, und der Mittelstand seufzt fort und fort unter dem Drucke der Dienstbotennoth.

Man hat die Engländer oft getadelt wegen der unübersteiglichen Schranken, die sie zwischen sich und ihren Dienstboten aufzurichten wissen, doch darf man dabei nicht vergessen, daß zwischen allen Klassen der englischen Gesellschaft strengere Grenzlinien gezogen sind, als in Deutschland. Trotzdem sind sie sämmtlich durch Sympathie und aufrichtige Theilnahme am allgemeinen Wohl vereint und verkehren mit einander auf der Basis gegenseitiger Hochachtung. Hat der englische Dienstbote auch den Wunsch, sich zu erheben und macht er unausgesetzt consequent Anstrengungen, dieses Ziel zu erreichen, so erkennt er doch willig die zwischen ihm und seiner Herrschaft bestehende Kluft als selbstverständlich an und würde einen Mangel an der schuldiger Achtung in seinem Betragen für eine eben solche Pflichtverletzung ansehen, wie wenn er eine zu seinen Obliegenheiten gehörende Arbeit ungethan ließe. Von der anderen Seite sorgt aber auch die Herrschaft für das Wohl ihrer Dienstboten in einer Weise, die das Staunen und den Neid derer Kollegen auf dem Kontinente erregen würden.

Die Bestimmungen beim Miethen der Dienstboten variiren wohl hin und wieder, doch lautet im Allgemeinen das Uebereinkommen auf den Monat. Jeden Monat wird der Lohn gezahlt, einen Monat vorher hat die Kündigung von der einen oder der anderen Seite stattzufinden. Einer polizeilichen Controlle, wie dies in Deutschland der Fall ist, unterliegen die Gesindeverhältnisse in England nicht. Die englische Polizei beschränkt grundsätzlich ihre Thätigkeit nur auf die Verbrecherwelt und mischt sich zwischen Herrschaften und Dienstboten nur dann ein, wenn ein Fall vorliegt, der thatsächlich unter die Rubrik des Strafgesetzes fällt. Dienstbücher oder denselben ähnliche Einrichtungen hat man ebenfalls nicht. Ein Dienstbote kann, wenn er einen Dienst verläßt, ein schriftliches Zeugniß verlangen, doch geschieht dies nur selten. In der Regel wird die Bitte gestellt, die Herrschaft wolle der andern, die ihn zu miethen beabsichtigt, schriftlich oder mündlich über sein Betragen und seine Leistungen Auskunft geben. Bei nur einigermaßen genügenden Leistungen und gutem Verhalten wird dieser Bitte entsprochen, in Fällen schlechter Aufführung schlägt man sie aber rundweg ab. Man zieht es vor, gar nichts zu sagen, als daß man in Gefahr läuft, schmähen zu müssen.

Was den Lohn anbetrifft, so möchten sich die Verhältnisse ungefähr folgendermaßen stellen. Eine gute Köchin kann jährlich 16 bis 20 £ verlangen. Ein Hausmädchen erhält zwischen 12 bis 14 £, ein Küchenmädchen 12 bis 16 £. Eine Haushälterin hat einen Gehalt von 40 bis 60 £, ein Diener 20 bis 25 £. Der Butler oder Kellermeister, der Erste der männlichen Dienerschaft, wie die Haushälterin die Erste der weiblichen, dem die Sorge für das Silberzeug und den Wein obliegt, bekommt 45 bis 65 £ das Jahr.

Sämmtlichen Dienstboten ist ihr Pflichtenkreis genau vorgezeichnet, so daß der Haushalt mit der Regelmäßigkeit einer Maschine arbeitet. Wo man z. B. nur eine Köchin, ein Hausmädchen und eine Kinderfrau hält, um unsere Schilderung auf das Londoner Durchschnittsmaß zurückzuführen, da hat die Erstere außer dem Kochen noch die Reinigung der Domestikenräume, des Flurs und des Vorder-Entrees zu besorgen. Die Kinderfrau ist völlig von der Pflege und Beaufsichtigung der Kinder in Anspruch genommen, und das Hausmädchen plättet, näht und hält die übrigen Räume des Hauses in Ordnung. Täglich hat sie einige Zimmer gründlich rein zu machen, so daß das ganze Haus wöchentlich ein Mal völlig gesäubert ist. Dazu tritt dann noch, wenn das Heizen aufhört, die große Frühjahrsreinigung, mit der das nothwendige Streichen, Ausbessern und Tapezieren verbunden zu sein pflegt, und während welcher Gatten und Söhne sich in die Klubs flüchten. In manchen Häusern wird eine solche General=Säuberung im Herbste wiederholt.

Das Einkaufen für den Haushalt wird sehr erleichtert dadurch, daß Schlächter, Bäcker, Fisch= und Gemüsehändler jeden Tag, der Butter= und Spezereikrämer wöchentlich zwei bis drei Mal kommen, um sich nach den Bedürfnissen zu erkundigen und die erhaltenen Aufträge nach kurzer Frist ausführen. Die daraus erwachsende Zeitersparniß ist ein großer Vortheil, dem allerdings auch wieder Nachtheile gegenüber stehen.

Dahin gehört in erster Linie das zwischen den Dienst=boten und den erwähnten Lieferanten des Hauses bestehende Uebereinkommen, wonach die Letzteren den Ersteren eine Art Tantième von ihrem Erlös zahlen. Die Handelsleute erhalten dadurch in den Dienstboten eine Stütze, wodurch es oft im hohen Grade erschwert wird, solche Lieferanten, mit deren Bedienung man unzufrieden ist, abzuschaffen. Das System der Nebeneinkünfte bildet überhaupt eine tiefe Schattenseite der englischen Dienstbotenverhältnisse. So viel man sich auch dagegen wehrt, so viel auch schon dagegen gesprochen und geschrieben worden ist, hat man diese Unsitte nicht abschaffen können; ganz im Gegentheil wird sie Seitens der Dienerschaft in einer immer raffinirteren Weise erweitert und ausgebeutet.

Die Köchin hat gewöhnlich ein sehr weites Gewissen

in Bezug auf „verdorbenes Fett", das sie in ihrem Nutzen verkauft, und nimmt es sehr übel, wenn in dieser Beziehung der Versuch zu einer genaueren Präzisirung des Begriffes gemacht wird. Die Anschauungen des Hausmädchens sind höchst liberal, wenn es sich darum handelt, Papier als Makulatur zu erklären, und die Kinderfrau findet die Garderobe und Wäsche ihrer jungen Pflegebefohlenen für Tröbler und Lumpenmann reif, lange ehe die Mutter Beweise für die Nothwendigkeit einer solchen Degradation zu entdecken vermag. Man könnte das Kapitel der „Nebeneinkünfte" bis ins Unendliche ausdehnen, denn es kommen unter diesem Titel Ansprüche zu Tage, von denen sich auch die Philosophie der freigebigsten und liebenswürdigsten Herrschaft nichts träumen ließe. Wenn auch durchaus nicht in Abrede gestellt werden soll, daß es ehrliche Dienstboten giebt, die sich nicht mehr Einkünfte verschaffen als ihnen der Natur der Sache nach zufließen, so ist die ganze Einrichtung doch sehr geeignet, den feinen Unterschiedssinn für das Mein und Dein abzustumpfen, der als Grundlage der Ehrlichkeit bezeichnet werden muß.

Auch in England ist es Sitte, den Dienstboten des Hauses, in dem man Gastfreundschaft genossen hat, Trinkgelder zu verabreichen, die dem ganzen Zuschnitt des englischen Lebens entsprechend, in der Regel reichlich ausfallen. Dennoch betrachtet man das Trinkgeld nicht als eine so absolute Nothwendigkeit wie bei uns. Eine englische Hausfrau würde es unter ihrer Würde halten, einen Dienstboten beim Miethen auf die zu erwartenden Trinkgelder als auf einen Theil seines Einkommens hinzuweisen, denn sie würde glauben, sich den Anschein zu geben, als ziehe sie ihre Gäste zu einem Beitrage zur Unterhaltung ihres Hausstandes heran.

Nicht ganz so schlimm wie in Deutschland und speziell in Berlin steht es in England mit dem Kostgelde des Gesindes. Dasselbe erhält in der Regel die volle Beköstigung. Eine theilweise oder gänzliche Entschädigung dafür, in welcher Einrichtung eine beinahe unwiderstehliche Versuchung liegt, Unterschleife und Betrügereien zu machen, tritt nur ein, wenn die Herrschaft verreist ist und da hat es seine volle Berechtigung. Dagegen darf nicht verhehlt werden, daß die Beköstigung eine bessere und reichlichere ist als sie im Durchschnitt in Deutschland gewährt wird. Die Dienstboten erhalten folgende Mahlzeiten: Erstes Frühstück, bestehend aus Thee oder Kaffee mit Zubehör; zweites Frühstück gegen 11 Uhr, gewöhnlich Brod, Käse und Bier; Mittagsessen um ein oder zwei Uhr je nach der dafür im Hause üblichen Zeit, wo der Tisch mit Braten oder gekochtem Fleisch und Pudding besetzt sein muß; Thee mit Butterbrod um fünf Uhr, und endlich noch eine nahrhafte Mahlzeit um neun Uhr Abends. Dabei ist zu bemerken, daß Thee, Kaffee, Bier, Brod, Butter und Zucker nicht für jede einzelne Mahlzeit zugetheilt, sondern den Dienstboten in größeren Quantitäten zum Gebrauch à discretion überlassen bleiben muß.

Ferner beanspruchen die Leute, daß ihnen für ihre Mahlzeiten in der Küche oder in der Domestikenstube ein

Tisch sauber gedeckt werde und daß man ihnen Zeit lasse, jene in voller Behaglichkeit zu genießen. Sie nehmen das erste Frühstück gewöhnlich ehe die Herrschaft erscheint, die Hauptmahlzeit direkt vor oder nach der der Kinder ein. In größeren Haushaltungen, wo eine zahlreiche Dienerschaft vorhanden ist und eine strenge Scheidung in „obere" und „untere" Dienstboten stattfindet, nehmen dieselben auch ihre Mahlzeiten in zwei Abtheilungen und zwar die obere Dienerschaft unter dem Vorsitz des Kellermeisters und der Haushälterin, die untere unter der Leitung der Köchin.

Die englischen Dienstboten betrachten es als selbstverständlich, daß ihnen angemessene Räume als Schlafzimmer, zum Unterbringen ihrer Sachen und zum Aufenthalte in der Zeit, wo sie nicht direkt in den Zimmern der Herrschaft oder im Hause beschäftigt sind, angewiesen werden. Eine Herrschaft in England würde es nicht wagen, einem Mädchen nur das Ansinnen zu stellen, daß sie auf einem Hängeboden schlafe und hause, wie man sie in Berlin als Dienstbotengelaß oft bei recht theurer, mit allem Luxus und Komfort eingerichteter Wohnung findet. Auch im Betreff des „Ausgehens" befindet sich der englische Dienstbote entschieden im Vortheil gegen den deutschen. Die Leute erwarten in jedem Monat einen ganz freien Tag, in jeder Woche einen freien Abend und an jedem Sonntage die Erlaubniß, mindestens ein Mal die Kirche zu besuchen. An Sonntagen speist man auch in fast allen Häusern früher zu Mittag, um dem Gesinde eine längere Ruhezeit am Abend zu verschaffen.

In den letzten Jahren ist der Anzug der weiblichen Dienstboten ein wahrer Zankapfel zwischen ihnen und ihren Herrinnen gewesen, bis man sich endlich dahin geeinigt hat, daß die Dienerin innerhalb des Hauses sich mit ihrer Kleidung nach dem Geschmacke der Hausfrau zu richten hat, außerhalb desselben sich aber tragen darf, wie es ihr beliebt. Man verlangt als Hausanzug gewöhnlich gut und fest sitzende, nicht zu lange Kleider aus bedrucktem Baumwollenzeuge oder wollenem Stoff, große leinene Kragen und Manschetten, weiße Schürzen und saubere Fußbekleidung, Schuhe oder Stiefel. Die weiße Mütze auf dem Kopfe ist unerläßlich, doch hat sie sich aus einem den ganzen Kopf bedeckenden und unter dem Kinn gebundenen Mousselinkopfzeug in ein kokettes Deckelchen aus Band und imitirter Spitze verwandelt, das vermittelst einer Nadel am Haar befestigt wird. Es bleibt der Hausfrau nichts übrig, sie muß ein Auge zudrücken, und was den Anzug außer dem Hause anbetrifft, so thut sie am besten, dies mit allen beiden Augen zu thun und darüber zu schweigen, so lange ihre Nachsicht nicht auf eine allzu harte Probe gestellt wird.

Die Tracht der englischen Bedienten, ihre glänzende Livree, kurzen Sammethosen, seidenen Strümpfe und Schnallenschuhe und gepuderten Lockenperücken, ist häufig zum Gegenstande der Bewunderung und noch viel häufiger zur Zielscheibe des Spottes gemacht worden. Im Punch sind ihre Steifheit, ihre peinliche Beflissenheit für die Aufrechthaltung ihrer Würde, die sich wenig mit ihrer Arbeit verträgt, und ihre oft ins Grenzenlose gehenden Prätensionen eine unerschöpfliche Quelle für Witz und Karrikatur, und es ist nicht in Abrede zu stellen, daß sie ungelenker und nicht so nützlich sind, wie Leute ihres Standes in anderen Ländern; trotzdem bleibt der englische Diener in der Regel lange bei seiner Herrschaft und man nimmt es, wenn er sonst gut und anständig ist, nicht allzu übel auf, wenn er einmal erklärt, dies oder jenes, was man ihm aufträgt, nicht thun zu können oder zu wollen, vorausgesetzt, daß dies in der höflichsten Form geschehe.

Außer auf großen Gütern wird die Wäsche fast nirgends mehr im Hause besorgt, da sich nur selten Dienstboten zur Uebernahme dieses Geschäftes verstehen. In Folge dessen ist das Waschen in England schon beinahe gänzlich aus dem Kreise der häuslichen Beschäftigungen in das Gebiet der Industrie übergegangen. Kapitalisten haben große Waschanstalten ganz in derselben Weise wie andere Fabriken eingerichtet und beschäftigen daselbst neben den Maschinen, die einen großen Theil der Arbeit verrichten, noch eine bedeutende Anzahl von Arbeitern und Arbeiterinnen. Trotzdem die Wäsche nicht so theuer ist wie in Deutschland, muß das Geschäft doch ein sehr einträgliches sein, denn mehrere Besitzer solcher Waschanstalten sind reich geworden und leben auf luxuriösem Fuß, während ihre Wagen immer noch durch die Straßen fahren, um Wäsche zu holen und wieder abzuliefern.

Zum Schlusse noch ein Wort über die Sittlichkeit, welche unter den englischen Dienstboten im Allgemeinen

als recht gut bezeichnet werden kann. Die Durchschnitts=
zahl der sogenannten „misfortunes" unter den englischen
Dienstmädchen ist gering. Die öffentliche Meinung ist in
dieser Beziehung so streng, daß es für ein Mädchen, das
sich ein Mal vergangen hat, schwer, ja fast unmöglich sein
würde, in einer anständigen Familie einen Dienst zu be=
kommen. Wollte die Herrschaft auch darüber hinwegsehen,
so würden sich die anderen Dienstboten dagegen empören
und lieber ihre Stelle aufgeben, als mit einem Mädchen
zusammen dienen, das sich so weit vergessen konnte.

Eine Stellung, durch welche in Deutschland sehr viele
dieser Gefallenen Eingang in Familien finden, nämlich als
Amme, bietet sich in England weit seltener, da die Mütter
in der Regel ihre Kinder selbst nähren; ist man genöthigt,
eine Amme zu nehmen, so wählt man dazu meistens eine
verheirathete Frau. Es liegt in dem ganzen Verfahren
gegen die Gefallenen, bei aller Anerkennung des sich dadurch
kundgebenden guten Sinnes, ohne Zweifel eine große Härte,
und manche Unglückliche wird dadurch unrettbar auf den
Pfad des Lasters getrieben. Die Reform=Institute, welche
sich die Aufnahme und Besserung der Gefallenen zur Auf=
gabe gestellt haben, eifern auch sehr dagegen und sind un=
ablässig bemüht, ihren Schutzbefohlenen Stellungen in an=
ständigen Häusern zu verschaffen; sie haben indeß noch
wenig Erfolge ihrer schweren und mühseligen Thätigkeit
aufzuweisen.

Fünfzehntes Kapitel.

Klubleben.

Einen hervorstechenden Zug des Londoner Lebens in den Tagen König Wilhelm III., der Königin Anna und der George aus dem Hause Braunschweig-Lüneburg bildeten die Kaffeehäuser. Das Zeitungswesen war noch wenig entwickelt, die Tagesblätter besaßen weder Reporter, welche ihnen alle Vorkommnisse in der Stadt zutragen können, oft ehe die Betheiligten selbst darum wissen, noch Correspondenten in den verschiedenen Haupt- und Residenzstädten Europas, und hätten sie diese Vermittelung gehabt, so würden ihre Mittheilungen lange Zeit gebraucht haben, um das Ziel zu erreichen. Kein elektrischer Draht trug sie mit Windesschnelle über Länder und Meere, keine Eisenbahn hob den Begriff der Entfernungen auf. Neuigkeiten zu erfahren, war damals nicht so leicht wie heute; man war aber ebenso gespannt darauf wie jetzt, zu hören, was in den maßgebenden Kreisen der Stadt, was bei Hofe vorgefallen war, und zu vernehmen, was draußen in der Welt vorging. So waren die Kaffeehäuser die Orte, wo man sich versammelte, um die Tagesneuigkeiten auszutauschen, und nicht wenig stolz und wichtig dünkte sich Derjenige, dem es gelungen war, die erste Kunde von einem interessanten Ereignisse aus dem In- oder Auslande zu erhalten. Wie ein leckeres, seltenes Gericht in der pikantesten Zubereitung, tischte er seine Neuigkeit auf und durfte sich, wenn er auch sonst keins der bedeutendsten Mitglieder des Kreises war, für eine oder einige Stunden wenigstens als dessen Mittelpunkt betrachten.

Die Kaffeehäuser waren die Sammelplätze der eleganten Herrenwelt, hier traf sich, was durch Geburt oder Geist Anspruch auf eine Stellung in der Gesellschaft machen durfte. Hier wurden nicht nur die Neuigkeiten erzählt, man tauschte auch seine Ansichten über die Ereignisse des Tages und über die Händel der Welt aus, man besprach die neuen Erscheinungen der Literatur, erörterte wissenschaftliche Fragen, politisirte und kritisirte. Aus den Kaffeehäusern stammte manches geflügelte Wort, das den Sprachschatz des Landes bereicherte, aus den Kaffeehäusern erging mancher Urtheilsspruch, durch welchen die Stellung eines Mannes geschaffen, erschüttert oder vernichtet ward. In den Kaffeehäusern ward der Keim gelegt zu manchem Werke, das eine Zierde der englischen Literatur geworden ist; in den Kaffeehäusern wurden zuerst Ideen an das Licht gebracht, die, in Anträge und Forderungen umgewandelt, die heftigsten Debatten im Parlamente hervorriefen, das ganze

Volk in Bewegung brachten und zu tief einschneidenden Veränderungen und Reformen in politischer und sozialer Hinsicht führten.

Auch die Orte, welche dem Sänger vom Avon und seinen Freunden als Vereinigungspunkte dienten, waren, wenn auch noch nicht dem Namen, so doch ihrem ganzen Wesen nach solche Kaffeehäuser, und wie daselbst Shakespeare einen so hervorragenden Antheil an der geist= und witzsprühenden Unterhaltung nahm, so waren es auch in den folgenden Jahrhunderten die Dichter und Schriftsteller, um welche sich die Schöngeister schaarten, und je mannichfaltiger das öffentliche Leben sich gestaltete, um desto verschiedenartiger wurden auch die Physiognomien, welche die einzelnen Kaffeehäuser zeigten.

Im „Spektator", dessen interessante und geistvolle Aufsätze ein sehr getreues Spiegelbild der englischen Zustände zu Anfang des achtzehnten Jahrhunderts geben, findet sich auch eine von Addison herrührende Schilderung der Kaffeehäuser. Er weist darin nach, wie, nach dem englischen Sprichwort, „Vögel mit dem gleichen Gefieder zusammenfliegen". In seiner witzigen Weise zeichnet er ein Kaffeehaus, in dem feine Kleidung und stutzerhafte Manieren vorherrschend waren, und im Gegensatz dazu ein anderes, wo es sehr wenig auf die äußere Erscheinung ankam, wo aber nur Derjenige sich dauernd zu behaupten vermochte, der durch Geist und Gedankenfülle seinen reichlichen Antheil an den Kosten der Unterhaltung beizusteuern im Stande war. Das Gleich=

artige zog sich an, das Ungleichartige stieß sich ab, und je nachdem die passende Gesellschaft sich an dem einen Orte zusammenfand, von einem andern durch ein Zusammenwirken oft unberechenbarer und nicht zu erklärender Umstände verscheucht ward, kam ein Kaffeehaus in Aufnahme, sank ein anderes zur Bedeutungslosigkeit herab oder, um ein anderes englisches Sprichwort zu gebrauchen: „The meat of the one coffee-house was the poison of another", — „was das eine ernährte, vernichtete das andere".

Die Züge der alten Kaffeehäuser findet man nun beinahe in den heutigen Klubhäusern wieder, welche als eine Fortsetzung und weitere Ausbildung jener betrachtet werden müssen. Sie sind ohne Zweifel eine sehr bemerkenswerthe Seite des englischen Lebens, obgleich ihre Bedeutung im Auslande doch vielfach überschätzt wird. Man nimmt allgemein an, jeder Engländer habe seinen Klub, in dem er, um einen sehr bezeichnenden deutschen Ausdruck zu gebrauchen, Stammgast sei, und er könne nicht leben, wenn er ihn nicht täglich besuche. Es ist nun allerdings nicht zu leugnen, daß im englischen Leben sich sehr große Anomalien bemerkbar machen; allzu groß wäre aber doch der Widerspruch, der zwischen dieser allgemeinen Vorliebe für die Klubs und der großen Anhänglichkeit an sein Haus, die dem Engländer nachgerühmt wird und die er auch thatsächlich besitzt, liegen würde. Wie läßt sich aber eine Erklärung für diese einander so scharf entgegenstehenden Ansichten finden, da doch auch die erstere nicht gänzlich auf willkürlichen Annahmen oder Täuschung beruhen kann?

18*

Einfach in dem Umstande, daß man eine Sitte, die auf einzelne Kreise beschränkt, in diesen aber aber allerdings zu einer großen Vollkommenheit ausgebildet ist, für einen charakteristischen Zug des ganzen Volkes genommen hat.

Mit alleiniger Ausnahme der Gelehrten, Literaten und Künstler, ist den Angehörigen der Mittelklassen, also dem eigentlichen Kern der englischen Gesellschaft, das Klubleben so gut wie unbekannt. Der Kaufmann, Gewerbtreibende, der Advokat und was sonst in diese Kategorie gehört, verzehrt wohl in einem Restaurant hastig, beinahe stehenden Fußes sein Luncheon, weil die Entfernung seines Geschäftslokales von seiner Wohnung ihm erst gestattet, zum späten Mittagsmahl nach dieser zurückzukehren, aber das Restaurant ist ihm nicht der Ort, wo er, wie dies der Franzose und der Deutsche wohl zu thun pflegen, Unterhaltung sucht, und ebenso wenig bedarf er dazu eines Klubs. Sein Leben bewegt sich, streng genommen, nur zwischen seinem Hause, seinem Geschäfte und seiner Kirche. Das Klubleben beschränkt sich auf die oberen Zehntausend, auf diejenigen Schichten der Mittelklassen, welche denselben auf der Staffel der gesellschaftlichen Stufenleiter am nächsten stehen und findet sich alsdann, aber in völlig veränderter Gestalt, unter den Arbeitern wieder.

Gleich den früheren Kaffeehäusern findet man daher auch die heutigen Klubhäuser für die höheren Stände beinahe ausschließlich in der Metropole, da sich das Leben des Adels und der Gentry nur zwischen London und ihren Gütern bewegt. Dagegen sind sie selbst in den größten

Provinzialstädten, wo sich das industrielle Leben der Nation entfaltet, wenn auch nicht gänzlich unbekannt, so doch sehr vereinzelt und selten. Wenn man daher vom englischen Klubwesen spricht, so muß man dabei ausschließlich London im Auge haben, und hier ist es denn in der That zu einer großartigen Entfaltung gelangt. Es befinden sich in Englands Hauptstadt ungefähr fünfzig große Klubs, von denen nur sechs außerhalb der Grenzen von West-End liegen. Alle übrigen sind zusammengedrängt auf ein verhältnißmäßig recht kleines Stück desjenigen Stadttheils, in welchem sich das Treiben der aristokratischen Gesellschaft entfaltet, um auf diese Weise Denjenigen, von denen sie am meisten besucht werden, jederzeit bequem erreichbar zu sein.

In einer großen Straße des Westends, Pall-Mall genannt, reiht sich Klubhaus an Klubhaus; nur wenige andere Häuser drängen sich zwischen die palastähnlichen Gebäude, deren innere Einrichtung vollkommen der äußeren Erscheinung entspricht. Sie sind ausgestattet mit allen Erfordernissen des Komforts und der Eleganz, welche die Industrie hervorzubringen und der Reichthum sich zu verschaffen vermag.

An den großen Eingängen, deren Glasthüren sich geräuschlos öffnen und schließen, um den Strom der beständig Kommenden und Gehenden ein- und abfluthen zu lassen, stehen reich gekleidete Diener, jedes Winkes gewärtig, stets bereit, Aufträge zu besorgen, Erkundigungen einzuziehen, Botschaften fortzutragen, kurz alle ihnen zu Theil werdenden Befehle mit Gewandtheit und Schnelligkeit auszuführen.

In den mit Zeitungen, Zeitschriften und einer erlesenen Bibliothek wohl ausgestatteten Lesezimmern herrscht tiefe Stille, man geht auf den Zehen, flüstert sich nur leise eine Bemerkung zu, dafür ist es um so lebendiger im Speisezimmer, in den Gesellschafts= und Spielzimmern, ja man kann sich im Klub so ziemlich häuslich einrichten, denn jeder bietet die Gelegenheit, sich zu waschen und Toilette zu machen; einige gehen in ihrer Fürsorge für ihre Mitglieder sogar so weit, daß Einrichtungen getroffen sind, um in aller Bequemlichkeit ein Schläfchen machen zu können.

Fast jeder Klub besitzt eine Spezialität, auf die er besonders stolz ist. Der eine hat die beste Küche, ein anderer führt den besten Keller, ein dritter besitzt die reichhaltigste Bibliothek, in einem vierten findet man jederzeit Partner zu jedem Spiele, das man zu spielen wünscht u. s. w. Dieser Spezialität gemäß ist denn auch die vorherrschende Geschmacksrichtung der Besucher des Klubs, und wie zu Addison's Zeiten in den Kaffeehäusern, so ist noch heute auf sie das Sprichwort anwendbar: „Birds of a feather, flock together," — Vögel mit gleichem Gefieder fliegen zusammen.

Ein neuer Klub entsteht in der Regel, wenn eine Anzahl von Personen zu der Ueberzeugung gelangt ist, daß keiner der vorhandenen den Anforderungen, die sie an das Klubleben stellen, genügt oder gerade der Seite des geselligen Verkehrs, welcher sie die größte Wichtigkeit beilegen, die nöthige Aufmerksamkeit widmet. Man thut sich zusammen, um das erforderliche Kapital zur Ausstattung eines Klub=

hauses aufzubringen, und da diejenigen Leute, welche das Bedürfniß danach empfinden, zum größeren Theile über sehr beträchtliche Einkünfte zu verfügen pflegen, so macht dies in der Regel wenig oder gar keine Schwierigkeiten. Wie durch ein Zauberwort hervorgerufen steht von außen und innen prächtig anzuschauen, das neue Klubhaus da, von dem seine Begründer durch Errichtung eines Klubs in aller Form Besitz ergreifen. Wer zur Einrichtung des Klubs beigetragen hat, ist von Anfang an Mitglied desselben; die Aufnahme später sich zum Eintritt Meldender geschieht durch Ballotement. Eine schwarze Kugel in der Wahlurne genügt gewöhnlich um die Zulassung zu vereiteln.

Das Eintrittsgeld, welches bei der Aufnahme in einen Klub zu zahlen ist, variirt je nach dessen Verhältnissen zwischen £ 40 und £ 5; der zu entrichtende jährliche Beitrag schwankt zwischen £ 15 Sch. 15 (315 Mk. nach unserem Gelde) und £ 3 Sch. 3 (63 Mk.) Die ungeraden Summen ergeben sich daraus, daß die Beiträge ursprünglich in Guineen gezahlt werden mußten, einer Goldmünze im Werthe von 21 Mark, welche jetzt nicht mehr geprägt wird, mit deren Namen man aber doch allgemein im Lande den Betrag jener Summe bezeichnet.

Die Zahl der Mitglieder der einzelnen Klubs ist ebenfalls sehr verschieden. Hanover Square-Club hat 3000 Mitglieder, Guards-Club, der aus den Offizieren der Garderegimenter gebildet wird, zählt 350. Während der Carlton-Club den Tories einen Vereinigungspunkt bietet, finden die Liberalen ihr Obdach in der Reform. Das Athenäum ist berühmt wegen des Kunstverständnisses seiner Mitglieder; Oriental giebt Denjenigen, die im Osten ein Vermögen erworben haben, bei ihrer Rückkehr nach dem Westen eine Heimath; im Traveller tauschen Diejenigen, welche behufs wissenschaftlicher Entdeckungen Länder durchreist und Meere durchschifft haben, ihre Erfahrungen aus; im Turf finden Diejenigen, ihre Rechnung, welche den Sport lieben; der Jockey-Club ist als die Behörde für alle Pferderennen zu betrachten. Im Oxford und Cambridge-Club finden sich die gelehrten Professoren zusammen, um sich gegenseitig ihre Ansicht und ihren Rath über wichtige wissenschaftliche Streitfragen mitzutheilen, und um dieses Centrum gruppiren sich Andere, welche auf jenen Universitäten studirt haben und hier ehemalige Genossen treffen, mit denen sie die Erinnerung an die Jugendzeit austauschen.

Zuweilen genügt ein Klub, nachdem er längere Zeit bestanden hat, seiner Verfassung und dem dort maßgebenden Geiste nach, den Anschauungen und Bedürfnissen einer jüngeren Generation nicht mehr, der er vielleicht doch zu conservativ geworden ist. Man trägt sich in solchem Falle durchaus nicht mit Umsturz- ja nicht einmal mit Reform-Ideen und verlangt nicht, die älteren Mitglieder sollen sich den Ansichten der jüngeren anbequemen, sondern folgt dem Beispiel des Bienenstockes, in dem sich eine neue Königin und eine genügende Anzahl von Unterthanen gefunden hat, man schwärmt aus. Die fortschrittlicheren Elemente erhalten die Erlaubniß, einen Tochterklub mit demselben Namen zu bilden, dem aber die Bezeichnung „junior" hinzugefügt werden muß. Auf diese Weise sind Junior Athenäum, Junior Army and Navy und Junior Garrick entstanden.

So viele Klubs es aber auch geben mag, so viele mit der Zeit noch entstehen mögen, einer wird stets in der Erinnerung der Engländer par excellence und von ihnen mit Zärtlichkeit, ja beinahe mit Verehrung ohne jede nähere Bezeichnung immer „The Club" genannt werden. Es war dies eine Vereinigung von Künstlern, Schriftstellern und Gelehrten, deren Begründer der berühmte Portraitmaler Sir Joshua Reynolds gewesen sein soll, und zu deren ersten Mitgliedern Johnsohn, Goldsmith und Burke gehört haben. Anfänglich war die Zahl der Mitglieder auf neun beschränkt, und bestimmt, daß nur solche Personen Aufnahme finden sollten, die im Stande wären, sich angenehm zu unterhalten und keine zahlreichere Gesellschaft zu wünschen, selbst wenn nur zwei von ihnen zusammenträfen. In den ersten Jahren seines Bestehens war der Klub der Schauplatz großer geistiger Kämpfe. Johnson und Burke maßen ihre Kräfte, ernste Fragen wurden gründlich erörtert, leichte Wortgefechte mit Geist, Witz und Scharfsinn geführt. Die ersten literarischen und wissenschaftlichen Größen Englands begaben sich in den „Klub", um sich zu erfrischen und anzuregen, um in der Debatte zu einer Klärung ihrer Ideen, zu einem schärferen und packenderen Ausdruck für dieselben zu gelangen. Später erlag auch diese Gesellschaft dem Schicksale, welches alle derartige Verbindungen endlich zu ereilen pflegt, sie entfremdete sich ihrer ursprünglichen Bestimmung. Die Anzahl der Mitglieder vermehrte sich dergestalt, daß man nicht mehr von einem auserlesenen Kreise reden konnte, sondern mit sehr gemischten Elementen zu rechnen hatte und es mehr als fraglich war, ob sich unter der Menge noch neun fänden, welche gemäß den ersten Gesetzen für die Mitgliedschaft, vermocht hätten, sich zu Zweien zu unterhalten, ohne nach Hilfstruppen auszuschauen. Ist aber auch „der Klub" im breiten Strom des Alltäglichen untergegangen, der Ruhm seiner Jugend umstrahlt ihn noch immer und macht ihn unsterblich.

Auch von den Klubs der Gegenwart läßt sich wohl behaupten, daß viele von ihnen von bedeutendem und entscheidendem Einflusse auf das gesammte öffentliche Leben sind. Bei der großen Anzahl von Politikern, Gelehrten und Männern von Reichthum, Rang und Ansehen, die daselbst zusammentreffen, kann es gar nicht fehlen, daß sie zu Quellen werden, von denen Ströme des Denkens und Wollens ausgehen, weche das Land befruchtend durchfluthen, ohne daß man immer ihren Ursprung zu entdecken vermag.

Was die Bedeutung der Klubs für den Einzelnen anbetrifft, so sichert sich Jeder, der Mitglied eines solchen wird, eine Heimath, wo für alle seine Bedürfnisse in der umfassendsten Weise gesorgt, wo ihm jeder Wunsch befriedigt wird. Namentlich ist es für einen unverheiratheten Herrn sehr angenehm, einen Ort zu haben, wohin er gehen kann, um zu speisen, zu lesen, Briefe zu schreiben, sich zu unter=

halten; wohin er sich Freunde bestellt, wo er sicher ist, daß alle Bestellungen, die für ihn gemacht werden, ihm sicher und pünktlich zukommen; einen Ort, der ihm gleichzeitig Häuslichkeit und Gesellschaft bietet und ihm doch keine von den Pflichten und Rücksichten auferlegt, die beide fordern.

In den vornehmen Kreisen wird denn auch oft die Klage laut, daß die Klubs eine zu große Anziehungskraft auf die Herrenwelt üben und den Salons einen Theil derjenigen Gäste entführen, die man daselbst sehr gern begrüßen würde. Nicht minder erhebt sich gegen das Klubleben der Vorwurf, es verleite zum Hagestolzenthum. Hier und da mag diese Anklage auch wohl ihre Berechtigung haben, im Ganzen ist aber die Vorliebe des Engländers für den eigenen Herd doch noch so groß, daß ihn, wenn nicht andere Gründe dafür mitwirken, lediglich die Annehmlichkeiten, die das Klubleben bietet, kaum verhindern werden, sich einen solchen aufzubauen. Dagegen ist nicht zu verkennen, daß die Klubs wohl geeignet sind, Diejenigen, welche aus irgend einer Ursache auf das häusliche Leben verzichtet haben, den Mangel desselben weniger schmerzlich empfinden zu lassen.

Aus diesen Gründen ist denn auch bei vielen einzelnstehenden Frauen in London der Wunsch rege geworden, eine Stätte zu gründen, wo sich Gleichgesinnte zusammenfinden können, um zu plaudern, Zeitschriften und Tagesblätter zu lesen und ihre Mahlzeiten einzunehmen, und diesem Wunsche ist in neuester Zeit durch die Begründung von zwei Damenklubs die That gefolgt. Es steht gar nicht zu bezweifeln, daß dieses Beispiel in Bälde noch mehrfache Nachahmung finden werde, und derartige Einrichtungen würden um so freudiger zu begrüßen sein, als damit die Frage, wo alleinstehende und selbständig beschäftigte Frauen in den größeren Städten Englands ihre Mahlzeiten in bequemer und anständiger Weise einnehmen können, einer befriedigenden Lösung entgegengeführt werden würde.

Die Angelegenheit hat bekanntlich auch in Deutschland die Gemüther viel beschäftigt und darf jetzt als erledigt betrachtet werden, da man theils Damenrestaurants eingerichtet hat, theils keinen Anstoß mehr daran nimmt, daß Damen allein anständige Restaurants besuchen und dort ihr Mittagsessen verzehren. In England nehmen die arbeitenden Frauen der niederen Klassen ihr Mittagsessen mit nach den Fabriken oder gehen zur Mittagszeit nach Hause oder nehmen an den Mahlzeiten theil, welche philanthropische Arbeitgeber häufig in eigens dazu hergerichteten Speiseanstalten für ihre Arbeiter bereiten lassen. Anders verhält es sich aber für die arbeitenden Frauen der besseren Stände; sie sind erst seit Kurzem als eine bestimmte Klasse hervorgetreten und es ist für sie in vieler Beziehung und so auch in Bezug auf die sehr wichtige Frage: „Wo werden wir essen?" noch nicht in ausreichender Weise Sorge getragen.

Die Restaurants und Kaffeehäuser gehören, wie bereits bemerkt, den Männern, man hat aber doch in neuerer Zeit besondere Zimmer für Damen eingerichtet, und dorthin begiebt sich die Tageslehrerin, die Buchhalterin u. s. w., um ihr Mittagsessen einzunehmen. Ebenso nehmen diese Damen ihre Zuflucht zu den für weibliche Fahrgäste bestimmten Erfrischungszimmern auf den Eisenbahnstationen; alle diese Auskunftsmittel sind aber noch nicht ausreichend, das Bedürfniß zu decken. Da indeß das letztere in hohem Maaße verhanden ist, so wird es sicher nicht lange währen, daß die Philanthropie, wie die Spekulation sich der Sache bemächtigen. Es wäre nicht das erste Mal in England, daß eine derartige Angelegenheit von den Philanthropen aufgenommen ward und daß die Spekulation sie alsdann eifrig auszubeuten verstand. In diesem Falle ist zu wünschen, daß beides geschähe, die arbeitende Frauenwelt würde immer den Nutzen davon haben.

Die Frauen-Klubs würden, wenn sie sich erst allgemeiner eingeführt haben, gewissermaßen ein Mittelglied bilden zwischen den Klubs für die vornehmen und reichen Gesellschaftsklassen und die für die Arbeiter. Jene sind vorzugsweise zu Zwecken der Unterhaltung und des Komforts eingerichtet, diese entsprechen mehr den Nothwendigkeiten des Lebens; in den Frauen-Klubs würde beiden Forderungen in gleichem Maaße Rechnung getragen werden.

Das Klubleben der niederen Klassen unterscheidet sich nämlich von dem der oberen Zehntausend nicht nur dadurch, daß die dafür bestimmten Lokalitäten nicht mit dem Luxus und dem Raffinement ausgestattet sein können, welche die Klubhäuser des West-End auszeichnen, sondern auch dadurch, daß die Armen damit noch besondere Zwecke verbinden. Sie vereinigen sich, um sich in Fällen der Krankheit oder anderer Unglücksfälle zu unterstützen und haben zu diesem Zwecke Kassen, in welche jedes Klubmitglied einen bestimmten Beitrag zahlt, und deren Inhalt zum größeren Theil zu Unterstützungen an hilfsbedürftige Klubgenossen verwendet wird. Ein anderer Theil der Beiträge muß allerdings auch zur Bestreitung der Ausgaben für die Lokalitäten verausgabt werden, doch verursacht die Beschaffung derselben keine so große Kosten, da von der Einrichtung und Erhaltung eigener Klubhäuser natürlich nicht die Rede sein kann. Die Arbeiterklubs suchen ein Unterkommen in Bier= oder auch in Kaffeehäusern, wo sich ihre Mitglieder wöchentlich ein oder zwei Mal zusammenfinden, gemeinsame Angelegenheiten besprechen, Zeitungen lesen und sich unterhalten. In manchen Arbeiterklubs verfolgt man auch Bildungszwecke, indem von geeigneten Persönlichkeiten, die sich dazu willig finden lassen, populäre Vorträge gehalten werden.

Die Arbeiterklubs beschränken sich selbstverständlich nicht auf die Hauptstadt, sondern treten auch in der Provinz und besonders in den Städten zu Tage, die vermöge ihrer Fabrikthätigkeit eine große Arbeiterbevölkerung haben. Cricket=Klubs, Ruder=Klubs und dergleichen Verbindungen sind ebenfalls über das ganze Land verbreitet, sie haben indeß mit dem „Klubleben" im eigentlichen Sinne des Wortes nichts zu thun. Hier ist der Name „Klub" nur ein Ausdruck für das, was wir mit dem Worte „Verein" oder „Gesellschaft" bezeichnen.

Sechzehntes Kapitel.

Landaufenthalt.

Ist auch schon zu verschiedenen Malen von dem in England in Kraft bestehenden Gesetze der Primogenitur die Rede gewesen, so ist es doch unerläßlich, daß man darauf zurückkommt, sobald man eine Schilderung des Landlebens versucht. Es gibt eben Einrichtungen und Gebräuche, die einem Lande dergestalt ihren Stempel aufdrücken, daß man auf Schritt und Tritt ihren Einfluß fühlt und überall damit zu rechnen hat.

Obgleich es nicht absolut unmöglich ist, daß man auch kleine Güter als freies Eigenthum findet, so gehört dies doch zu den großen Seltenheiten und es kann von einem Bauernstande in dem Sinne des Wortes, den wir ihm beilegen, ebenso wenig die Rede sein, wie von jenen kleinen Gutsbesitzern, die sich vermöge ihrer Bildung und der Größe ihres Gutes etwas über den Bauer erheben. Der englische Landwirth hat das Gut, das er bewirthschaftet, mit ver=

schwindenden Ausnahmen vom Adel und der Gentry in Pacht und es giebt nicht leicht ein Dorf, das nicht seinen Magnaten hätte, dem das umliegende Land gehört.

Die Rangordnung auf dem Lande stellt sich demnach folgendermaßen: Der Grundbesitzer, der sofern er nicht der Aristokratie angehört, den Titel Squire führt; der Geistliche, welcher mit Ersterem auf freundschaftlichem Fuße lebt und auch häufig in verwandtschaftlichem Verhältniß zu ihm steht, da man die jüngeren Söhne in der Kirche zu versorgen pflegt; der Arzt, die Pachter und endlich die Feldarbeiter und Tagelöhner.

Der Gutsbesitzer hat in den Augen der ganzen Umgegend eine hohe Wichtigkeit und man betrachtet es als ein großes Unglück, wenn er es aus einem oder dem andern Grunde verschmächt, seinen ständigen Wohnsitz im Hause seiner Väter zu nehmen. Das gehört jedoch zu den Ausnahmen. Der Adel und ein großer Theil der Gentry bringt zwar die Saison in London zu, man kehrt aber regelmäßig nach Schluß des Parlamentes aufs Land zurück, um daselbst den Herbst und Winter zu verleben; ein nicht unbeträchtlicher Theil der Gentry bleibt sogar das ganze Jahr auf dem Familiensitze und verläßt ihn nur behufs einer gelegentlichen Reise.

Man verbindet in England mit dem Worte „Landleben" durchaus nicht den Begriff des Verbauerns, des Abgeschiedenseins von Bildung, Fortschritt und Verfeinerung und sieht darin keineswegs eine Art von Verbannung. England ist seinem eigenen Flächenraum nach ein kleines

Land, London schon seit langer Zeit eine große, eine sehr große Stadt; der entfernteste Winkel des Landes konnte mithin ihrem Einflusse nicht entzogen werden und kann es im Zeitalter des Dampfes und der Electricität noch viel weniger. Ein Netz von Schienen umspannt das Land dergestalt, daß es kaum ein Dörfchen giebt, welches weiter als eine (englische) Meile von einer Eisenbahnstation entfernt läge; Expreßzüge, welche 60 Meilen in der Stunde zurücklegen, vermitteln die schleunigste Verbindung; mit der Schnelligkeit des Blitzes trägt der Telegraph die geringsten Vorkommnisse nach allen Himmelsgegenden.

Wäre dies aber selbst Alles nicht der Fall, so bietet das Landleben doch eine Fülle von Beschäftigungen und Unterhaltungen, welche dem Geschmacke der Herren und Damen in hohem Maaße zusagen.

Die den mittleren Klassen angehörenden Gutsbesitzer beschäftigen sich mit der Beaufsichtigung ihrer Güter, die zum Theil unter ihrer direkten Leitung bewirthschaftet werden; für ihre Gattinnen und sonstigen weiblichen Angehörigen giebt es im inneren Haushalte manches Departement, was, wenn man auch Dienerschaft hält, sehr wohl von ihnen geleitet und beaufsichtigt werden kann. Der Lebenszuschnitt im Hause des kleineren Grundbesitzers unterscheidet sich nicht allzu wesentlich von dem des wohlhabenden Pachters und es ist somit trotz aller Abgeschlossenheit der einzelnen Klassen hier doch ein Uebergang gefunden, der zuweilen auch gesellschaftlich seinen Ausdruck erhält.

Der Squire bekleidet stets das Amt des Friedensrichters

in seinem Distrikte, das jedoch auch vom Geistlichen oder
sonst einer Notabilität verwaltet werden kann. Selbstverständlich sind damit keine Emolumente verbunden, es ist
im strengsten Sinne des Wortes ein Ehrenamt, denn es
umkleidet Denjenigen, der es inne hat, mit hoher Wichtigkeit und Macht in den Augen seiner niedriger gestellten
Nachbarn, die sich bewußt sind, daß jede Gesetzesübertretung
sie vor das Antlitz dieses gestrengen Hüters der öffentlichen
Ordnung bringen müsse. Vergehen und leichtere Verbrechen
urtheilt der Friedensrichter selbständig ab, bei schwereren
Fällen erläßt er einen Verhaftsbefehl gegen den Angeklagten
und überantwortet ihn nach stattgehabtem Verhör dem Gefängniß, damit dieser bei der im Hauptorte der Grafschaft
stattfindenden nächsten Schwurgerichtsperiode dem ordentlichen Verfahren übergeben werde.

Während der Squire der Rechtspflege obliegt, widmen
sich die Gattin und Töchter durch Einrichtung von Sonntags- und Abendschulen philanthropischen Bestrebungen.
Man liest, zeichnet und musizirt und beschäftigt sich mit
der Gärtnerei im Freien, wie im Zimmer und in den Gewächshäusern.

Endlich ist aber gerade der Landaufenthalt die Zeit
einer sehr lebhaften Geselligkeit. Es giebt kaum eine Gegend, in welcher nicht eine Anzahl von Familien, die demselben Gesellschaftskreise angehören, in solcher Entfernung
von einander wohnten, die den Verkehr untereinander gestattet. Es ist gebräuchlich, daß Adel und Gentry, ehe
man im Juli oder August London verläßt, eine Anzahl

Gäste einladet, die ihren Wirthen in nicht allzu langer Zeit auf ihre Landsitze folgen und für die man allerlei Vergnügungen in Bereitschaft hält.

Mit dem 5. August wird die Jagd eröffnet. Das ist eine Angelegenheit von sehr großer Wichtigkeit, und ziehen sich einmal die Parlamentssitzungen tief in den Sommer hinein, so wird lebhaft über die Frage gesprochen und geschrieben, ob es wohl gar möglich sei, daß die Mitglieder des Ober= und Unterhauses durch ihre parlamentarischen Pflichten der Theilnahme an der Eröffnung der Jagd verlustig gehen könnten. Auch die Damen interessiren sich lebhaft für die Jagd und betheiligen sich zuweilen daran; ist dies aber nicht der Fall, so hat man doch gemeinschaftliche Spazierritte und Spazierfahrten, Scheibenschießen, Wasserfahrten, Picknicks u. s. w. Außerdem bieten die Gärten und Parks, die Gemäldegallerien und die Bibliothek, mit einem Worte, die Schätze, die jedes Haus besitzt, beinahe unerschöpfliche Quellen der Unterhaltung.

Die Rückkehr der Theilnehmer an der Londoner Saison nach ihren Gütern giebt das Signal für alle Arten von Festlichkeiten, denen ihre Anwesenheit einen erhöhten Glanz verleiht und welche Abwechselung in das Einerlei des täglichen Lebens auch für Diejenigen bringen, die jahraus, jahrein an ihrer Scholle haften bleiben. Man veranstaltet Gartenbau= und Ackerbauausstellungen, Pferderennen, Wohlthätigkeitsbazare und Feste für die Sonntagsschulen. Später kommen dann die Erntefeste, der Grafschaftsball, die Fuchsjagden und last not least die Yeomanry=

Woche. Reiten bei den Fuchsjagden die Herren des Adels und der Gentry in rothen Röcken über das Land, um Reinecke, den schlauen Gesellen, aus seinem Bau zu treiben, so vertauschen die in Yeomen verwandelten Pachter ihre dunkelfarbigen Anzüge mit der bunteren Uniform und den Pflug mit der Muskete. Ihre Ackerpferde müssen sich, so gut oder so schlecht es eben gehen will, in Kriegsrosse verwandeln und so begeben sie sich nach dem Orte, zu dem sie entboten sind, um sich zehn Tage lang im Waffendienst zu üben; dies hält man für ausreichend, sie geschickt zu machen zur Vertheidigung von Haus und Hof, falls die Noth dies erheischen sollte.

Ob bei dieser kriegerischen Demonstration der davon zu erhoffende Gewinn für die Sicherheit des Landes oder das der Umgegend daraus erwachsende Vergnügen die größere Rolle spielt, mag dahingestellt bleiben. Ein Vortheil, und ein nicht zu unterschätzender, entspringt jedenfalls aus diesen Uebungen, wie aus allen vorher genannten Unterhaltungen allgemeinerer Natur. Sie bringen die verschiedenen Klassen in eine nähere Berührung mit einander, bewahren den Landaufenthalt vor gar zu großer Einförmigkeit und bewirken, daß ein Strom frischen Lebens alle Zweige des Gemeinwesens durchdringt.

Siebenzehntes Kapitel.

Die Künste.

EngIand hat zu allen Zeiten Dichter und Denker gehabt, die seine Literatur zu einer der reichsten und interessantesten der ganzen gebildeten Welt gemacht haben; weit weniger günstig ist der Himmel des Landes aber der Entfaltung der Künste gewesen. Darf man aus den spärlichen Ueberresten, welche von der Literatur der frühesten Bewohner Britanniens, der Celten, auf unsere Zeit gekommen sind, einen Schluß auf deren geistige Beschaffenheit ziehen, so waren sie nicht ganz ohne künstlerische Anlagen und Neigungen. Dieselben wurden aber ertödtet durch die sächsische Invasion oder versanken doch wenigstens in einen langen, langen, todesähnlichen Schlaf, aus welchem sie erst in neuerer Zeit erwacht zu sein scheinen.

Jahrhunderte lang fühlte die Nation gar nicht, was ihr durch die Vernachlässigung der Kunst verloren ging. Die Zeiten waren hart, es gab der Kämpfe viele, die eiserne

Nothwendigkeit herrschte und zwang den Einzelnen, wie die Gesammtheit, den Sinn auf praktische Dinge gerichtet zu halten. Es fehlte nicht nur die südliche Luft, und das milde Klima, in dem die Künste gedeihen, sondern auch jene Sicherheit des Besitzes, jene glückliche Sorglosigkeit, jene selige Muße, welche sie pflegt und ausreifen läßt.

Vielleicht wäre mit Karl I. eine der Kunst günstige Aera für England angebrochen, hätte die Herrschaft dieses Monarchen nicht ein so trauriges Ende genommen, und die der Monarchie folgende Republik war von allen Zeiten diejenige, welche sich der Kunst am ungünstigsten erwies. Hatte man diese früher nicht gepflegt, so trat man ihr jetzt geradezu feindlich entgegen, und von den wenigen Kunstschätzen, die das Land besaß, fiel noch eine nicht unbeträchtliche Anzahl dem Fanatismus der Puritaner zum Opfer. Die Papisten beugten ihr Knie vor Bildern und Bildwerken, darum fort mit ihnen, fort mit Malerei und Bildhauerkunst, sie waren nur Versuchungen zum Götzendienste und zum Abfall von der reinen Lehre.

Mit der Wiederherstellung des Königthums brach für die Künste wohl eine bessere Zeit an, sie war jedoch vorübergehend und ihrer ganzen Richtung nach nicht geeignet, einen nachhaltigen Einfluß auf die Nation zu üben. Karl II. brachte aus der Verbannung französischen Geschmack, französisches Kunstverständniß, aber auch französische Sitte und Frivolität mit, und die letztere drückte den Künsten, die unter seiner Regierung gepflegt wurden, so sehr ihren Stempel auf, daß, wie wir bereits beim Theater gesehen,

der ernstere Theil des Volkes sich auch von den Schwester=
künsten fern hielt. Bald wurde die ganze Aufmerksamkeit
der Nation auch von Neuem durch Kämpfe um die bürger=
liche Freiheit in Anspruch genommen, und erst nach der
Revolution von 1688—89 als endlich die lang ersehnte
Ordnung hergestellt war, schien die Zeit gekommen, wo man
nicht nur an das zu denken brauchte, was des Lebens Noth=
durft diente, sondern auch an das, was es schmückte und
verschönte. Und diese Zeit kam auch, aber nur für die
Auserwählten, nicht für die Gesammtheit.

Große unermeßliche Reichthümer häuften sich in den
oberen Klassen an. Damit erwachte innerhalb derselben
Kunstliebe und Kunstverständniß, und wo beide fehlten,
doch wenigstens das Bestreben, es seinen Standesgenossen
im Sammeln von Kunstschätzen gleich zu thun. Statuen
und Gemälde wanderten aus den verschiedenen Ländern
Europas, in welchen die Kunst ihre Heimath hat, in die
Museen und Sammlungen der englischen Lords; die aus
dem Boden Griechenlands und Italiens wieder ans Tages=
licht gebrachten unnachahmlichen Denkmäler einer vergan=
genen Kunstblüthe wurden auf vielen Schiffen nach dem
Inselreiche entführt, aber das Land als solches zog verhält=
nißmäßig einen nur geringen Nutzen davon. Die Kunst
blieb das Eigenthum der bevorzugten Kaste, ward als
Luxus betrachtet, den nur Diejenigen sich gestatten durften,
welche auf der Höhe des Lebens standen, und weil dem so
war, konnte sich für keinen Zweig derselben eine vaterlän=
dische Schule von Bedeutung entfalten.

Am stiefmütterlichsten von allen ist jedenfalls die Bild=
hauerkunst bedacht worden, soweit man dabei das Land selbst
im Auge hat und nicht an die aus der Fremde heimge=
brachten Schätze denkt, welche z. B. in reichster Fülle und
Schönheit im „Britischen Museum" in London zusammenge=
stellt sind. Man hat einige, aber sehr unbedeutende Ueber=
bleibsel aus den Zeiten der römischen Herrschaft, und noch
weniger aus der Periode der Angelsachsen, deren Architektur
von einem viel zu einfachen Styl war, um der Beihilfe
des Bildhauers zu bedürfen.

Die Kreuzzüge, welche für die Kultur des Abendlan=
des von so ungeheurer Bedeutung werden sollten, scheinen
auch den Engländern zuerst einen Begriff beigebracht zu
haben von dem, was man in anderen Ländern an Werken
der Skulptur geschaffen, und auf einen ganz unfruchtbaren
Boden mußten diese Lehren doch nicht gefallen sein. Man
begann im 13. Jahrhundert die Häuser mit Statuen und
Stuck zu zieren, aber, wie bereis erwähnt, ging im Zeitalter
der Reformation Alles wieder verloren. Die Furcht, irgend
etwas zu begünstigen, was zu einem Rückfall in „Popery"
verleiten könnte, trug selbst unter der Regierung einer
Elisabeth den Sieg über jede künstlerische Neigung davon.

Der erste englische Bildhauer neuerer Zeit, welcher
seinem Vaterlande Ehre machte, war Thomas Banks,
der unter der Regierung Georg III. gelebt hat. Unter
seinen Nachfolgern ist besonders Flaxman — geb. 1755
gest. 1826 — zu nennen. Mit unermüdlichem Fleiße schuf
er nicht nur zahlreiche treffliche Werke, sondern hielt auch

in seiner Eigenschaft als Professor an der Königlichen Akademie Vorlesungen über seine Kunst. Ebenso versah er Wedgewood mit Mustern zu dem Porzellan, das nach Letzterem den Namen trägt, und beide Männer dürfen somit gemeinschaftlich als Begründer eines Industriezweiges bezeichnet werden, der in England zu so großer Vollkommenheit gelangt ist und dem Lande Geld und Ruhm in Fülle gebracht hat.

Seit Flaxmans Wirken hat sich die Zahl der englischen Bildhauer vermehrt, sie ist aber nie auch nur im Verhältniß so groß geworden wie die der Maler und wird es auch nie werden. Der Himmel Englands bedarf weit mehr der Gluth der Farbe als der kalten Symmetrie des Marmors, die Skulptur als Selbstzweck dürfte daher auf britischem Boden stets mehr Gast bleiben als heimisch werden. Dagegen nimmt sie jetzt, wo man der schönen Form eine so große Bedeutung beizulegen beginnt, für die Kunstindustrie einen sehr wichtigen Rang ein. Man findet in den Häusern des besseren Mittelstandes großes Gefallen an Abgüssen und Nachbildungen antiker und moderner Meisterwerke, und der Architekt stellt häufiger als früher an den Bildhauer die Anforderung, ihm bei der Ausführung seiner Pläne die helfende Hand zu reichen.

Was die englische Architektur anbetrifft, so ist dieselbe gleich der Literatur aufs innigste mit der Geschichte des Landes verbunden und enthält gleich der Sprache Spuren des gemischten Charakters der englischen Race. Ebenso spiegeln sich darin auch die einzelnen Perioden der Vergangenheit und die Kämpfe ab, die zwischen den verschiedenen Völkern, welche das Land bewohnten oder überschwemmten, um dessen Herrschaft geführt worden sind.

Der frühesten Periode gehören die über ganz England verstreuten Ueberreste aus der Druidenzeit an. Den Römern gebührt der Ruhm, die von ihnen unterjochten Briten in die Kunst der Architektur eingeführt zu haben. Unter ihrer Herrschaft entstanden Städte, Tempel und Paläste, ja sie waren so gute Lehrmeister, oder die Briten so gelehrige Schüler, daß die Bauleute der letzteren auch in anderen Ländern geschätzt und gesucht wurden.

Nach dem Aufhören der römischen Herrschaft und während der darauf folgenden Kämpfe ging dem Volke nicht nur die erlernte Kunst des Bauens wieder verloren, sondern es verfielen auch die von den Römern herrührenden Bauwerke. Ueber ihren Trümmern erhob sich eine neue Welt und noch heute stößt man nicht selten, wenn zu irgend einem Zwecke Ausgrabungen gemacht werden, auf Ueberreste einer untergegangenen Kultur. Einen neuen Impuls sollte die Bauthätigkeit des Landes erst erhalten als die Missionaire das Zeichen des Kreuzes daselbst aufgepflanzt und seine Bewohner zum Christenthum bekehrt hatten. Es giebt in England noch einige alte Kirchen, die aus der Zeit der Angelsachsen stammen und im sogenannten anglosächsischen Styl erbaut sind. Auch gehört dieser Periode die Erbauung der Westminster-Abtei an, obgleich von dem unter Eduard dem Bekenner aufgeführten steinernen Gebäude dieses Namens nichts übrig geblieben ist als ein einziges niedriges, schmales Gemach), Pyx-House genannt. Alles Uebrige ward durch die Zeit oder durch die Hände der Menschen hinweggeschafft, damit Raum werde für jene prächtigen Baulichkeiten, welche das Werk vieler Generationen sind.

Die Normannen, welche die Angelsachsen überwältigten, brachten nach Britannien auch einen neuen Baustyl mit. Der Geist der unterjochten Race war aber viel zu kräftig, um sich ausrotten zu lassen, er nahm vielmehr die fremden Eindrücke auf, um sie nach seiner Eigenart auszugestalten; in Folge dessen gewann auch der neue Baustyl bald einen nationalen Charakter und es erstand jener anglo=normannische Styl, in dem Schlösser und Kathedralen erbaut sind, auf die England noch heute mit Recht stolz ist. Ihm folgte der gothische Baustyl, dessen Dauer sich in England vom Ende des zwölften bis zur letzten Hälfte des fünfzehnten Jahrhunderts erstreckte und nach den verschiedenen Modifikationen, die damit vorgenommen wurden, in drei ganz bestimmt abgegrenzte Perioden zerfällt.

Kurz vor dem Beginn der Regierung der Königin Elisabeth führte Johann von Padua, ein italienischer Baumeister, den italienischen Renaissancestyl in England ein, der bald nationale Form und nationalen Charakter annahm und als der Elisabethanische bekannt ist.

Der Jakobinische Styl — nach Jakob I. benannt — wurde zu besonderer Vollkommenheit gebracht durch Christoph Wren, den Erbauer der St. Paulskirche. Dieselbe erhebt sich auf dem Platze einer älteren Kirche, welche mit noch vielen andern Häusern und Kirchen Londons durch die große Feuersbrunst im Jahre 1666 zerstört worden war. Drei Tage nach diesem Brande hatt Wren dem Könige Karl II. einen Plan für den gänzlichen Neubau von London vorgelegt. Leider ward derselbe nicht angenommen; wäre er ausgeführt worden, so gäbe es jetzt im Herzen der Metropole nicht jene engen Gassen und winkeligen Straßen, welche den Verkehr so sehr hemmen und deren Beseitigung nunmehr doch beinahe eine Unmöglichkeit geworden ist

Wenn man von den in den letzten Jahren entstandenen prächtigen Kirchen der Katholiken absieht, so ist die einzige Kathedrale, die in England seit der Reformation erbaut ist, die St. Paulskirche. In ihrem großen, einfachen Styl bildet sie einen mächtigen Kontrast zu dem sie umfluthenden Leben der Weltstadt und harmonirt doch wieder in wunderbarer Weise mit dem Charakter des sich um ihre Mauern tummelnden Volkes; sie enthält die Grabstätten der größten nationalen Kriegshelden des neunzehnten Jahrhunderts, Nelson und Wellington, und ist dem Engländer daher in vielen Beziehungen werth und theuer; der Westminster=Abtei vermag sie aber doch den Rang nicht streitig zu machen. Die St. Paulskirche ist in einer Zeit, aus einem Gusse, von einem Meister erbaut, die Westminster=Abtei ist aus den Kämpfen der Nation hervorgegangen, ist gewachsen mit dem Wachsthum des Landes, in ihr spiegeln sich alle Seiten des nationalen Charakters ab, sie ist ein Denkmal seiner ganzen Geschichte.

Nach Wren's Tode wurde der Styl, in dem er seine Bauwerke ausgeführt, allerdings beibehalten, da jedoch kein Genius erstand, der ihm neues Leben einflößte, ihm neue Jugend und Originalität verlieh, so verflachte er mehr und mehr, bis das neunzehnte Jahrhundert ihn gänzlich bei Seite schob und den klassischen, wie den gothischen Styl aus langem Schlafe zu erwecken bemüht war.

Beide ringen mit einander noch jetzt um die Herrschaft und unentschieden ist es, wer von ihnen den Sieg davon= tragen wird, oder ob sie ihn nicht am Ende an einen dritten Bewerber überlassen müssen, der mit voller Berech= tigung auf dem Schauplatz erschienen ist — dem nationalen Styl, d. h. einem Styl, der geeignet ist, dem Charakter der Nation einen angemessenen Ausdruck zu verleihen. Ein sehr schönes Bauwerk im klassischen Styl ist die Frontseite des Britischen Museums in London; der gothische Styl wird dagegen durch das Parlamentsgebäude repräsentirt. Man ist mit Recht auf diesen Prachtbau sehr stolz, und doch er= heben sich Stimmen, die es bedauern und tadeln, daß ein Gebäude, in dem das volle Leben des Volkes in seiner jetzigen Entfaltung sich konzentrirt, nicht auch in einem Style erbaut ist, der dem Charakter der Gegenwart ganz und entschieden Rechnung trägt.

Weit mehr Pflege und Aufmerksamkeit als der Bild= hauerkunst hat die englische Nation von jeher der Malerei zugewendet. Dennoch kann man von einer eigentlichen englischen Malerschule erst seit dem achtzehnten Jahrhundert sprechen, denn obgleich es im sechzehnten und siebzehnten

Jahrhundert mehrere berühmte einheimische Miniaturmaler gegeben, lag bis zu jenem Zeitpunkt die Kunst doch meistens in den Händen von Ausländern, die sich im Lande niedergelassen hatten.

Einen Wendepunkt in der Geschichte der englischen Malerei bezeichnete das Auftreten von Willlam Hogarth, dessen Bilder mit wundervollem Humor und großem Pathos die Thorheiten seiner Zeit geißeln, ja eigentlich jedem Zeitalter ein wahres, scharfes Spiegelbild vorhalten. Man wird nicht fehlgehen, wenn man noch heute Hogarth's Geist in jenen humoristischen und satyrischen Illustrationen englischer Werke und englischer Magazine zu finden glaubt, die einen so großen Ruf erlangt und im Original, wie durch Cliché's, namentlich auch in Deutschland starke Verbreitung gefunden haben.

Hogarth's Zeitgenosse war der berühmte Portraitmaler Sir Joshua Reynolds. Er ward der erste Präsident der Königlichen Akademie der Künste, die im Jahre 1768 im Beginn der langen Regierung Georg III. begründet ward. Die Wahl war eine glückliche, denn Sir Joshua war ein Mann von gewinnendem Wesen und fein gebildetem Geschmack, und unter seiner Leitung erhob sich die Königliche Akademie zu einer Macht im Lande, die sie seitdem geblieben ist. In ihrem Schutze wuchs und blühte die Kunst trotz der Gleichgiltigkeit, mit der sie fort und fort vom Volke behandelt war. Das alljährlich stattfindende große Bankett der Akademie versammelt noch heute Alles, was Adel, Politik, Wissenschaft und Literatur an

Berühmtheiten aufzuweisen hat; die ebenfalls alljährlich durch die Akademie veranstalteten Ausstellungen gehören mit zu den großen Tagesereignissen.

Die Königliche Akademie war zunächst hauptsächlich zu dem Zwecke eingerichtet worden, die Historienmalerei zu fördern; der nationale Geschmack für Naturschönheiten ist aber so groß, daß es nur natürlich und folgerichtig erscheint, daß sich die englische Malerei nach dieser Seite besonders entwickelte. Englische Maler haben im Fache der Landschaftsmalerei Großes, wenn nicht Unübertroffenes geleistet, und vor Allen ragt der Name Turner hervor. Während eines langen Lebens schuf dieser Meister mit einem Fleiße und einer Schnelligkeit, wie man außer ihm vielleicht nur noch bei Tizian findet, eine große Anzahl von Bildern, welche sämmtlich als die schönste Verkörperung der innigen Liebe seiner Nation für die Natur anzusehen sind.

Turner's Gemälde sind über ganz England verstreut und auch ins Ausland gekommen, er hat aber noch bei Lebzeiten dafür Sorge getragen, daß seine Arbeiten seiner Heimath erhalten bleiben, indem er eine nicht unbeträchtliche Anzahl davon zurückgekauft und sie dem Vaterlande hinterlassen hat. Zwei seiner besten Landschaftsbilder hat er der Nationalgallerie vermacht, mit der Bedingung, daß sie daselbst zwischen zwei Landschaften von Claude Lorraine, den er stets als seinen Rivalen betrachtete, aufgehängt würden, damit Jeder selbst sehen und urtheilen könne, wem die Palme gebühre, und diese Anordnung wird bis auf den heutigen Tag festgehalten.

Sir Edward Landseer's Bilder aus dem Thierleben bringen eine andere Seite des englischen Charakters, die Liebe zu den Thieren, mit einer staunenswerthen Kraft des Individualisirens und Idealisirens zur Anschauung und sind hochberühmt in der ganzen gebildeten Welt. Nach seinem Tode scheint Ausdell wenigstens einen Zipfel des fallenden Mantels des Meisters ergriffen zu haben, und auch Couper darf als ein nicht unwürdiger Nachfolger desselben genannt werden.

Scenen aus dem häuslichen Leben sind von Wilkie mit großem Geschick behandelt worden; die Historienmalerei hat in Sir Charles Eactlabre und Daniel Martin würdige Repräsentanten gefunden.

Eigenthümlicherweise haben unter den Schlachtenbildern in England in neuester Zeit die einer Malerin, der Miß Thomson, große Anerkennung gefunden. Dieser Künstlerin reihen sich auf den verschiedenen Gebieten der Malerei andere Frauen ebenbürtig an. Namentlich wird von ihnen auch das Feld der Aquarellmalerei kultivirt, die bekanntlich in England besonders geschätzt und gepflegt wird. Vergangenheit und Gegenwart haben darin denn auch so Vorzügliches geleistet, daß die englische Aquarellmalerei selbst von ausländischen Kritikern unübertroffen in ihrem Styl genannt worden ist. Um einige Namen bedeutender Aquarellmaler aufzuführen, mögen hier Blake, Stothard, Cox und Prout erwähnt sein.

Aus der vorstehenden Schilderung geht hervor, daß man seit langer Zeit auf dem Gebiete der Malerei in Eng=

land durchaus nicht unthätig gewesen ist, sondern im Gegentheil eine große Regsamkeit entfaltet hat. Die Ausstellung, welche die Königliche Akademie alljährlich veranstaltet, ist, wie bereits erwähnt, ein Ereigniß, das mit Spannung erwartet wird, und das Tagesgespräch während ihrer Dauer in den gebildeten Kreisen beherrscht. Während der Saison ist die Ausstellung das Rendezvous der vornehmen Welt und hat dabei noch ihre mächtigen Rivalen. Die Zahl der Gemälde, welche alljährlich aus Mangel an Raum von der Ausstellung der Königlichen Akademie zurückgewiesen werden müssen, ist nämlich ganz enorm. Da nun auf diese Weise vielen guten Werken die Gelegenheit entzogen wird, sich den Blicken des Publikums zu zeigen, so ist man seit einigen Jahren auf ein Auskunftsmittel gerathen und veranstaltet auf privatem Wege noch eine zweite Ausstellung. Dieselbe, bekannt unter dem Namen der „Grosvenor-Gallerie," ist beinahe ebenso beliebt geworden, wie ihre ältere Schwester, und die Maler geben ihre Werke fast ebenso gern dorthin. Man veranstaltet außerdem noch besondere Ausstellungen von Aquarellbildern, auch hat man viele Privatsammlungen; vor Allem aber ist die reiche Nationalgallerie da, die dem Volke gehört und zu deren Vermehrung alljährlich eine beträchtliche Summe aus Staatsmitteln aufgewendet wird.

Trotz alledem blieb die Kunst aber immer und immer noch auf die Regionen des Reichthums und des Luxus beschränkt, und erst seit etwa fünf und zwanzig Jahren geht durch das Land eine kräftige Bewegung, die darauf hinwirkt, Kunstverständniß und Kunstliebe zu einem Gemeingut des Volkes zu machen, da man die darin liegende ungeheure erziehliche Bedeutung endlich in ihrem ganzen Umfange erkannt hat.

Als ein Apostel dieser neuen Richtung darf der Kunstschriftsteller John Ruskin bezeichnet werden, der durch seine zündenden Gedanken, seine glühenden Worte und durch seine rastlose, unermüdliche Thätigkeit es dahin gebracht hat, daß England sich endlich ermannt und, wie in Shakespeare's Wintermärchen Paulina zu Hermione, zur Kunst gesprochen hat: „Steig herab, sei Stein nicht länger!"

Und die Kunst hat dem Rufe Folge geleistet. Nach langem, langem Verweilen in den exclusiven Kreisen ist sie herabgestiegen zu den Häusern des Mittelstandes, in die Werkstätten und Fabriken. Sie hat erkannt, daß sie nicht nur als kaltes, unnahbares Götterbild thronen darf, sondern den häuslichen Herd verschönen, das Leben durchdringen muß. Der von den alten Celten auf die englische Race vererbte künstlerische Funke scheint nach langem, Zauberschlafe zur lichten Flamme angefacht zu sein.

Ohne Ruskin's Verdienste schmälern zu wollen, ist es doch vielleicht zweifelhaft, ob seine Lehren einen so allgemeinen und nachhaltigen Erfolg gehabt haben würden, hätten sie nicht in einer sehr praktischen und unwiderleglichen Weise eine laut redende Unterstützung gefunden. Die Weltausstellung von 1851 bereitete den Engländern, welche die Industrie aller Völker bei sich zu Gaste geladen hatten, eine sehr unangenehme Ueberraschung. Man erkannte, daß

England auf kunstgewerblichem Gebiete gegen andere Länder in einer auffälligen und besorgnißerregenden Weise zurückgeblieben war und sagte sich, daß man sehr ernst arbeiten müsse, wolle man die im eigenen Hause empfangene Niederlage wieder wett machen und die Stellung, die England so lange auf dem Weltmarkt inne gehabt, auch noch ferner behaupten.

Zunächst galt es, die Ursachen des Uebels kennen zu lernen. Da konnte man sich denn bald der Wahrnehmung nicht verschließen, daß dieselben hauptsächlich in dem die Nation beherrschenden Nützlichkeitsprinzip zu suchen wären. Seit langer Zeit hatte John Bull sich daran gewöhnt, lediglich nach dem Nutzen einer Sache zu fragen, sich wenig darum zu kümmern, von welcher Form oder Farbe ein Geräth oder ein Kleidungsstück war, wenn es nur seiner Bestimmung entsprach. Schönheit und Nützlichkeit erschienen als unvereinbar, ja man hielt die erstere sogar für ein Hinderniß der letztern. Zwischen dem schwer arbeitenden Volke und dem Reiche der Kunst gab es keine Verbindung, die Welt des Schönen war vollständig abgetrennt vom Leben der großen Masse. Man besaß eine Nationalgallerie, man hatte Kunstschätze aufgehäuft, man gab jedes Jahr große Summen für ihre Vermehrung aus, aber die Nation, für die das Alles geschah, war in ihrer Gesammtheit gleichgültig dagegen. Man hatte keine Zeit, die Gallerien zu besuchen, kein Verständniß dafür, daß auch aus diesen Dingen sich ein unermeßlich großer Nutzen ziehen lasse, es mußte dies auf handgreiflichere Weise klar gemacht werden.

Um diese Aufgabe zu erfüllen, schuf man das Kensington=
Museum. Hier zeigt sich in jedem Gegenstande die Ver=
bindung der Kunst mit dem praktischen Leben, hier wird
in klarster Weise dargethan, wie dieses Leben in allen sei=
nen Beziehungen durch das Schöne zu erheben und zu ver=
edeln sei. Seit der Ausstellung von 1851 und der Be=
gründung des Kensington=Museums scheint es, als seien
John Bull die Schuppen von den Augen gefallen. Es
hat sich ihm ein Reich aufgethan, von dessen Dasein er
bisher kaum eine Ahnung gehabt. Zweifelnd und kopf=
schüttelnd blickte er zuerst hinein, dann trat er schüchtern
näher, endlich hatte er begriffen, und nun biß er die Zähne
zusammen, rührte die Arme und machte sich an die Arbeit,
mit jenem redlichen Willen, jener Bedachtsamkeit und Stetig=
keit, mit der er immer zu Werke zu gehen pflegt, sobald
er zu der Erkenntniß gelangt ist, daß etwas gethan werden
müsse. Neue Kräfte, neue Fähigkeiten, neue Talente schie=
nen plötzlich im Volke aufgesprungen zu sein, ein neues
Streben durchdrang es, und keine Klasse der Gesellschaft,
keine Seite des Lebens blieb gänzlich davon ausgeschlossen,
auf allen Gebieten machte sich der eingetretene Umschwung
fühlbar.

In Verbindung mit dem Kensington=Museum ent=
standen bald Kunst= und Zeichenschulen, und der Andrang
der Schüler und Schülerinnen dazu ward ein so großer,
daß diese Anstalten beständig vermehrt werden mußten. Jetzt
sind sie über das ganze Land verbreitet und können mit
Recht als die Stätten bezeichnet werden, von denen aus

die künstlerische Bildung sich der gesammten Nation mittheilt. Vom Kensington=Museum aus gehen ferner Wander=Museen in alle nur einigermaßen bedeutende Städte Englands, und endlich bethätigt sich auch der Gemeinsinn in großartiger Weise und trifft Veranstaltungen, um dem erwachten Kunstbedürfniß Befriedigung zu verschaffen.

Die Mitglieder der bevorzugten Klasse, die von Generation zu Generation Kunstwerke gesammelt haben, und in ihren Schlössern und Palästen einen ungeheuren Reichthum daran aufbewahren, den doch nur selten ein sterbliches Auge zu sehen bekam, wurden sich plötzlich bewußt, daß auch mit diesem Besitz eine Verpflichtung für sie verbunden sei. So lange das Volk kein Auge für die Werke der großen Meister besaß, lag keine Veranlassung vor, sie ihm zugänglich zu machen; jetzt aber, wo die Blinden sehend geworden, mußte dafür gesorgt werden, daß ihnen auch wahrhaft Schönes und Bildendes dargeboten würde.

In Folge dessen ist es seit einer Reihe von Jahren in England Sitte geworden, Ausstellungen zu veranstalten, zu welchen die Besitzer von Kunstwerken mit anerkennenswerther Bereitwilligkeit ihre Schätze herleihen. Bald sind es Gemälde bestimmter Zeitalter und Schulen, bald Teppiche und Tapeten, Spitzen, Stickereien, Möbel und Holzschnitzereien, Goldschmiedearbeiten und Schmuck; kurz, was nur die Kunst und Kunstindustrie früherer Jahrhunderte in den verschiedenen Ländern hervorgebracht hat, das sucht man, übersichtlich geordnet, den Augen der Schau= und Lern=

begierigen darzustellen. Vor Kurzem ist z. B. unter dem Protektorat der Prinzessin Louise eine Ausstellung von Fächern veranstaltet worden.

Alle diese Bemühungen haben vortreffliche Früchte getragen. Man hat nicht nur gesehen und gestaunt, sondern wirklich gelernt und das Erlernte nutzbar zu machen verstanden. Die englische Industrie hat neue Bahnen eingeschlagen und auf jeder der seitdem veranstalteten Ausstellungen ein so stetiges Fortschreiten bekundet, daß es im Vergleich zu ihrem Debüt auf der Ausstellung des Jahres 1851 beinahe von ihr heißen kann: „Die Letzten werden die Ersten sein."

Ebenso erfreulich macht sich die neue Richtung im häuslichen Leben des Volkes, in der Einrichtung seiner Wohnungen und in seiner Toilette geltend. Der Engländer und die Engländerin sind lange Zeit im Auslande kenntlich gewesen an dem eigenthümlichen Schnitt ihrer Kleidung und einer Zusammenstellung von Farben, welche allen Gesetzen des Geschmackes und der Farbenlehre Hohn zu sprechen schien. Man kann auch nicht behaupten, daß die Erscheinung der „reisenden Engländer" bereits verschwunden wäre, man darf indeß den Engländer in seiner Gesammtheit ebenso wenig nach diesen einzelnen Exemplaren beurtheilen, wie die Berliner nach einer gewissen Kategorie von Reisenden, die ihnen bekanntlich einen sehr üblen Ruf gemacht haben. Im Lande selbst ist ein Volk aufzusuchen, soll es richtig beurtheilt werden, nach England muß man sich wenden, wenn man sich von dem großen Umschwunge überzeugen will, den die letzten fünfundzwanzig Jahre auf jenen Gebieten hevorgebracht haben.

Hatte man früher diejenigen Regionen verlassen, in welchen die jeweilige Mode ihr Szepter schwingt, so ward das Auge, wohin es auch blickte, beleidigt von dem Utilitarismus in seiner krassesten Gestalt. Schönheit der Form, Symmetrie, Harmonie der Farbe waren unbekannte Begriffe, Nutzen und Bequemlichkeit die alleinigen, unumschränkten Gesetzgeber. Und selbst da, wo man sich den Gesetzen der Mode beugte, war es anders, aber nicht viel besser. Man befolgte die Gebote dieser Königin, ohne daß man ihr als verantwortlichen Minister den Geschmack zur Seite gesetzt hätte, um ihre Ausschreitungen zu mäßigen und ihre Vorschriften der Persönlichkeit gemäß umzugestalten. Das Alles ist jetzt anders geworden.

Man geht von England auch jetzt nach Paris, um die neueste Mode zu holen, und es ist kaum anzunehmen, daß man sich je gänzlich von diesem Einflusse frei machen werde. Darin liegt jedoch keine Gefahr, denn man ist selbständig geworden, und empfängt man auf dem Gebiete der Toilette Gesetze, so weiß man sie anzuwenden und ist sich bewußt, auf anderen Gebieten Gleiches mit Gleichem vergelten zu können.

Die Toiletten der Damen für Haus, Straße und Gesellschaft haben an Schwere verloren. Schmucksachen werden nicht mehr in so reichem Maaße getragen und man sieht dabei mehr auf die schöne Form als die allzu große Gediegenheit. Geschmack, Schönheits- und Farbensinn haben bei der Zusammenstellung eines Anzuges weit mehr ihr Votum abzugeben als der Reichthum oder ein zu weit getriebener Begriff der „Respektabilität".

Bei der Einrichtung der Wohnungen verschwindet mehr und mehr die Neigung, die Zimmer ohne jede Rücksicht auf Symmetrie mit schweren Möbeln vollzupfropfen. Man ist darauf bedacht, die Farben in Uebereinstimmung zu bringen, giebt etwas auf die schöne Form der Möbel und Geräthe. Kunstwerke im Original oder in mehr oder minder kostbaren Nachbildungen werden gern und viel als Zimmerschmuck verwendet. Nicht mehr fragt man einzig und allein nach dem Nutzen, sondern ist bestrebt, Komfort und Eleganz mit edler Einfachheit und Schönheit zu verbinden. Daß Unterlassungssünden vieler Jahrhunderte sich nicht in einigen Jahrzehnten vollständig auslöschen lassen, ist selbstverständlich. England wird noch lange zu arbeiten haben, um das Versäumte nachzuholen; was aber bisher geschehen, giebt Zeugniß davon, daß es dem Volke Ernst damit sei, der Kunst auf allen Lebensgebieten die Herrschaft einzuräumen, die man ihr zum großen Nachtheil für die Nation nur allzu lange vorenthalten hatte.

Zum Schlusse noch einige Worte über die Musik. Man würde dem Engländer entschieden unrecht thun, wollte man behaupten, er habe keinen Sinn für die Musik. Ganz im Gegentheil. England ist seit langer Zeit das gelobte Land, wohin ausländische Musiker, Sänger und Sängerinnen pilgern, überzeugt, daselbst eine gute Aufnahme zu finden und mit Lorbeeren und Schätzen beladen nach Hause zurückzukehren. Deutsche Komponisten haben in England eine zweite Heimath gefunden und es giebt kaum ein Land, in dem Gesang und Klavierspiel in dilettantischer Weise so eifrig betrieben würde wie in England. Wohl aber ist die musikalische Begabung des Engländers im Auslande stets stark angezweifelt worden und deutschen Ohren hat das Klavierspiel und der Gesang englischer Damen und Herren nie allzu erquicklich geklungen. Vielleicht liegt es aber doch noch mehr in der Art und Weise, wie man früher die Musik getrieben hat, als in der mangelnden Beanlagung dafür, daß weder schaffend, noch ausübend bisher auf diesem Gebiete wesentliche Leistungen zu verzeichnen sind.

Man hat in England lange Zeit die Musik mehr als ein Handwerk betrachtet, dessen Kunstgriffe zu erlernen sind, denn als eine Wissenschaft, die gleich jeder andern in ihren Grundelementen studirt werden muß. Man war darauf bedacht, die Finger zu üben und sie auf den Tasten zur Fertigkeit zu bringen, aber man ließ das Gefühl völlig gleichgültig gegen den Ton, hauchte dem Musikstück, das man zu Gehör brachte, nicht die Seele ein, ohne welche auch die vorzüglichste Komposition ein leerer, todter Schall bleibt. Seit einigen Jahren ist man jedoch zu der Einsicht gelangt, daß es auch hier auf dem bisher verfolgten Wege nicht länger fortgehen darf. Durch die Bemühungen des Prinzen von Wales ist eine Königliche Akademie und Fakultät der Musik eingerichtet worden und man hofft, es werde möglich sein, im Volke auch das musikalische Talent zu entwickeln. Einen gewissen Stützpunkt erhält diese Hoff=

nung in dem Aufschwung, welchen die Kunst im Allgemeinen im Lande genommen hat, wie auch in dem Umstande, daß man Volksweisen von außerordentlicher Lieblichkeit findet, sowie daß die Hymnen, Psalmen und sonstigen Kirchenlieder in ihrer einfachen Harmonie von großer Wirkung sind. Seit einiger Zeit hat man wohlfeile Konzerte eingeführt, durch welche es auch Unbemittelteren ermöglicht werden soll, klassische Musikstücke in guter Ausführung zu hören. Durch diese Mittel und durch die Einrichtung von Musikschulen in allen nur einigermaßen bedeutenderen Städten ist in der That schon ein recht bemerkbarer Fortschritt erreicht worden, und so ist es denn vielleicht doch noch möglich, daß dem Lande aus seinen Kindern auch Komponisten erstehen, die im Stande sind, den natürlichen Empfindungen in Tönen einen ebenso erhabenen Ausdruck zu verschaffen, wie es die Dichter und Schriftsteller in Worten gethan haben.

Achtzehntes Kapitel.

Sprache und Literatur.

Die Literatur des englischen Volkes ist sehr alt und unermeßlich reich an herrlichen Werken in gebundener und ungebundener Rede. Alle Phasen der Entwickelung, welche die Nation zu durchlaufen hatte, alle Elemente, aus denen sie zu einem einheitlichen Ganzen zusammenfloß, spiegeln sich in ihrer Sprache und in ihrer Literatur wieder. Die einfache Klarheit und scharfe Deutlichkeit der Sprache ist sächsischen Ursprunges, dem Latein verdankt sie den stattlichen Periodenbau und die schwungvoll dahinfließenden Sentenzen. In den Helden, welche die Dichter feiern, in den Begebenheiten, die sie besingen, in den Gestalten, die ihre Phantasie erschafft, erkennt man die ruhige, stetige Beharrlichkeit des Angelsachsen, gepaart mit der Ritterlichkeit und Romantik des Normannen, durchglüht vom celtischen Feuer, und ebenfalls als Erbschaft der celtischen Vorfahren gesellt sich dazu als erfrischender Strom der Humor, dieses so schwer zu definirende köstliche Besitzthum, das kein Volk in so hohem Maaße, in einer solchen Feinheit und Kühnheit besitzt und mit solchem Takte zu verwenden versteht, wie die Engländer.

Noch in einer anderen direkten Weise sind indeß die Celten von Einfluß auf die englische Literatur gewesen. Die Sagen, welche ihre Barden gesungen, erbten sich fort von Geschlecht zu Geschlecht und sind für viele Dichter eine Quelle der Inspiration geworden. Sie erscheinen immer und immer wieder in den verschiedenen Perioden der Literatur bis auf die Neuzeit, wo sie Tennyson den Stoff zu seinen Idyllen von König Arthur's Hof und Zeit geliefert und in dieser Gestalt einen großen und enthusiastischen Leserkreis gefunden haben.

Trotz des unverkennbaren Verdienstes, das die Celten sich um die englische Literatur erworben, kann man eine eigentliche greifbare Geschichte der letzteren aber doch erst von dem Zeitpunkte an batiren, zu welchem die Angelsachsen festen Fuß im Lande gefaßt hatten; wirklich interessant wird sie aber erst mit dem Momente, wo Wickliffe die Bibel in's Englische übersetzte und Chaucer seine „Canterbury=Geschichten" schrieb. Beide Werke wurden für die Sprache, in der sie geschrieben, von ganz unschätzbarem Nutzen, denn sie verwandelten sie aus lose zusammengefügten Elementen in eine festgeschlossene, kräftige Gesammtheit.

Nach der normännischen Invasion war die während der angelsächsischen Zeit vom Volke gesprochene Sprache in eine Art von Anarchie verfallen. Die Normannen ver=

achteten die Sprache des unterdrückten Volkes und dieses, welches um das nackte Leben kämpfte, hatte wenig Muße und Sinn, sich mit Dingen zu beschäftigen, die außerhalb seines nächsten Gesichtskreises lagen. Alle Formen der Literatur waren unangefochten vom französischen Einfluß beherrscht, es gewann sogar den Anschein, als solle das Französische auch als Umgangssprache das bisher gebräuchliche Idiom gänzlich verdrängen. Selbst als schon wieder verdienstvolle Werke in der sogenannten vulgairen Sprache zu erscheinen begannen, war der Kampf noch lange nicht zu Gunsten der letzteren entschieden, und gänzlich hat eigentlich keine von beiden obgesiegt. Man kann die englische Sprache, wie sie geworden ist, als ein Compromiß zwischen Angelsächsisch und Normännisch oder, wenn man auf die Grundformen zurückgeht, zwischen Germanisch und Lateinisch bezeichnen.

Auch Chaucer's erste Arbeiten sind noch unter dem französischen Einflusse geschrieben. Erst nachdem er in verschiedenen diplomatischen Sendungen im Auslande gewesen war, treten in seinen Dichtungen die Spuren der erziehlichen Kraft zu Tage, welche die italienische Literatur auf ihn ausgeübt hat; sie diente dazu, den echt englischen Genius, der in ihm wohnte, mit voller Macht zur Entwickelung zu bringen. Dieser englische Genius fand seinen klarsten Ausdruck in den „Canterbury=Geschichten", nicht nur durch die Sprache, in der sie geschrieben, sondern durch zwei andere charakteristische Züge, welche der englischen Literatur bis auf den heutigen Tag verblieben sind — die leidenschaftliche Liebe zur Natur und den Humor. Wie ein lustiger Quell sprudelt der letztere in dem Prolog zu den „Canterbury-Geschichten" und kommt in jeder Erzählung, die der Dichter seinen Pilgern in den Mund legt, von Neuem und oft ganz plötzlich und unvermuthet zum Vorschein.

Der Einfluß der italienischen Literatur währte nach Chaucer's Tod noch Jahrhunderte fort, um so mehr, als der englische Genius nichts hervorbrachte, was geeignet gewesen wäre, ihm entgegenzuwirken. Es war die unfruchtbarste Zeit, welche die englische Literatur aufzuweisen hat, und daß dem so war, ist wahrlich nicht zu verwundern. Ein Blick auf die Blätter der Geschichte, welche von den Kämpfen der beiden Rosen berichten, giebt die beste Erklärung dafür.

Auch unter Heinrich VII. geschah noch wenig, um das trotz und während jener Kämpfe gesammelte reiche Material zu einem lebendigen Besitzthum der Nation zu gestalten; erst als Heinrich VIII. den Thron bestieg, begann das Aufleuchten der Sonne, deren hellste Strahlen die Regierung seiner großen Tochter verklären sollten. Der König beschützte die Literatur, ja er griff sogar selbst zur Feder. Unter seiner Regierung vollzog sich die Reformation, die eine so gewaltige Bewegung unter den Geistern hervorrief. An Heinrich's Hofe lebte Sir Thomas Moore, der englische Geschichte in einem Style schrieb, wie ihn die englische Prosa bis dahin noch nicht aufzuweisen gehabt hatte und dessen Buch „Utopia" seinem Zeitalter an Weisheit und Erkenntniß weit voraus war. Thomas Moore brachte die englische Prosa ebenso mächtig vorwärts wie Sir Thomas Wyatt und der Earl von Surrey die Poesie. Sie waren es, welche das Sonnett in England einführten und durch ihre Nachahmung italienischer Muster und Dichtungsarten den Weg bereiteten für all den Reichthum der Poesie, der sich unter Elisabeth über das Land ergießen sollte.

Nach den schweren, finsteren Jahren der Herrschaft der katholischen Maria war Anna Boleyn's Tochter aus dem Kerker auf den Thron gelangt. Mit ihr kam Wohlstand und Ruhe im Innern, Frieden nach Außen und ein Maaß politischer Freiheit, groß für jene Zeit, so wenig befriedigend es den heutigen Ansprüchen auch erscheinen möchte. Man war erlöst von dem religiösen Drucke, der die Gewissen in Bann geschlagen hatte, man besaß eine Königin, die man anbetete und deren Beispiel zu großen Thaten begeisterte; die Entdeckung Amerika's hatte dem Unternehmungsgeist einen neuen Tummelplatz eröffnet, es schien, als sei das ganze Volk in neue Kraft, in neues Leben getaucht. Nun trat es zu Tage, daß man in den Zeiten anscheinender Unfruchtbarkeit auf literarischem Gebiete doch stetig fortgeschritten war. Der still gepflanzte Keim trieb herrliche Blüthen und Früchte, es erstand ein William Shakespeare, ein Ben Jonson, Edmund Spencer, Francis Bacon, denen sich noch viele andere Fürsten im Reiche der Poesie anreihten.

Während der Regierung Jakob's I. dauerten die Traditionen des Elisabethanischen Zeitalters zwar noch fort, die Literatur befand sich aber doch noch in einer so großen Abhängigkeit von dem Charakter des Monarchen, daß sie sich unter dem beschränkten, pedantischen Nachfolger der großen Königin nicht auf ihrer Höhe zu halten vermochte. Besonders gilt dies vom Drama; besser stand es noch um die prosaische Literatur, die besonders in Sir Francis Bacon einen großen Vertreter fand. Durch seine Essays führte er eine neue Form ein, die gerade für die englische Literatur von hoher Bedeutung werden sollte, und sein System der Philosophie bezeichnet das Einlenken in eine Bahn wissenschaftlicher Forschung, welche mit großem Erfolge von Vielen durchwandelt ward.

Karl's des Ersten unglückliche Versuche, den Despotismus einer überwundenen Zeit wieder zur Herrschaft zu bringen und der dadurch heraufbeschworene Bürgerkrieg, gaben der Poesie eine neue Form; sie ergoß sich in kürzere Gesänge. Manche der lieblichsten Lyriker gehören jener Zeit an; anfänglich behandelten sie die Liebe und Vorfälle von persönlichem Interesse, als aber der Kampf zwischen König und Volk sich schärfer zuspitzte, als die Schwerter entblößt wurden, da verwandelten sich die Liebeslieder in patriotische Gesänge. Royalistische und puritanische Dichter maßen sich ebenso im Kampfe wie royalistische und puritanische Krieger. Gleichzeitig gewann die prosaische Literatur an Kraft und Umfang durch das Auftauchen der religiösen und politischen Streitschriften, und kein Geringerer als Milton widmete diesem Zweige der Literatur Jahre hindurch die volle Thätigkeit seines erhabenen Geistes.

Seiner Geburt und Erziehung nach gehörte Milton noch der Elisabethanischen Zeit an. Seine ersten Arbeiten sind Dichtungen idyllischen und religiösen Inhaltes, und vielleicht würden die celtischen Sagen schon durch ihn eine herrliche Wiedererweckung erfahren haben, hätte der Ernst der Zeit ihn nicht veranlaßt, sich von der Poesie abzuwenden und seine Kraft der Republik zu weihen, der er mit Begeisterung anhing. Erst als das Königthum wieder zur Herrschaft gelangte, zog sich in die Einsamkeit zurück und sang, körperlich blind, aber geistig schauend, in edlen großen Tönen das Lied vom „Verlorenen und wiedergefundenen Paradiese".

Mit John Milton zusammen genannt zu werden, verdient John Bunyan, welcher die englische Literatur mit jenen wunderbaren Allegorien „The Pilgrim's Progress" (die Pilgerfahrt) und „The holy War" (der heilige Krieg) bereicherte, die noch heute gleich beliebt bei Alt und Jung, bei Arm und Reich und im besten Sinne des Wortes Volksbücher sind.

Ueber den französischen Einfluß, der am Hofe des in Frankreich erzogenen Karl II. auf allen Gebieten die Herrschaft gewann, haben wir schon an verschiedenen anderen Stellen gesprochen. In der Literatur mußte jener Einfluß um so mächtiger wirken, als Frankreich gerade seine große klassische Periode der Literatur hatte und es fraglich ist, ob England nicht auch ohne die Hülfe seines französirten Hofes sich bis zu einem gewissen Grade der Herrschaft des literarischen Frankreichs gebeugt haben würde. Nicht allein Form und Styl, sondern auch der Stoff der Dichtungen jener Periode, als deren größter Name John Dryden zu bezeichnen ist, unterlagen dem französischen Einflusse, und leider durch das Beispiel des Hofes, nicht der edelsten Seite desselben. Wie auf diese Weise die dramatische Literatur in England für immer zu Grabe getragen ward, ist bereits geschildert worden; zum Glücke sollte die Periode für andere Gebiete fruchtbringender werden. Während des Geräusches der Bürgerkriege hatte eine Anzahl von Männern in stiller Muße fortgearbeitet auf dem Gebiete wissenschaftlicher Forschungen. Sie begründeten die Royal Society, der als eins der ersten Mitglieder Sir Isaac Newton angehörte, und schufen damit einen Hort für alle Zweige der Wissenschaft. Theologie und Politik vereinigten sich zur Diskussion über das göttliche Recht der Könige, das Dogma, an dessen Aufrechthaltung die Stuarts Alles setzten und um dessentwillen sie Alles verloren; die Zeit der Essayisten war zwar noch nicht gekommen, aber die Ereignisse warfen bereits ihre Schatten voraus.

Nach der Revolution von 1688—89 nahm die englische Literatur wieder eine neue Form an. Der französische Einfluß erstarb, das Volk hatte seine Kämpfe für die politische Freiheit glücklich gelöst, die persönlichen Interessen traten wieder in den Vordergrund, man wandte sich auch in der Literatur mehr dem Subjektiven zu. Die Censur hatte aufgehört, es war wieder ein so reges und lebendiges literarisches Schaffen wie zu den Zeiten Elisabeths, aber der Charakter desselben war ein anderer geworden. An die Stelle des Phantastischen und Romantischen war die Reife und die Kraft getreten. Die Kämpfe der Revolution hatten zudem noch ein gutes Theil Bitterkeit hinterlassen, was der prosaischen Literatur etwas sehr kampflustiges gab. Dean Swift, der Verfasser von Gulliver's Reisen, schrieb ebenso brillant und geistreich, wie scharf und ätzend über politische Dinge. Ihm ebenbürtig als geschickter und unermüdlicher politischer Schriftsteller war Daniel Defoe, obgleich er seinen Weltruf auf einem ganz anderen Gebiete, nämlich durch das Buch „Robinson Crusoë" erlangte. Als die Väter der periodischen Literatur sind Addisson und Steele zu bezeichnen, ihnen folgten Johnson und Goldsmith. Die Poesie fand in Pope einen anerkennenswerthen Vertreter, obgleich seine Schriften viel von der Phantasie und Leidenschaft einer früheren Zeit vermissen lassen. Auch das Drama erhob sich noch ein Mal durch Sheridan und Goldsmith. Es war das letzte Aufzucken der erlöschenden Flamme, das Drama in England war todt, und schon erstand sein Erbe: der Roman.

Der Weg dazu ward durch Richardson eröffnet. Ihm folgten Fielding, Smollet, Goldsmith u. s. w. und bald gesellten sich den Schriftstellern, mit Miß Burning beginnend auch die Schriftstellerinnen zu. Der englische Roman hat seit jener Zeit einen hervorragenden Platz in der Literatur eingenommen und behauptet ihn bis auf den heutigen Tag, indem er je nach der herrschenden Richtung verschiedene Seiten besonders kultivirt. Sir Walter Scott scheint noch vom Zauber der Elisabethanischen Romantik umflossen zu sein; Dickens hat dem Humor, der

lachend weint und weinend lacht, in seinen Gestalten ver=
körpert, Thackeray schüttet in seinen Romanen die scharfe,
trockene Satire aus. Charles Kingsley, Disraeli und
Andere behandeln die Politik im Gewande des Romanes;
Religion und häusliches Leben sind ebenfalls ein unendlich
oft variirtes Thema. Mit einem Worte, es giebt keine
Frage und keine Seite des öffentlichen und des Privatle=
bens, die nicht mit mehr oder minder Talent und Kraft
in der Form des Romanes besprochen und beleuchtet wor=
den wären. In den letzten Jahren ist der sogenannte Sen=
sationsroman aufgekommen und wird sehr stark kultivirt.
Er behandelt in möglichst spannender Form Verbrechen und
alle Arten aufregende Vorfälle und ist so recht eigentliche
die Kost für ein auf stark gewürzte Unterhaltung begieri=
ges Publikum. So bedenklich die ganze Richtung sein mag,
kann man dem englischen Sensationsroman doch das Zeug=
niß geben, daß er mit geringen Ausnahmen das Verbrechen
wirklich als Verbrechen kennzeichnet und verdammt und
wenn nicht überall die weltliche, so doch sicher die poetische
Gerechtigkeit walten läßt. Dazu kommt, daß der englische
Schriftsteller nicht nöthig hat, zu so vielen Unwahrschein=
lichkeiten und Ungeheuerlichkeiten zu greifen, um die Phan=
tasie seines Lesers zu erregen, wie sein College in manchem
anderen Lande. Das englische Leben mit seiner beinahe
unbegrenzten Sphäre kommt ihm zu Hülfe. Er kann seinen
Helden durch die ganze Welt senden, um Gefahren zu be=
stehen oder Geld und Ruhm zu erwerben, kann ihn in die
abenteuerlichsten Situationen bringen, ohne daß man ihm

den Vorwurf machen darf, er muthe dem Leser zu, Unwahrscheinlichkeiten zu glauben. Nicht unerwähnt darf bleiben, daß die erzählende Literatur in England gegenwärtig zum überwiegend größten Theile in den Händen von Frauen liegt, ja der anerkannt bedeutendste der jetzt lebenden Romanschriftsteller ist eine Frau, George Eliot.

Werfen wir noch einen Blick auf die Entwickelung der poetische Literatur bis zur Neuzeit, so wandte sich dieselbe nach Pope mit besonderer Vorliebe den Naturschilderungen zu, bis dann mit der französischen Revolution und der durch sie in ganz Europa erzeugten wilden Gährung das Leidenschaftliche wieder mit voller Gewalt hervorbrach. Als ein Repräsentant dieser Richtung steht vor Allen Byron da. Er ist groß und erhaben in der Naturmalerei, furchtbar, erschütternd in der Darstellung der Leidenschaften, im Heraufbeschwören der Dämonen, welche die Brust des Menschen durchtoben und ihn in die Tiefe reißen. Sein Genie zog an und fesselte, seine düstere Kraft riß unwiderstehlich mit fort, aber im vollen Einklang mit dem Grundcharakter seines Volkes hat er sich nie befunden. Er wird noch heute verehrt, man ist stolz auf ihn, er hat seinen unbestrittenen Platz unter den Klassikern der Nation; von seinem Einfluß hat sich die Literatur aber lange schon wieder frei gemacht.

Neben und mit Byron sind Wordsworth, Shelley und Keats zu nennen; sie sowohl, wie Tennyson, Browning und die meisten der jetzt lebenden Dichter bringen die leidenschaftliche Liebe des Engländers zur Natur wieder und wieder zum schönen und ergreifenden Ausdruck und bethätigen ein lebhaftes Interesse für die Fragen und Aufgaben der Zeit.

Die prosaische Literatur hat, abgesehen vom Roman, in der Jetztzeit noch ein weites, reiches Arbeitsfeld. Die Geschichte wird in einem philosophischen Geiste und in einer stylistischen Vollkommenheit behandelt, wovon frühere Perioden keine Ahnung hatten. Biographien und Reisebeschreibungen beschäftigen eine große Anzahl von Federn, und daß theologische und religiöse Dinge in unzähligen Büchern und Schriften erörtert werden, ist nach Allem, was wir im Kapitel „Kirchliches" mitgetheilt, eigentlich selbstverständlich. Jede kirchliche Gemeinschaft schreibt für ihre Anhänger und gegen die Andersdenkenden, und alle diese Schriften werden viel gelesen, ebenso wie die gesammelten Predigten, die alljährlich in vielen Bänden erscheinen.

Sehr zahlreich sind die Schriften über Erziehung, wie diejenigen, welche zu erziehlichen Zwecken zum großen Theile im Gewande der Erzählung für die Jugend und für das Volk erscheinen. Der Verbreitung der letzteren Schriften widmen mehrere philanthropische Gesellschaften, wie z. B. die „Pure Literature Society" und die „Religions Tract Society" eine sehr ausgedehnte Thätigkeit, und die von ihnen ausgestreuten Exemplare zählen alljährlich nach Hunderttausenden.

So reich und ausgiebig alle Zweige der Literatur vertreten sind, nimmt aber doch diejenige, welche man vorzugsweise mit dem Namen „Presse" zu bezeichnen pflegt, die periodische Literatur, durch ihren unablässigen Bedarf den weit aus größten Theil der produktiven Kräfte des Landes in Anspruch, und man klagt sogar darüber, daß sie die Talente ausnütze und zersplittere und ein Hinderniß sei für die Hervorbringung von Werken, die einen dauernden Werth haben.

Die Anfänge des Zeitungswesens lassen sich bis zu Cromwells Zeiten verfolgen, aber erst nach der Aufhebung der Censur begann die Presse zu der Macht im Lande zu erstarken, als die sie jetzt thatsächlich anerkannt ist. Zu Ende des 17. Jahrhunderts erschienen in ganz England zwei Zeitungen, im Laufe des achtzehnten Jahrhunderts stieg deren Zahl auf 48, während sich im Jahre 1876 die Gesammtzahl der englischen Zeitungen auf 1400 belief. Der Preis dieser Blätter variirt pro Nummer zwischen einem Halfpenny (5 Pf.) und Sixpence (50 Pf.). Es sind jedoch nur zwei Zeitungen, welche ihren Lesern die letztere Ausgabe zumuthen, wogegen vier Zeitungen unentgeltlich zu haben sind, weil sie sich durch Annoncen und Reklamen bezahlt zu machen suchen.

Erwägt man, was die Herstellung einer Zeitung kostet und welchen Absatz sie in Folge dessen haben muß, um sich bezahlt zu machen, so gewinnt man eine Vorstellung davon, wie wichtig und unentbehrlich dem Engländer die Tagesliteratur geworden ist und welche hervorragende Stelle sie auch in seinem häuslichen Leben spielt. Die Anforderungen, die an eine Zeitung gestellt werden, sind aber auch sehr groß, und staunenswerth ist die Schnelligkeit, mit welcher ihre Leiter sich in den Besitz von Nachrichten zu setzen und sie zu verbreiten wissen, staunenswerth ist die Umsicht, Geschicklichkeit und Energie, mit welcher eine Redaktion zu Werke geht. Jede Erfindung der Neuzeit, die in irgend einer Weise bei der Herstellung einer Zeitung verwendbar erscheint, wird sofort in Dienst genommen, wie z. B. jetzt das Telephon. Wichtige Nachrichten sind schon nach wenigen Stunden nicht mehr als Neuigkeiten zu betrachten, so schnell sorgt die Presse für ihre Verbreitung. Spinnt sich gerade im In= oder Auslande ein Ereigniß ab, das die öffentliche Aufmerksamkeit in besonderer Spannung erhält, so erscheint Blatt auf Blatt, zuweilen giebt eine Zeitung sechs bis sieben Nummern in einem Tage aus, und alle finden reißenden Absatz.

Der englischen Presse kommt bei einem solchen Verfahren allerdings der Umstand zu Statten, daß sie keine Verpflichtungen gegen Abonnenten zu erfüllen hat, wogegen ihr freilich auch eine Art von Garantie verloren geht, wie sie eine feste Abonnentenzahl einem Blatte gewährt. Die Zahl derjenigen englischen Zeitungen, auf welche sich die Leser abonniren müssen, ist sehr klein. Von fast allen Tagesblättern sind je nach Bedarf einzelne Nummern zu haben, die man entweder von den an allen Straßenecken stehenden „Zeitungsknaben" oder in den Läden der sogenannten Newsmonger's kauft; letztere handeln ausschließlich mit Zeitungen und Zeitschriften und ihr Geschäft bildet einen ganz speziellen Zweig des Kleinhandels.

Der Herausgeber einer Zeitung muß in Folge dessen seine Auflage nach dem etwaigen Bedarfe berechnen und stets darauf vorbereitet sein, im Falle größerer Nachfrage, in kürzester Zeit noch eine zweite Auflage herzustellen zu können. Sehr selten kümmert sich das Publikum um den Namen des Herausgebers oder des Chefredakteurs einer Zeitung, noch weniger denkt es an die Mitarbeiter derselben, da alle Artikel anonym erscheinen und kein Publizist in irgend eine persönliche Beziehung zu seinen Lesern tritt. Erst wenn der Tod einem jener unermüdlichen Arbeiter die Feder aus der Hand fallen läßt, pflegt die Redaktion den ihn verhüllenden Schleier zu lüften und ihm in dem Blatte, dem er seine Kräfte geweiht, einige Worte der Anerkennung und Dankbarkeit nachzurufen.

Findet zwischen den Verfassern und den Lesern einer Zeitung wenig oder gar keine Wechselbeziehung statt, so stehen die letzteren dagegen mit dem Blatte selbst im engsten Verkehr. In einem Lande, wo die meisten Gespräche sich um politische Dinge drehen, sind die Leitartikel der Zeitungen eine große, unentbehrliche Wohlthat für alle Diejenigen, die selbst nicht gern über politische Fragen nachdenken. Gewöhnt an Selfgovernement hat ein Engländer stets Augen und Ohren offen für Alles, was ihn umgiebt, fühlt er sich verpflichtet, wo er irgend einen Uebelstand entdeckt, Hand anzulegen, damit er abgestellt werde, und dazu erscheint ihm das beste Mittel: die Zeitung. Er schreibt an ein Blatt; trifft der Brief einen mehrfach empfundenen Uebelstand, so folgen mehrere Kundgebungen darüber und die Angelegenheit wird gewöhnlich so lange öffentlich abgehandelt, bis sie in befriedigender Weise geordnet ist.

Von ganz wunderbarer Wirkung sind in dieser Beziehung Briefe an die Times, denn sie ist und bleibt doch die tonangebende Zeitung im Lande. Ein Buch, das die Times günstig besprochen, ist sofort in einer Auflage vergriffen, ein Thema, das sie diskutirt, ist in Jedermanns Munde, eine politische Ansicht, die sie vertritt, scheint die des gesammten Volkes zu sein. Wer eingestehen muß, nicht zu wissen, was die Times über diese oder jene Frage gesagt hat, stellt sich ein Zeugniß der Unwissenheit aus.

Dem Einfluß der Times am nächsten steht der des Punch, wenn man dies vielleicht auch nicht so offen zugiebt. Die sogenannten „politischen Cartons" des Witzblattes haben ein wunderbares Geschick, von jeder Situation die Hauptpunkte herauszugreifen und so darzustellen, daß die Nation sich veranlaßt sieht, sie aus demselben Gesichtspunkte zu betrachten. Die „Cartons" liegen gewöhnlich in den Schaufenstern der Zeitungsverkäufer aus, wer den Punch selbst nicht liest, wirft doch im Vorübergehen einen Blick darauf, und die Frage: „Haben Sie Punch diese Woche schon gesehen?" ist fast eine stehende bei jeder politischen Unterhaltung und wird selten verneinend beantwortet. Neben Punch existiren noch mehrere Witzblätter in England, jedoch reicht keins nur entfernt an seine Bedeutung heran.

Die siebenhundert Zeitschriften, welche außer den Zeitungen in England erscheinen, zerfallen in Magazine und Vierteljahrsschriften. Von letzteren, deren Zahl sich auf circa 80 beläuft, haben einige einen ganz enormen Einfluß auf die öffentliche Meinung. Da sie Monate hindurch Zeit haben, um eine Frage zu erwägen, so sind sie in der Lage, dies in einer weit erschöpfenderen Weise zu thun, als die Tages= blätter. Ihre Artikel sind von großer Gediegenheit; Wissen= schaft, Kunst, Literatur und Politik werden von den ersten Autoritäten besprochen, die zuweilen anonym bleiben, zu= weilen aber auch die von ihnen aufgestellte Ansicht durch das Gewicht ihres Namens unterstützen. Sie geben in der Regel auch eine Uebersicht der wichtigsten Ereignisse der verflossenen drei Monate und knüpfen daran ihre Schlüsse und Lehren, und je näher die Zeit ihres Erscheinens heran= kommt, um so mehr wächst die Spannung auf das was sie sagen werden. Man könnte die Vierteljahrs=Revuen somit das schwere Geschütz im Kampfe der Gedanken nennen, während die Zeitungen als die leichte Reiterei zu bezeich= nen wären.

Die Magazine, welche wöchentlich und monatlich er= scheinen, halten sich in der Regel fern von Politik und bieten je nach dem Geschmacke des Tages Unterhaltung und Belehrung. Wie es jetzt in Deutschland beinahe kei= nen Stand, keinen Beruf und keine Bestrebung giebt, die nicht ihr Organ hätten, so ist dies in noch weit höherem Maße in England der Fall; wir dürfen uns in dieser Beziehung wohl als Schüler des stammverwandten Volkes betrachten, und nicht minder ist es von Einfluß auf die sich bei uns jetzt geltend machende Neigung gewesen, un= sere Unterhaltungsblätter mit Illustrationen zu versehen. Die Zahl der Blätter und Magazine, welche illustrirt sind, ist in England so groß und nimmt dergestalt zu, daß man scherzhaft prophezeiht, es werde noch dahin kommen, daß nicht nur alle Magazine, sondern auch alle politischen Zeitungen Illustrationen bringen müssen.

Der große Reichthum der englischen Literatur machte es unmöglich, ihr mehr als einen sehr flüchtigen Ueberblick zu widmen und unsere Aufgabe konnte es hier nicht sein, eine Literaturgeschichte zu schreiben oder auch nur bei den bedeutendsten Namen und den besten Werken der englischen Literatur zu verweilen. Es galt hier nur, ihre Entwickelung, im innigsten Zusammenhange mit der Entwickelung des Volkes zu betrachten, sie in Verbindung zu bringen mit dieser dem häuslichen und gesellschaftlichen Leben der Engländer gewidmeten Schilderung, da sie darauf in allen ihren Zweigen einen hohen, weitreichenden und tiefgehenden Einfluß ausübt.

www.ingramcontent.com/pod-product-compliance
Lightning Source LLC
Chambersburg PA
CBHW031856220426
43663CB00006B/642